Knape / Kramer (Hrsg.)

—

Rhetorik und Sprachkunst bei Thomas Bernhard

Rhetorik und Sprachkunst bei Thomas Bernhard

Herausgegeben von
Joachim Knape und Olaf Kramer

Königshausen & Neumann

Gefördert mit Mitteln
der Fritz Thyssen Stiftung für Wissenschaftsförderung in Köln,
der Thomas Bernhard Privatstiftung in Wien
und der Wüstenrot Stiftung in Ludwigsburg.

Umschlagabbildung: *Thomas Bernhard*
Beschreibung: Frankfurt 1984
Bildnummer: # 07713
Fotonachweis am Bild: © Isolde Ohlbaum

Bibliografische Information der Deutschen Nationalbibliothek

Die Deutsche Nationalbibliothek verzeichnet diese Publikation in der Deutschen
Nationalbibliografie; detaillierte bibliografische Daten sind im Internet
über http://dnb.d-nb.de abrufbar.

© Verlag Königshausen & Neumann GmbH, Würzburg 2011
Gedruckt auf säurefreiem, alterungsbeständigem Papier
Umschlag: skh-softics / coverart
Bindung: Verlagsbuchbinderei Keller GmbH, Kleinlüder
Printed in Germany
ISBN 978-3-8260-4520-2
www.koenigshausen-neumann.de
www.buchhandel.de
www.buchkatalog.de

Vorwort

Im Rahmen des vierten Tübinger Rhetorikgesprächs fand sich im März 2010 eine Reihe von Kennern des österreichischen Schriftstellers Thomas Bernhard zu einer kleinen Expertenkonferenz über das Thema *Rhetorik und Sprachkunst bei Thomas Bernhard* zusammen. Thomas Bernhards besonderes Verhältnis zur Sprache und zu den kommunikativen Praktiken des Menschen gab Anlass, sein Leben und Werk unter den im Konferenzthema genannten Aspekten neu zu befragen. Im Rahmen der Tagung fanden im Tübinger Zimmertheater auch die Aufführung einer bühnenmonologischen Fassung von Bernhards Spätwerk *Auslöschung* durch Hermann Beil sowie ein Zwiegespräch zwischen der Journalistin Krista Fleischmann und Joachim Knape über den schreibenden Bernhard und sein Bild in den Medien statt. Abgeschlossen wurde die Reihe der Bernhard-Veranstaltungen mit einer Lesung von Andreas Maier zum 60. Geburtstag von Joachim Knape, ebenfalls im Tübinger Zimmertheater, die immer wieder um das Thema Thomas Bernhard kreiste und den Schriftsteller Bernhard kritisch bespiegelte.

Zum 80. Geburtstag des 1989 früh verstorbenen Autors überreichen wir der interessierten Öffentlichkeit mit dem vorliegenden Sammelband die wissenschaftlichen Erträge des Tübinger Symposiums. Seine Durchführung und die Präsentation der Ergebnisse konnten nur durch die großzügige Unterstützung von Christoph Oswald, Wüstenrot-Holding AG, sowie durch Zuschüsse der Fritz-Thyssen-Stiftung und der Thomas-Bernhard-Privatstiftung gelingen. Dafür sei herzlich gedankt.

Für die redaktionellen Arbeiten am Sammelband danken wir Pia Engel und auch Constantin Neumeister. Dank gilt ebenfalls dem Verlag Königshausen & Neumann für die Aufnahme des Bandes in sein Verlagsprogramm.

Tübingen im Frühjahr 2011   Joachim Knape, Olaf Kramer

Inhaltsverzeichnis

Joachim Knape / Olaf Kramer

Zu den Beiträgen des Bandes

Das immer wieder zu unverwechselbarer Textur gewordene Zusammenspiel von sprachästhetischen und rhetorischen Kalkülen, von eigenwilliger Sprachartistik und raffiniert ins Spiel gebrachter rhetorischer Botschaft, kennzeichnet das Werk Thomas Bernhards. Schwer zu entscheiden, was sich reflektierten Schreibhandlungen, was sich rhetorischer Strategie oder verselbständigtem Sprachfluss verdankt. Im Ergebnis faszinieren Bernhards Texte durch ihr charakteristisches *cross over*, ihre Verschränkung von meist auf Provokation gerichteter Rhetorik und überbordendem, ja verselbständigtem Sprachspiel.

Durch **Andreas Maier** ist die Frage, wie es Thomas Bernhard mit der Rhetorik hält, zu neuer Aktualität gekommen. Für den Schriftsteller Maier, selbst oft mit Thomas Bernhard verglichen, wird aus der schon häufiger bemerkten, sogenannten „Rhetorizität" der Bernhard'schen Texte schnell ein Vorwurf: Bernhard enttäusche immerfort seine Leser, weil er nur „rhetorisch" schreibe, soll heißen: keine Aussagen und Erfahrungen von Substanz biete. Zugleich hat Maier aber treffend beschrieben, welche rhetorischen Strategien hinter Bernhards Texten stehen:

> Thomas Bernhard hat ein literarisches System errichtet, das fast perfekt funktioniert und in dem die Protagonisten und der Autor selbst vor dem Leser immer größere Größe gewinnen einfach dadurch, dass alle diese Figuren sich gegenseitig bestätigen […]. Sie beglaubigen sich voreinander ständig darin, die größten Mühen und die größten Kämpfe auf sich zu nehmen im unablässigen Kampf um das Höchste. Das ist der rhetorische Kern dieser Texte.[1]

Auch wenn diese Diagnose für Maier mit tiefer Enttäuschung über den Autor verbunden ist, die er am Ende dieses Bandes in einem Beitrag akzentuiert, lässt sich selbst bei Maier jederzeit erahnen, dass das rhetorische Arrangement, das Thomas Bernhard anlegt, durchaus hohe Faszinationskraft hat, sodass die Frage berechtigt ist, ob man die Sache nicht auch ganz anders sehen kann. Zu klären wäre also, ob die so diagnostizierte Rhetorizität der Texte Bernhards eben nicht bloß als Oberflächlichkeit im Sinne eines laienhaften Rhetorizitätsbegriffs, sondern durchaus als Rhetorik in einem umfassenden Sinne aufzufassen ist. Franz Eyckeler hat schon einige Jahre vor Maier in diese Richtung argumentiert. Er beschreibt den „Sprachsog", den Bernhards Texte erzeugen, auf der Ebene eloquenzrhetorischer Stilmittel und sieht hinter Bernhards Prosa einen erkenntnistheoretischen Skeptizismus sowie eine radikale Sprachskepsis. Diese Tendenzen brachte er aber vor allem mit der romantischen Poetik Schlegels und der Sprachphilosophie Montaignes, Nietzsches und Wittgensteins in Verbin-

---

[1]   Andreas Maier, Die Verführung. Thomas Bernhards Prosa, Göttingen 2004, S. 299.

dung, ohne die Frage nach der Einordnung in eine rhetorische Tradition zu stellen.[2] Dabei lassen sich die genannten Autoren und Strömungen und damit auch die Texte Bernhards durchaus in solche Traditionslinien einordnen.

Die Perspektive und das begriffliche Inventar aktueller Rhetorikforschung können helfen, dem Werk Bernhards näher zu kommen, gerade wenn sie von einer Einengung der literarischen Rhetorik auf die Frage nach den Figuren absehen. Sprachkunst und Rhetorik sind zwar verschiedene Phänomene, doch sie gehen immer wieder Verbindungen ein. Damit ist die Perspektive dieses Bandes angesagt, in dem sowohl die sprachästhetische Dimension der Werke Bernhards Thema ist, literarische Rhetorik also durchaus im traditionell reduktionistischen eloquenzrhetorischen Sinne eines Heinrich Lausberg angesprochen ist, zugleich aber auch der Frage nachgegangen wird, wie literarische Rhetorik im Sinne moderner fachrhetorischer Theorie verstanden werden kann. So spielen argumentative Strukturen in den Texten Bernhards in vielen Beiträgen eine Rolle; es wird nach den persuasiven Strategien des Autors gefragt, seine Skandalrhetorik thematisiert und in ihren Motiven erläutert und schließlich auch überprüft, inwieweit Bernhard sich intellektuell mit dem Phänomen der Rhetorik explizit beschäftigt. Wenn er nämlich etwa das Konzept Wahrheit auf radikale Weise kritisiert und in sich steigernden Antithesen diametrale Sichtweisen einer Sache gegeneinander ausspielt, kann man das durchaus als eine anschauliche Auseinandersetzung mit einer sprach- und erkenntnisskeptischen Sichtweise verstehen, die ihre Wurzeln in der Rhetorik hat.

Eröffnet wird der Band durch den Beitrag **Joachim Knapes**, der sich der grundlegenden Frage nach der aktuellen theoretischen Position literarischer Rhetorik widmet und ihr den Kommunikationsstatus (künstlerischer) Sonderkommunikation zuweist. Am Beispiel der Erzählung *Exempel* aus dem Erzählband *Der Stimmenimitator* zeigt Knape typische Eigenheiten Bernhard'scher Literatur: Bernhard postuliere stillschweigend Kunstautonomie, lege aber zugleich immer wieder nahe, die möglichen Welten, die er mit seinen Texten kreiert, auf die aktuale Welt zu beziehen. Knape spricht hier von einem „Poetischen Faktizitäts-Paradox" und zeigt, dass Bernhard mit besonderer Freude ein Verwirrspiel zwischen Fiktion und Wirklichkeit anzettelt. Mit Ironie und Witz heizt Bernhard beispielsweise die Posse um den „sogenannten richtigen Herrn Bernhard" in der *ZEIT* an und scheint Gefallen an der entstehenden Verwirrung zu haben. Am Beispiel Bernhard zeigt sich für Knape, dass der Leser Dichtung immer wieder einen „lebensbedeutsamen Sinn" abzugewinnen versucht, was sich nicht dadurch verhindern lässt, dass ein Autor wie Bernhard behauptet, keine Intention zur Beeinflussung seiner Leser zu haben. Schon in frühen Zeitungsveröffentlichungen Bernhards aus den 50er Jahren hat **Manfred Mittermayer** die Bezichtigung als zentrales rhetorisches Kommunikationsverfahren

---

[2]   Siehe Franz Eyckeler, Reflexionspoesie. Sprachskepsis, Rhetorik und Poetik in der Prosa Thomas Bernhards, Berlin 1995.

Thomas Bernhards identifiziert. In den Materialien zu Bernhards unveröffentlichtem Roman-Projekt *Schwarzach St. Veit* sowie in späteren Dramen und Romanen geht Mittermayer in seiner umfassenden Werkschau den argumentativen und sprachlichen Strukturen hinter den Bernhard'schen Bezichtigungen nach. Für Mittermayer zielen die Bezichtigungen nicht nur darauf, Skandale zu erzeugen, sondern verweisen auf ein Unbehagen des Autors an der österreichischen Gegenwart und vor allem an ihrer Vergangenheitsbewältigung. Auch **Anne Ulrich** geht es um die Bedeutung von Bezichtigung und Provokation bei Bernhard, sie hat sich mit dem Redner Thomas Bernhard beschäftigt und dessen Preisreden rhetorisch analysiert. Dabei greift sie insbesondere auf die Darstellung in *Meine Preise* und auf den Briefwechsel zwischen Bernhard und Unseld zurück, um die Hintergründe der Festreden zu verstehen und die öffentliche Wirkung der Reden als Ergebnis von Inszenierungsprozessen zu entlarven. Bernhard erfüllt die konventionellen Vorgaben für Festredner allenfalls vordergründig, seine Reden oszillieren zwischen Fiktion und Realität und können so besonders am Anfang seiner Karriere provozieren. Den Redner Bernhard sieht Ulrich als einen Strategen, der, angetrieben vom Preisgeld, auf Provokationen baut. Dem späten Bernhard schlage dann das eigene Image entgegen, selbst wenn er – wie bei der Büchner-Preis-Rede – auf Provokationen verzichtet.

Anne Betten legt in diesem Band eine präzise linguistisch-stilistische Analyse der Sprache Bernhards vor. Für Betten zeichnen sich Bernhards Texte durch eine mimetische Verfahrensweise aus, d.h. die Syntax Bernhards bildet häufig den Inhalt der Sätze ab. Bernhard verstoße allgemein selten gegen grammatische Regeln, häufig jedoch gegen stilistische und kommunikative, um diese mimetischen Effekte zu erreichen. Insbesondere untersucht Betten sogenannte „Kerkerstrukturen" am Beispiel von *Das Verbrechen eines Innsbrucker Kaufmannssohns* und zeigt so, wie sich die Ausweglosigkeit der Protagonisten in der sprachlichen Struktur abbildet. In ihrem Beitrag führt Anne Betten die Diskussion um die Natürlichkeit oder Künstlichkeit von Bernhards Sprache auf ein neues Niveau und liefert ein Plädoyer dafür, die rhetorische Struktur literarischer Texte ernst zu nehmen und sie nicht als bloßes Oberflächenphänomen zu betrachten. Auch **Hans Höller** beschäftigt sich mit dem Thema Sprache bei Bernhard, genauer gesagt, geht er der Frage nach, inwieweit Thomas Bernhard sich in seinen Werken mit sprachanalytischen Fragestellungen auseinandersetzt. Gegen den Vorwurf Handkes, der in späteren Texten Bernhards nur mehr eine schematische Rhetorik vermutete, macht Höller deutlich, dass die „Verhexung unseres Verstandes" mit den Mitteln der Sprache ein durchgängiges Thema für Bernhard sei. Höller spannt den Bogen von *Frost* über *Drei Tage* bis zur *Korrektur* und geht auch der Bedeutung von Wittgenstein und Heidegger nach, die er in überraschender Nähe zueinander sieht. Thema von **Stefan Krammer** sind Figurationen der Macht in den Dramen Thomas Bernhards, vor allem in *Der Theatermacher*. Krammer beschäftigt sich mit den innertextlichen Strategien, mit deren Hilfe Figuren ihre Macht demonstrieren, und klärt, wie sich die Machtbezie-

hungen sprachlich ausdrücken. Er versteht das Reden und Schweigen der Figuren als Gradmesser für die Machtbeziehungen zwischen den Personen und bezieht auch die nonverbale Kommunikation auf der Bühne in seine Untersuchungen ein, erweitert also den Bedeutungsumfang des Konzeptes Rhetorik bei
Bernhard noch einmal in substantieller Weise.

Der Beitrag von **Olaf Kramer** beschäftigt sich mit den Plausibiliserungsstrate-
gien in Bernhards autobiographischen Texten und geht der Frage nach, wie es
Bernhard strategisch gelingt, mit den Lesern einen autobiographischen Pakt zu
schließen, der dafür sorgt, dass die Autobiographie als historisches Dokument
und nicht als literarische Fiktion wahrgenommen wird. Vor allem verlässt
Bernhard sich demnach auf die Wirkung des Skandals und hat entsprechende
Rezeptionsprozesse von vornherein einkalkuliert, weil sie dazu führen, dass
zahlreiche sekundäre und tertiäre Texte das Erscheinen von Bernhards Werken
begleiten und es in spezifischer Weise mit der äußeren Wirklichkeit verzahnen.
Ein besonderer Fokus des Beitrags liegt auf denjenigen Passagen der Autobiographie, in denen Bernhard auf einer Metaebene seine Ausrichtung am Rezipienten reflektiert und eine skeptische Haltung gegenüber allen Wahrheitsan-
sprüchen gewinnt, welche sich in der Traditionslinie der antiken Sophistik bewegt. Auch **Eva Marquardt** hat sich den autobiographischen Schriften Bernhards angenommen und versucht mit Hilfe neuerer biographischer Darstellungen – etwa von Manfred Mittermayer – und chronologischen Abrissen seines
Lebenslaufes – zum Beispiel von Louis Huguet – den dokumentarischen Charakter der Autobiographie und ihren fiktionalen Gehalt zu bestimmen. Bernhard unterscheidet demnach kaum zwischen Erfinden und Erinnern, wie überhaupt die Unterscheidung von fiktiv und faktisch kaum zu halten sei. So sind
Bernhards Immobilien für Marquardt ein Versuch, sich eine Vergangenheit
selbst zu schaffen und sein Image über den Tod hinaus zu prägen, der literarische Gestaltungswillen greift also in die Wirklichkeit über und gestaltet diese.

Die rhetorische Struktur, die der späten Prosa Bernhards zu Grunde liegt, ist
Thema von **Bernhard Sorg**. Rhetorik ist für ihn das „Medium einer desperaten
Inhaltslosigkeit"; Bernhard setze ein rhetorisch strukturiertes sprachliches Instrumentarium in Gang, um seinen Protagonisten einen monomanischen Spielraum zu eröffnen, in dem alles der gnadenlosen Kritik anheim gestellt sei und
eine substanzlose Sprache der Behauptung in Kraft gesetzt werde. Damit
nimmt Sorg implizit Überlegungen von Andreas Maier auf und stellt zugleich
Bezüge zur sophistischen Rhetoriktradition her. Die Welt werde bei Bernhard
zu Grunde geredet, allenfalls einige Ausnahmekunstwerke, die wenigen alten
Meister, scheinen der Kritik zu entgehen. Für Sorg ist diese rhetorisch amplifi-
zierende Kritik aber kein Beleg für bloße Rhetorizität, sondern Ausdruck einer
existentiellen Erfahrung. Die Welt zu Grunde zu reden, wird zu einem existentiellen Privileg, zu einer Form der Auflehnung.

Joachim Knape

Zur Problematik literarischer Rhetorik am Beispiel Thomas Bernhards

> Das Philosophische in uns
> nicht ersticken / vorausgesetzt /
> ein solches Philosophisches
> war überhaupt in uns versteckt
> Es ist ein Versteckspiel
> *Bernhard: Der Weltverbesserer. 1979*

Jemand redet; ein anderer sieht juristische Relevanz, weil eine kommunikative Handlung als Gewaltakt in Form einer so genannten Beleidigung vorliegen könnte; es entsteht ein konfliktuöser sozialer Ereigniszusammenhang; jemand reklamiert für sich einen kommunikativen Sonderstatus; ein Gericht soll klären, welchen Status die verschiedenen kommunikativen Akte haben. Wo bleibt in solcher Gemengelage die Rhetorik? Die Antwort auf diese Frage beginnt mit der Klarstellung, dass im Fall Thomas Bernhards nicht leibhaftig geredet oder gesprochen wird im Sinne der Bedeutung performativer Verben, die sich auf Redeereignisse beziehen lassen. Bei ihm gibt es in dieser Hinsicht nur wenige, freilich bemerkenswerte Ausnahmen. Bernhard tritt kaum öffentlich als Redner in Erscheinung, sondern notiert in aller Regel, was er hätte „sagen" wollen, er schreibt auf. Bisweilen schreibt er Briefe, die uns verblüffen und, wie viele seiner literarischen Werke, die Grenze zwischen lebensweltlicher Standard- und künstlerischer Sonderkommunikation in Frage stellen. Was er aufschreibt, wird gedruckt und durch große Verlage weit verbreitet, manchmal auch in Theatern wieder ummedialisiert und von Schauspielern neu zum Sprechen gebracht. All dies ist Bestandteil der modernen Öffentlichkeit geworden. Die Rhetorikforschung interessiert sich für die Literatur nur, weil sie auch *ein kommunikatives Faktum* ist. Der Fall Bernhard ist da besonders erhellend.

Als im Jahr 1978 ein Band kleiner Prosastücke von Thomas Bernhard ohne weitere Gattungsspezifikationen, wie etwa *Erzählungen, Geschichten, Anekdoten* oder Ähnliches im Untertitel, sondern nur mit dem Haupttitel *Der Stimmenimitator* erschien, wurde das Buch in Salzburg und Umgebung mit großer Aufmerksamkeit gelesen, auch von Frau Annelore Lucan-Stood, geborene Zamponi. War doch der Autor Thomas Bernhard in den 1970er-Jahren insbesondere in Salzburg wegen gewisser Salzburgbezüge als hervorragend skandalträchtig aufgefallen. Und so musste man nicht lange warten, bis die *Salzburger Nachrichten* am 20. Januar 1979 unter Rekurs auf eine juristisch anhängig gewordene Ehrenbeleidigungssache mit der Schlagzeile aufwarteten: „Privatklage gegen Autor Bernhard". Wie der Neffe Harry des ehemaligen Salzburger Staatsanwalts und Oberlandesgerichts-

Präsidenten in Linz, Dr. Reinulf Zamponi, mitteilte, „erblickt Annelore Lucan-Stood [im] ‚Exempel', das Bernhard in seinem neuen Buch ‚Der Stimmenimitator' schildert, eine Beleidigung ihres Vaters",[1] der sich keineswegs selbst erschossen habe, folglich auch nicht ‚unchristlich' von der Welt Abschied genommen hat.

Der üblicherweise als „Erzählung" bezeichnete Prosatext ist in eine umfangreiche Sammlung ähnlicher Stücke integriert, die in ihrer Thematik und sprachlichen Struktur sofort an die Anekdoten und kurzen Prosastücke Heinrichs von Kleist erinnern, die dieser in seine 1810/1811 nur wenige Monate existierende Zeitung *Berliner Abendblätter* aufgenommen hat. Bernhards aus nur fünf Sätzen bestehender Text lautet wie folgt:

> *Exempel*
> Der Gerichtssaalberichterstatter ist dem menschlichen Elend und seiner Absurdität am nächsten und er kann diese Erfahrung naturgemäß nur eine kurze Zeit, aber sicher nicht lebenslänglich machen, ohne verrückt zu werden. Das Wahrscheinliche, das Unwahrscheinliche, ja das Unglaubliche, das Unglaublichste wird ihm, der damit, daß er über tatsächliche oder über nur angenommene, aber naturgemäß immer beschämende Verbrechen berichtet, sein Brot verdient, an jedem Tag im Gericht vorgeführt und er ist naturgemäß bald von überhaupt nichts mehr überrascht. Von einem einzigen Vorfall will ich jedoch Mitteilung machen, der mir doch nach wie vor als der bemerkenswerteste meiner Gerichtssaalberichterstatterlaufbahn erscheint. Der Oberlandesgerichtsrat Zamponi, die ganzen Jahre über die beherrschende Figur des Landesgerichtes Salzburg, aus welchem ich wie gesagt, viele Jahre über alles dort Mögliche berichtet habe, war, nachdem er einen, wie er in seinem Schlußwort ausgeführt hatte, ganz gemeinen Erpresser, wie ich mich genau erinnere, einen Rindfleischexporteur aus Murau, zu zwölf Jahren Kerker und zur Zahlung von acht Millionen Schilling verurteilt gehabt hatte, nach der Urteilsverkündung nocheinmal aufgestanden und hatte gesagt, daß er jetzt ein Exempel statuieren werde. Nach dieser unüblichen Ankündigung griff er blitzartig unter seinen Talar und in seine Rocktasche und holte eine entsicherte Pistole hervor und schoß sich zum Entsetzen aller im Gerichtssaal Anwesenden in die linke Schläfe. Er war augenblicklich tot gewesen.[2]

In diesem Text tritt ein an Kleist erinnernder Erzählduktus, ja, eine geradezu Kleist'sche Erzählwucht hervor; auch das ist Thomas Bernhard. Doch darauf hat die klagende Frau Lucan-Stood ihr Augenmerk offenbar nicht gerichtet.

---

[1]   *Salzburger Nachrichten* vom 20.1.1979; siehe auch Jens Dittmar (Hg.), Sehr gescherte Reaktion, Leserbrief-Schlachten um Thomas Bernhard, Wien 1993, S. 86; zur Problematik der Beleidigung aus rhetorischer Perspektive siehe Joachim Knape, Gewalt, Sprache und Rhetorik, in: Julia Dietrich / Uta Müller-Koch (Hgg.), Ethik und Ästhetik der Gewalt, Paderborn 2006, S. 57–78.

[2]   Thomas Bernhard, Exempel, in: Ders., Der Stimmenimitator, Frankfurt a. M. 1978, S. 29f; zuletzt abgedruckt mit veränderter Namensgebung in: Ders., Werke, hg. v. Martin Huber / Wendelin Schmidt-Dengler, Bd. 14, Erzählungen, Kurzprosa, hg. v. Martin Huber / Hans Höller / Manfred Mittermayer, Frankfurt a. M. 2003, S. 248.

Vielmehr geht es ihr um die vermeintlich im Text erkennbaren historischen Anknüpfungspunkte: 1. Die Tatsache, dass der Erzähler im Text sich als Gerichtsberichterstatter zu erkennen gibt, was auf Bernhards eigene Tätigkeit in den 1950er-Jahren verweisen könnte; 2. Das Auftauchen eines Richters namens Zamponi und damit die Möglichkeit einer Anspielung auf den Vater der Klägerin; 3. Die Charakterisierung des „Oberlandesgerichtsrats Zamponi" als „die ganzen Jahre über beherrschende Figur des Landesgerichts Salzburg" und damit die Eröffnung der Möglichkeit einer historischen Anspielung, weil auch der reale Jurist so charakterisiert werden könnte. Eine auf Faktizität setzende Sichtweise nehmen auch die *Salzburger Nachrichten* ein, wenn sie am 8. Februar 1979 ohne Weiteres schreiben: „Der Autor will Zeuge gewesen sein, wie sich Dr. Reinulf Zamponi nach einer Gerichtsverhandlung in einem Verhandlungssaal des Salzburger Justizgebäudes erschossen habe. Diese Darstellung entspricht jedoch nicht den Tatsachen, da, wie erwähnt, Dr. Zamponi eines natürlichen Todes starb."

Thomas Bernhards Reaktion auf die Ehrbeleidigungsklage ist in sich eigenartig widersprüchlich und führt uns auf einen Grundzug seines *Schreibens*, das er bei anderer Gelegenheit eigentlich nicht als *Dichten* verstanden wissen wollte, denn er sei kein Schriftsteller, sondern jemand, der schreibt.[3] Nun aber, im Fall Zamponi, reklamiert er doch auch das *Dichten* – wie wir sehen werden – für sich. Bei Bernhard zeigt sich so etwas wie eine kommunikative Doppelstrategie: Er postuliert stillschweigend Kunstautonomie, begibt sich aber im selben Moment durch seine literarischen Verfahren der Fakten-Allusion immer wieder in Kommunikationsheteronomie, verstrickt seine Werke mit außerästhetischen Diskursen und unterstellt sie damit dem pragmatischen Sanktionsernst standard- oder normalkommunikativer Umwelterwartungen.[4] Es sind zwei briefliche Äußerungen Bernhards, die uns ganz nah an die genannte Besonderheit seines Schreibens heranführen. Diese lässt sich für unseren Zusammenhang unter den Begriff *Poetisches Faktizitäts-Paradox* stellen. Damit ist im vorliegenden Fall gesagt: Thomas Bernhard möchte für sich das Recht in Anspruch nehmen, einerseits mit Fakten umzugehen, andererseits dabei aber zugleich auch nach eigenen Vorstellungen dichterisch zu fingieren. Das Ergebnis sind Hybridfiktionen, die der Umwelt, die sich vom enthaltenen Faktenanteil und der Art kommunizierter stofflicher Mischungsverhältnisse oft betroffen fühlt, eine hohe Toleranz abverlangen. Für solch ein literarisches Konstrukt würde der „Schriftsteller" aus dem dritten Akt oder „Satz" von Bernhards *Jagdgesellschaft* vielleicht auch seinen Ausdruck „Kunstnaturkatastrophe" verwenden und hinzufügen: „Und au-

---

3   Vgl. Dittmar, Sehr gescherte Reaktion (Anm. 1), S. 67.

4   Zur Differenz von standard- und sonderkommunikativen *frame*-Erwartungen im Kommunikationskontext siehe Joachim Knape, Rhetorik der Künste, in: Ulla Fix / Andreas Gardt / Joachim Knape (Hgg.), Rhetorik und Stilistik, Bd. 1, HSK Handbücher zur Sprach- und Kommunikationswissenschaft 31.1, Berlin / New York 2008, S. 894–927, hier S. 898–906; Matthias Bauer / Joachim Knape / Peter Koch / Susanne Winkler, Dimensionen der Ambiguität, in: Wolfgang Klein / Susanne Winkler (Hgg.), Zeitschrift für Literaturwissenschaft und Linguistik 40. Jg., Ambiguität, 158 (2010) S. 7–26, hier S. 9.

ßerdem existiert alles nur in unserer Einbildung" und „wenn wir darüber reden / reden wir so darüber / als wäre / über was wir reden / nicht wirklich".

In einem Brief an die Klägerin Lucan-Stood spricht Thomas Bernhard zunächst über die Faktizität seines Stoffs: „Beim Schreiben meines Buches erinnerte ich mich der außerordentlichen Qualitäten Ihres Vaters als Jurist und so ist das Prosastück *Exempel* entstanden."[5] Bernhard thematisiert in diesem Zusammenhang den Sprechakt des *Lobens*, das als Sprechakt überhaupt nur in lebensweltlich ‚echten' Kommunikationszusammenhängen pragmatische Eigentlichkeits-Relevanz haben kann, wie ich (im Sinne der Sprechakttheoretiker Austin und Searle) sage,[6] und mit dem sich Bernhard, wie er selbst sagt, über Zamponi als historische Person geäußert habe: In dem „Prosastück *Exempel*" sei doch „ganz deutlich und wörtlich zu lesen", dass „Ihr Herr Vater ‚die ganzen Jahre über die beherrschende Figur des Landesgerichtes Salzburg' gewesen ist, also ein hohes, kaum noch zu steigerndes Lob". Er, Bernhard, könne sich

> nicht vorstellen, daß Ihnen danach das *Exempel* nicht als das erscheint, was es ist, eine philosophische Dichtung als Huldigung ihres Herrn Vaters. Da ich die hohen Qualitäten Ihres Herrn Vaters auch heute noch sehr gut in meinem Kopf habe, denke ich, daß ihm das *Exempel* als Parabel, in welcher mit größtem Respekt sein Name genannt ist, sicher eine wenigstens kleine Freude gemacht hätte.[7]

Bernhard sagt ganz klar, dass es um den Vater von Frau Lucan-Stood geht, sagt aber zugleich auch, dass hier eine „philosophische Dichtung" in Form einer „Parabel" vorliege. Noch deutlicher unterstreicht Bernhard diesen dichterischen Charakter des Prosastücks in einem zweiten Brief vom 8. Februar 1979, diesmal an den Rechtsanwalt und Zamponi-Neffen Harry persönlich:

> Ich habe also niemals behauptet, daß der Gerichtspräsident Zamponi sich tatsächlich umgebracht hat, ich habe über ihn als tatsächliche juristische Person oder Persönlichkeit niemals auch nur etwas behauptet, denn ich habe eine Dichtung verfaßt.[8]

Im *Stimmenimitator* habe er, Bernhard, lediglich „hundertvier freie Assoziationen und Denk-Erfindungen" veröffentlicht.[9] In der bereits 1974 erschienenen *Jagdgesellschaft* nimmt die Figur des „Schriftstellers" *im Stück* wie folgt zu dieser Problematik Stellung:

> Das Beschriebene meine Herren / ist etwas Anderes / wie ja schon das Beobachtete etwas Anderes ist / Alles ist anders / möglicherweise eine Phi-

---

5   Offener Brief vom 20.1.1979; *Oberösterreichische Nachrichten* vom 22.1.1979.

6   Zur Unmöglichkeit von eigentlichen Sprechakten in der Fiktion siehe Knape, Rhetorik der Künste (Anm. 4), S. 899f.

7   *Oberösterreichische Nachrichten* vom 22.1.1979; siehe auch Dittmar, Sehr gescherte Reaktion (Anm. 1), S. 87f.

8   *Salzburger Nachrichten* vom 8.2.1979; siehe Dittmar, Sehr gescherte Reaktion (Anm. 1), S. 87.

9   *Oberösterreichische Nachrichten* vom 22.1.1979; auch wiedergegeben in den *Salzburger Nachrichten* vom 8.2.1979.

losophie / würde der General sagen / Kommt ein einarmiger General vor in meinem Stück / ist es ein anderer / Und möglicherweise gnädige Frau wird gesagt / ich selbst sei in meinem Theater / Aber es ist ein Anderer [dritter Akt/"Satz"].

Die Zamponi-Kläger konnten sich mit Erklärungen Bernhards auf Basis des *Poetischen Faktizitäts-Paradoxes* nicht zufrieden geben. Den von Bernhard reklamierten Sonderstatus als Dichtung konnten sie nicht akzeptieren. Im Sinne eines lebensweltlich gedachten und vom Rechtssystem der Lebenswelt garantierten Persönlichkeitsschutzes bestanden sie auf namentlicher Unkenntlichmachung des Protagonisten. Sie wollten nicht, dass Bernhard mit Fakten in seiner literarischen *possible world* so spielt, dass ein damit vielleicht referentiell tatsächlich ins Spiel kommender Mensch der *actual world* (gemäß Einschätzung der vermeintlich betroffenen Angehörigen) irgendwelchen Schaden nimmt. Lebensweltlich-juristisch standen damit zwei Rechtsgüter in Konflikt: vermeintlicher Persönlichkeitsschutz und beanspruchte Freiheit der Kunst. Bernhard ließ sich seinerseits auch diesmal noch auf die Überlegungen der Kläger ein und sicherte in einem offenen Brief zu, „den Namen Zamponi [in zukünftigen Auflagen des Buches] wahlweise durch den Namen Ferrari oder Macchiavelli [zu] ersetzen".[10] Daraufhin wurde die Klage zurückgezogen. Schon in dem 1977 abgeschlossenen Ehrbeleidigungsprozess zum ersten Band der Bernhard-Autobiographie *Die Ursache* kam es zu einem ähnlichen Vergleich. Damals hatte der sich im Text wiedererkennende Salzburger Stadtpfarrer Franz Wesenauer gegen seine Darstellung als „Onkel Franz" geklagt. Bernhard hatte ihn charakterisiert als jemand, der sich hinter der „Fürchterlichkeit" eines Internatspräfekten „verschanzt", mit seinem „rosigen Bauerngesicht" (als Fassade eines „widerlichen Menschen").[11]

Wir haben nun einen Punkt erreicht, an dem die Rhetorikfrage aufgeworfen werden kann. Zunächst muss ich über einige theoretische Eckpunkte des rhetorischen Zugangs zur Literatur sprechen. Dabei interessiert den Rhetoriker nicht unbedingt die für Literaturwissenschaftler so wichtige systematische Frage „Was ist Literatur?", die jüngst wieder in einem erhellenden, von Winko, Jannidis und Lauer herausgegebenen Sammelband unter dem Titel *Grenzen der Literatur* (2009) diskutiert wurde. Den Rhetoriker treibt vielmehr die Frage um, wo und wie sich Rhetorik in allen kommunikativen Fällen dieser Welt zeigt und welche Schlussfolgerungen sich daraus für rhetorisches Handeln ziehen lassen. Sub specie artis rhetoricae werden dabei auch solche Texte, die auf irgendeine

---

10   *Oberösterreichische Nachrichten* vom 22.1.1979; siehe auch Dittmar, Sehr gescherte Reaktion (Anm. 1), S. 87.

11   Thomas Bernhard, Die Ursache. Eine Andeutung, Salzburg 1975, S. 103, 105; Martin Huber, Romanfigur klagt den Autor. Zur Rezeption von Thomas Bernhards „Die Ursache. Eine Andeutung", in: Wendelin Schmidt-Dengler / Martin Huber (Hgg.), Statt Bernhard. Über Misanthropie im Werk Thomas Bernhards, Wien 1987, S. 59–110, hier S. 62–67; vgl. Dittmar, Sehr gescherte Reaktion (Anm. 1), S. 61.

Weise als Literatur markiert auftreten, zunächst in ihrer Eigenschaft als kommunikatives Faktum in den Blick genommen.

Wäre es im Fall Zamponi zum Prozess gekommen, wäre unweigerlich die Frage gestellt worden, ob die Äußerungen der juristischen Person Bernhard über einen gewissen Zamponi – vor allem, dass er sich erschossen hat – „wahr" seien, ob sie also auf Fakten beruhen, Tatsachen wiedergeben und damit einer traditionellen, von Thomas von Aquin als *adaequatio verbi et rei* (Übereinstimmung von Wort und Sache) formulierten Definition der Wahrheit gehorchen. Das aber ist eine Frage, die in dieser Form nur unter normalkommunikativen *frames*, also unter den Bedingungen eines Verstehensrahmens angebracht ist, innerhalb dessen die vom englischen Kommunikationsphilosophen Herbert P. Grice aufgestellten vier *Konversationsmaximen* der Informationalität (Sei informativ!), Wahrhaftigkeit (Sei wahr, sage nichts, was Du für falsch hältst!), Relevanz (Sei relevant!) und Ausdrucksökonomie (Sei klar!) uneingeschränkt gelten. Nach Grice lassen sie sich aus dem allgemeinen *Kooperationsprinzip* der Kommunikation ableiten.[12] Wenn Aristoteles im ersten Buch seiner für uns Rhetoriker auch heute noch theoretisch maßgeblichen Rhetorikschrift die Rhetorik auf die Wahrheitsbedingung festlegt, dann bedeutet dies an dieser Stelle nicht, dass die Rhetorik denselben Auftrag zur Wahrheitssuche erhält wie die Philosophie, das ginge zu weit. Gemeint ist, dass die Rhetorik per definitionem immer unter den Bedingungen der Eigentlichkeit steht und unter der wechselseitigen Annahme stattfindet, dass *verbindliches* Kooperationshandeln mit Hilfe pragmatisch relevanter Prosatexte stattfindet. In diesem Sinne ist auch Ciceros Bestimmung des Orators als *actor veritatis* zu verstehen, d.h. als jemand, der mit wahren Sachverhalten, mit Tatsachen umgeht, der mit und im Wahren, also im Tatsächlichkeitsrahmen handelt (Cic. De or. 3, 214).

Das kulturelle Wissen konstituiert in uns Erwartungshaltungen bezüglich entsprechender Settings. Im Sinne eines stillschweigenden Faktizitätskontrakts legen hierbei die normalkommunikativen Regelwerke hohe Verbindlichkeit von Geltungsansprüchen fest.[13] Eine Nichtbeachtung etwa der Grice'schen Wahrhaftigkeitsmaxime könnte für die Betroffenen zu härtesten lebensweltlichen, z.B. juristischen Konsequenzen führen. Dieser lebensweltliche Kommunikationsernst ist, und damit muss eine wichtige Unterscheidung getroffen werden, in Fällen von *Sonderkommunikation* (mit entpragmatisierten Texturen in den Künsten, in Literatur, theatralischem Spiel, Karneval, Fest usw.) nicht gegeben.[14] Hätte die auf pragmatische Standardkommunikation eingestellte Rhetorik demnach gar nichts mit situationserlöster Kunst zu tun?

In jedem kommunikativen Geschehen helfen die Interaktionsrahmen und das soziale Wissen über deren Bedeutung allen Beteiligten, entsprechende Erwartungs-

---

    12   Vgl. Knape, Rhetorik der Künste (Anm. 4), S. 899.
    13   Vgl. Herbert P. Grice, Logik und Konversation, in: Georg Meggle (Hg.), Handlung, Kommunikation, Bedeutung, Frankfurt a. M. 1979, S. 243–265; siehe Knape, Rhetorik der Künste (Anm. 4), S. 898–906.
    14   Vgl. Knape, Rhetorik der Künste (Anm. 4), S. 900.

haltungen zu konstituieren und angemessene Beurteilungen vorzunehmen. Für den Texttheoretiker Teun A. van Dijk sind solche Rahmen (also die schon genannten *frames*)

> bestimmte Organisationsformen für das konventionell festgelegte Wissen, das wir von der ‚Welt' besitzen. Rahmen bilden daher einen Teil unseres semantischen allgemeinen Gedächtnisses; [...] Kenntnis des Rahmens ist notwendig für die korrekte Interpretation unterschiedlichster Ereignisse, für die adäquate eigene Teilnahme an solchen Ereignissen und im allgemeinen für die Sinngebung unseres eigenen Verhaltens und dessen der anderen. Beispielsweise sind ‚Essen im Restaurant', ‚Reisen mit dem Zug' und ‚Einkaufen' solche Rahmen, die festlegen, welche Handlungen, in welcher Reihenfolge und mit welchem Grad an Notwendigkeit wir sie verrichten müssen, wenn wir ein bestimmtes soziales Ziel erreichen wollen. Es zeigt sich somit, daß diese Rahmen eine Form mentaler Organisation darstellen – für komplexe, stereotype Handlungen und Ereignisse.[15]

Der Verstehensrahmen für sonderkommunikative Äußerungen wird in aller Regel durch spezifische Markierungen hergestellt, z.B. pragmatisch durch die Existenz einer Suhrkamp-Verlags-Ausgabe, die auf literarische Textur verweist, oder rein textlich, etwa durch Gattungsangaben wie „Roman" (so bspw. bei Bernhards *Untergeher*).

Für das, was wir heute *Literatur* nennen, hatte die Antike zunächst keinen eigenen Begriff. Darauf weist Aristoteles in einem Theoriewerk hin, das er in Abgrenzung zur Rhetorik eigens für diese Art von Texturen geschrieben hat und das unter der Bezeichnung *Poetik*, d.h. dichterische Textkonstruktions- oder -hervorbringungslehre geführt wird. Es ist eine Schrift, welche die von Platon verworfene und in Frage gestellte mimetische, d.h. spielerisch fingierend-simulative Hervorbringung „allein mit Worten" diskutiert (Arist. Poet. 1447a-b). Moderne Fiktionstheorien, etwa die des französischen Literaturtheoretikers Gérard Genette, berufen sich hierauf.[16]

Halten wir einen Moment inne. Jemand schreibt ein „Prosastück", das in einem Buch mit anderen ähnlichen Stücken vom Suhrkamp-Verlag Frankfurt veröffentlicht wird; einem Verlag, der seinerseits bereits zahlreiche andere Bücher derselben Quelle, desselben Urhebers oder Gewährsmanns (lat. *auctor*) publiziert hat. Mit Bezug auf dieses Prosastück wird ein Beleidigungsprozess initiiert. Derselbe Urheber oder Gewährsmann namens Thomas Bernhard schreibt dann Briefe, die in einer Zeitung, den *Salzburger Nachrichten*, abgedruckt werden, und aufgrund ihres Inhalts wird der Gerichtsprozess wieder eingestellt. Vom Standpunkt der sich als Betroffene darstellenden Klägerin, der Tochter eines Richters mit Namen Zamponi, kann man den ganzen Vorgang in dieser Weise sehen.

---

[15] Teun A. van Dijk, Textwissenschaft, Tübingen 1980, S. 169f. (nl. Original: Tekstwetenschap. Een interdisciplinaire inleiding, Utrecht 1978).

[16] Vgl. Gérard Genette, Fiktion und Diktion, München 1992 (frz. Original: Fiction et diction, Paris 1991).

Thomas Bernhard hingegen sieht alles anders. Er kann den „Tatbestand" der „Verunglimpfung" nicht erkennen und, wie er mit Blick auf die Klägerin schreibt, „weder Ihren Gedanken noch Ihren Empfindungen folgen und ich will Sie in aller Höflichkeit und naturgemäß auch mit dem größten Respekt bitten, das Prosastück *Exempel*' noch einmal unter anderen Vorzeichen „genau zu lesen und aufmerksam zu studieren".[17] Dann werde die Tochter, so Bernhard, erkennen, dass er dem Richter Zamponi mit seinem Prosastück ein „auf längere Dauer standfestes, wenn auch nur dichterisches Denkmal gesetzt" habe.[18]

Was ich hier *Vorzeichen* nenne, ist für Bernhard eine entscheidende Verständnisbedingung seines Textes. Das Verstehens-Vorzeichen bringt eine Differenz ins Spiel, die den Geltungsanspruch von Äußerungen in der menschlichen Kommunikation zum maßgeblichen Trennkriterium erhebt.[19] Für die Klägerin Lucan-Stood haben alle Äußerungen des Sprechers Bernhard ein und denselben standard-kommunikativ eingestellten, lebensweltlichen Verbindlichkeitsstatus. Bernhard möchte im vorliegenden Fall aber, so seine brieflichen Einlassungen, seine standardkommunikativen Äußerungen, z.B. wenn sie Rechtsgeschäfte betreffen, von den sonderkommunikativen, wie er sie in seinen spezifisch markierten literarischen Texten macht, unterschieden sehen.

Freilich nimmt Bernhard diese Position nur im rechtsrelevanten Metadiskurs über das konkret zur Diskussion stehende Werk ein. Zu den klassischen Kunst-markierungen, die einen *frame*-Verstehenshorizont aufbauen, in dem ein Text als Werk situationserlöst und historisch entkonkretisiert interpretiert werden kann, gehören die schon erwähnten Textsorten- oder Gattungsmarkierungen. Gattungsbegriffe sind Leseinstruktionen. Wo andere Autoren Fiktionssignale auf ihren Titelblättern in Form von Untertiteln anbringen, stehen bei Thomas Bernhard oft andere Begriffe wie *Eine Andeutung*, *Eine Erregung* oder *Eine Freundschaft*, die bei der Frage von Gattungserwartungen alles offenlassen. Zumeist findet sich gar kein Hinweis.[20] Klassische literarische Gattungssignale wie „Roman" oder „Komödie" (so bei Bernhards *Immanuel Kant* 1978) sind seltener. Auch das von uns näher betrachtete *Exempel* wird nicht markiert. Bernhard nennt es im Metadiskurs einfach ein „Prosastück", was wiederum alles offen-

---

[17]   *Oberösterreichische Nachrichten* vom 22.1.1979; siehe auch Dittmar, Sehr gescherte Reaktion (Anm. 1), S. 88.

[18]   *Oberösterreichische Nachrichten* vom 22.1.1979; siehe auch Dittmar, Sehr gescherte Reaktion (Anm. 1), S. 87.

[19]   Vgl. Joachim Knape, Was ist Rhetorik? Stuttgart 2000, S. 120.

[20]   Bernhard selbst problematisiert naturgemäß jegliche konventionelle Gattungserwartung im Literaturgespräch des dritten Akts der ‚Jagdgesellschaft', wo der „General" zum „Schriftstel-ler" sagt: „Wie Sie das letztemal dagewesen sind / haben Sie gerade eine Komödie geschrieben / oder sagen wir besser etwas / das Sie selbst als eine Komödie bezeichnen / ich selbst empfinde nicht als Komödie / was Sie als Komödie bezeichnen / Eine Komödie ist ja doch ein ganz und gar feststehender Begriff / damit hat was Sie schreiben nichts zu tun / Was Sie schreiben / hat mit einer Komödie nichts zu tun / unter einer Komödie verstehe ich etwas Anderes / aber auch unter einem Schauspiel / Eine Komödie sagen Sie / und das Ganze hat mit einer Komödie nichts zu tun / Aber über Begriffe darf man sich nicht / mit dem Schriftsteller unterhalten".

lässt. Über die Jahrzehnte hinweg betrachtet, ist auch dieses Prosastück ein Element der bei Bernhard offen zu Tage tretenden Strategie einer *Rahmenbrechung*. Weder werden klare *frames* vorgegeben, noch klare Erwartungshaltungen eingelöst. Übrigens haben wir auch in diesem Punkt eine Parallele zu Kleist, dessen Anekdoten und kurze Erzählungen (die sich heute in der Kleist-Werkausgabe befinden) bei ihrem Erscheinen in den *Berliner Abendblättern* durchaus ambivalenten Eigentlichkeits-Status hatten, weil man nicht ohne Weiteres sehen konnte, ob sie fabulöse Geschichten des Herausgebers Kleist oder ‚journalistische' Beiträge waren.[21]

Im selben Jahr 1979 wird die Bernhard'sche Ambivalenzproblematik vertieft. Bernhard selbst nimmt äußerst bereitwillig an einem Verwirrspiel um den „sogenannten falschen Herrn Bernhard" und den „sogenannten richtigen Herrn Bernhard", wie er selbst schreibt, teil. Der Fall ist unter dem Titel *Der doppelte Herr Bernhard* in der Hamburger Wochenzeitung *DIE ZEIT* publiziert und anschließend verschiedentlich kommentiert worden.[22] Der Wiener Journalist Karl Woisetschläger hatte der *ZEIT* anonym eine Bernhard-Fälschung mit dem Titel *Einkehr in einem Pinzgauer Dorfgasthof* zugeschickt, die später auch veröffentlicht wurde. Allerdings gab es zunächst eine briefliche Rückfrage bei Bernhard. Auf diese durch die *ZEIT*-Redakteurin Petra Kipphoff unternommene Rückfrage hin stellte Bernhard die Umstände klar und schrieb selbst eine neue Einleitung der Geschichte, die dann zusammen mit der Fälschung, einer Richtigstellung und dem zugehörigen Briefwechsel am 31. August 1979 in der *ZEIT* abgedruckt wurde. Petra Kipphoffs briefliche Nachfrage bei Thomas Bernhard war in einem heiter-ironischen Ton gehalten. Bernhard ließ sich offensichtlich davon inspirieren und antwortete gut gelaunt mit einem artifiziell überformten Brief, der ein ungewöhnliches Stück Kunstprosa darstellt:

> Liebe Petra Kipphoff,
> ich habe die Pinzgauer Parodie ergänzt. Eigentlich wollte ich mich nach meiner Heimkehr hinlegen. Aber tatsächlich habe ich mich, weil ich Ihren Brief vorgefunden habe, hingesetzt. Naturgemäß frage ich mich jetzt, ob es nicht besser gewesen wäre, ich hätte mich hingelegt und nicht hingesetzt, denn hätte ich mich hingelegt, hätte ich die Parodie nicht ergänzt, so aber habe ich, indem ich mich hingesetzt habe und nicht hingelegt, die Parodie ergänzt, die ich ja nicht ergänzt hätte, wenn ich mich hingelegt hätte. Jetzt denke ich die ganze Zeit darüber nach, was besser gewesen wäre, wenn ich mich hingelegt hätte oder hingesetzt. Bitte entscheiden Sie selbst, was besser gewesen wäre. Wenn ich mich hingelegt hätte, könnte ich naturgemäß jetzt nicht darüber nachdenken, was besser gewesen wäre, ob ich mich besser hinsetzen oder hinlegen hätte sollen, denn wenn ich mich hingelegt hätte, hätte ich nicht darüber nachdenken

---

[21]   Vgl. Volker Weber, Anekdote. Die andere Geschichte. Erscheinungsformen der Anekdote in der deutschen Literatur, Geschichtsschreibung und Philosophie, Tübingen 1993, S. 75–97.
[22]   Dittmar, Sehr gescherte Reaktion (Anm. 1), S. 90–96.

können, ob es besser gewesen wäre, ich hätte mich hingesetzt. Nun habe ich mich aber hingesetzt und nicht hingelegt, das ist mein Problem. Nach meiner Heimkehr habe ich mich hinlegen wollen, um kein Problem haben zu müssen, wo ich doch wie jeder andere auch so viele Probleme habe, aber ich habe mich hingesetzt und nicht hingelegt und bin dadurch in ein neues Problem hineingekommen. Wenn ich jetzt darüber nachdenke, ob es nicht besser gewesen wäre, ich hätte mich hingelegt und nicht gesetzt, kann ich mich jetzt nicht hinlegen, weil ich mich mit einem solchen ungeheuerlichen Problem nicht einfach hinlegen kann. Wie Sie wissen, kann der Mensch die wirklichen Probleme nicht verarbeiten, wenn er sich hinlegt, er muß sich hinsetzen, um die wirklichen Probleme verarbeiten zu können. Wie lange ich jetzt sitzen bleibe, weiß ich nicht. Hinlegen oder hinsetzen ist wohl und wahrscheinlich und naturgemäß eines der größten Probleme unserer Zeit.   Ihr Thomas Bernhard.[23]

Diesen Brief könnte man bis aufs Letzte banalisieren und in seiner Wirkung ruinieren, wenn man ausschließlich die referentiell-mitteilende Sprachfunktion im Sinne Roman Jakobsons in Betracht zöge, nach Art linguistischer Semantikkondensation alle ‚Redundanzen' beseitigte und reine Inhaltskondensate übrigließe. Der Brief sähe dann vielleicht so aus: „ich habe die Pinzgauer Parodie ergänzt", ich wollte mich nach meiner Heimkehr hinlegen, habe mich aber angesichts des vorgefundenen Briefs hingesetzt und die Parodie ergänzt; „Bitte entscheiden Sie selbst, was besser gewesen wäre", d.h. ob es gedruckt werden soll, wie jeder andere habe ich viele Probleme; „Hinlegen oder hinsetzen ist wohl" eines „der größten Probleme unserer Zeit", der Mensch muss sich hinsetzen, wenn er seine Probleme „verarbeiten" will.

Da ein Brief die pragmatisch-lebensweltlich situierte Textsorte schlechthin zu sein scheint, könnte man sich die Frage stellen, ob die zweifellos sehr auffällige Textur des vorliegenden Geschäftsbriefs das lebensweltlich echte Psychogramm eines zwangsneurotisch entscheidungsschwachen Menschen ist, mithin auch in seiner Struktur als biographischer Schlüsseltext gelesen werden kann. Wir erleben im Akt des Lesens in der Tat einen motorisch, durch Körperbewegung also (hinlegen – hinsetzen) akkompagnierten Denkvorgang der Unentschlossenheit; genauer gesagt: seines psychischen Nachbebens. Wir erleben durch die antithetische Grundstruktur ein Hin-und-Hergerissen-Sein zwischen zwei Möglichkeiten. Der Sprecher weiß offenbar nicht, was er tun soll. Soll er die Fälschung verurteilen oder soll er sie – wie dann ja auch geschehen – einfach in sein Leben integrieren? Insofern kann der Brief biographisch auch als Psychogramm einer bestimmten Lebensszene gelesen werden.[24] Zugleich aber, auch das ist offensichtlich, hat der Dichter die Gelegenheit zum Anlass genommen, ein ästhetisch kalkuliertes Konstrukt zu schaffen. Nicht erst das Bekenntnis zur Künstlichkeit des Weltzusammenhangs, wie wir es aus der

---

23   *DIE ZEIT* vom 31.8.1979 (im Original kursiv); Dittmar, Sehr geschete Reaktion (Anm. 1), S. 93f.

24   Man hat durchaus vermutet, dass man bei Bernhard eine Art „écriture automatique" in Rechnung stellen müsse; Huber, Romanfigur klagt den Autor (Anm. 11), S. 92.

Auslöschung kennen, gibt uns einen Hinweis darauf, wie wichtig für Bernhard der reflektorische Filter ästhetischer Kalküle gewesen sein muss.[25] Das sollte gegenüber rein biographistischen Lesarten immer bedacht werden. In diesem Sinn antwortet Bernhard im Fleischmann-Interview von 1986 auf die Frage nach seinen allgemeinen Produktionskalkülen: „Der Spaß ist, dass man etwas macht, das sozusagen als Kunstwerk anzuschauen ist."[26] Krista Fleischmann weiß im persönlichen Gespräch mit mir auch darüber zu berichten, dass Bernhard nach einer Schreibphase, die ihn im Furor scribendi, also in ununterbrochener Schreib-„Wut" (man könnte hier auch von einem Schreib-Flow sprechen) fesselte, dann noch in eine weitere Phase kritisch-strenger Formprüfung eintrat, in der bisweilen auch befreundete ,Erstleser' wie Krista Fleischmann von ihm nach der intendierten Erkennbarkeit musikanaloger Formprinzipien gefragt wurden.

Wenn man den Gesamtzusammenhang einbezieht, insbesondere die ironische Leichtigkeit des herausfordernden Ausgangsbriefes von Petra Kipphoff, dann muss man als Leser allein schon den merkwürdigen, extrem hyperbolischen letzten Satz des Bernhard-Antwortbriefs als Indiz für seinen heiter-scherzhaften, zumindest ironischen Charakter nehmen. Niemand glaubt, dass Bernhard hier allen Ernstes vom „größten Problem unserer Zeit" spricht. Der ganz besondere Reiz des Textes liegt auf einer anderen Ebene und geht auf ein quasi-musikästhetisches Kalkül zurück, das sich auch in anderen Fällen beobachten lässt.[27] So endet etwa die *Jagdgesellschaft* mit der Regienotiz: „Das Stück ist in drei Sätzen geschrieben, der letzte Satz ist der ,langsame Satz'." Bei unserem Brief haben wir es mit einer vom studierten Musiker Thomas Bernhard auf genial-spielerische Weise ausgearbeiteten Sprachkomposition zu tun, deren syntaktische Rhythmisierung von ostinaten Formen beherrscht wird, die mit Hilfe lautsprachlicher Repetitionsstrukturen, z.B. ineinander verschränkten Parallelismen, entsteht (siehe Abb. 1). In den Worten von Bernhards *Weltverbesserer*: „So wie es ist / gehört es gelesen / vollkommen unmusikalisch einerseits / hochmusikalisch andererseits". Bernhard unterlegt den ganzen Text mit einem sich von Anfang bis Ende durchziehenden Basso continuo, oder besser: Basso ostinato, dessen strukturierende Schlüsselwörter „hinlegen – hinsetzen" in meiner partituranalogen Darstellung des Briefs (siehe Abb. 1) stets am Zeilenbeginn positioniert sind.

---

[25] Marcel Reich-Ranicki unterstreicht den Kunstanspruch Bernhards, der nicht einfach argumentiere, sondern durch den spezifischen Charakter seiner Kunst Reaktionen evoziere; siehe dazu Huber, Romanfigur klagt den Autor (Anm. 11), S. 89f.

[26] Thomas Bernhard, Die Ursache bin ich selbst, in: Monologe auf Mallorca + Die Ursache bin ich selbst. Die großen Interviews mit Thomas Bernhard, Regie: Krista Fleischmann, DVD, 94 Minuten, Frankfurt a. M., Berlin 2008, Kap. 4: Das Prinzip der Übertreibung.

[27] So hat man etwa mit Blick auf Bernhards Prosa von „Wortopern mit düsterer Faszination" gesprochen; Huber, Romanfigur klagt den Autor (Anm. 11), S. 99. Als historisches Vergleichsstück könnte man einen ebenfalls „kompositorisch" überformten Mozart-Brief heranziehen; Joachim Knape, Zur Struktur des Jugendbriefs an die Schwester im 18. Jahrhundert: Goethe, Mozart, Brentano, Kleist, in: Kleist-Jb. 1996, S. 91–107, hier S. 93ff. u. S. 100f.

Liebe Frau Kipphoff,

ich habe die Pinzgauer   **Parodie ergänzt.**
Eigentlich wollte ich mich nach meiner Heimkehr
hinlegen. Aber tatsächlich habe ich mich, weil ich Ihren Brief vorgefunden habe,
hingesetzt. NATURGEMÄSS frage ich mich jetzt,
                                              ob es nicht besser gewesen wäre, ich hätte mich
hingelegt und nicht
hingesetzt, denn hätte ich mich
hingelegt, hätte ich die   **Parodie nicht ergänzt,** so aber habe ich, indem ich mich
hingesetzt habe und nicht
hingelegt, die   **Parodie ergänzt,** die ich ja nicht ergänzt hätte, wenn ich mich
hingelegt hätte. Jetzt denke ich die ganze Zeit   **darüber nach,**
                                              was besser gewesen wäre, wenn ich mich
hingelegt hätte oder
hingesetzt. Bitte entscheiden Sie selbst,   was besser gewesen wäre. Wenn ich mich
hingelegt hätte, könnte ich NATURGEMÄSS jetzt nicht   **darüber nachdenken,**
                                              was besser gewesen wäre, ob ich mich besser
hinsetzen oder
hinlegen hätte sollen, denn wenn ich mich
hingelegt hätte, hätte ich nicht   **darüber nachdenken** können,
                                    ob es besser gewesen wäre, ich hätte mich
hingesetzt. Nun habe ich mich aber
hingesetzt und nicht
hingelegt, das ist mein   **Problem.** Nach meiner Heimkehr habe ich mich
hinlegen wollen, um kein   **Problem** haben zu müssen, wo ich doch wie jeder andere auch so
                           viele   **Probleme** habe, aber ich habe mich
hingesetzt und nicht
hingelegt und bin dadurch in ein neues
                                Problem hineingekommen. Wenn ich jetzt
                                      darüber nachdenke,
                                    ob es nicht besser gewesen wäre, ich hätte mich
hingelegt und nicht
hingesetzt, kann ich mich jetzt nicht
hinlegen, weil ich mich mit einem solchen ungeheuerlichen
                                Problem nicht einfach
hinlegen kann. Wie Sie wissen kann der Mensch die wirklichen
                                Probleme nicht verarbeiten, wenn er sich
hinlegt, er muß sich
hinsetzen, um die wirklichen   **Probleme** verarbeiten zu können. Wie lange ich jetzt
                sitzen bleibe, weiß ich nicht.
Hinlegen oder
hinsetzen ist wohl und wahrscheinlich und NATURGEMÄSS eines der größten
                                Probleme unserer Zeit.
                                                      Ihr Thomas Bernhard

Abb. 1:   Brief von Thomas Bernhard an Petra Kipphoff, in: *DIE ZEIT*
                     vom 31.8.1979.

Damit wird eine *kursiv-nervöse* Entscheidungsunruhe ausgedrückt, die im permanenten Pendelschlag von hinlegen – hinsetzen, hinlegen – hinsetzen, hinlegen –
hinsetzen zur Sprache kommt. Unterstrichen wird dieser Basso ostinato noch
durch das semantisch daran geknüpfte <u>unterstrichene Leitthema</u>, das wir in der
Frage ‚was wohl besser gewesen wäre, besser gewesen, besser gewesen wäre?'
zusammenfassen können. Im semantischen Mittelpunkt steht natürlich das
Thema mit Variation. Bereits in der ersten Zeile tritt das erste **fette Hauptthema** „Parodie ergänzt – Parodie nicht ergänzt – Parodie ergänzt" auf. Dies
wird dann zu einem sprachlichen Abstraktum abgewandelt und tritt als zweites
fettes Hauptthema „Problem – Problem – Problem" auf. Das zweite Thema
variiert das erste inhaltlich. Beide Themen hängen im Sinne der Jakobson'schen
poetischen Sprachfunktion auch über eine lautliche Ähnlichkeitsbeziehung, d.h.
über das anlautende „Par/Pro" zusammen: „Parodie/Problem". Von diesen
fetten Hauptthemen leitet sich das **fette Nebenthema** „darüber nachdenken –
darüber nachdenken" ab. Bleibt man bei dieser auf musikalische Kompositions-
techniken bezogenen Betrachtungsweise, dann wird das kapitalisierte
NATURGEMÄSS zu einer Verzierung, die Bernhard recht symmetrisch am Anfang, in der Mitte und am Ende des Textes als eine Art sprachlichen Triller und
zugleich als Bernhard'sches Kennmotiv anbringt, wodurch er zugleich einen
semantischen Akzent setzen kann.

Es stellt sich angesichts dieses Befunds die Frage, ob dieses Kunsttückhafte etwas mit Rhetorik zu tun hat, und es wird Sie vielleicht überraschen, wenn ich
etwas zögernd sage: nicht ohne Weiteres. Warum habe ich Zweifel an der Zuständigkeit der Rhetorik und warum zögere ich dabei? Für mich als Rhetoriker
wäre die Lage klar, wenn hier tatsächlich und unmissverständlich ein rhetorischer Fall vorliegen würde, d.h. wenn Thomas Bernhard mit seinem Brief Frau
Kipphoff unter normalkommunikativer Rahmensetzung von etwas Bestimm-
tem mit hohem Verbindlichkeitsgrad überzeugen wollte. Anders gesagt: wenn
Bernhard Frau Kipphoff zum Wechsel von einer mentalen Position A hin zu
einer neuen Position B bewegen wollte.[28] Das maßgebliche rhetorische Persua-
sionskriterium scheint mir hier aber nicht ohne Einschränkungen anwendbar.
Zumindest müsste man darüber ausführlich diskutieren. Sehr viel klarer scheint
mir zu sein, dass Bernhards Textur ganz wesentlich auf sprachästhetische Kalküle rückführbar ist. Der Nietzsche-Inspirator Gustav Gerber hat diesen
sprachästhetischen Ansatz in seinem Buch ‚Die Sprache als Kunst' von
1871/73 unter der Rubrik *Sprachkunst* subsumiert und kategorisch von der
Dichtkunst unterschieden, die ihrerseits auf dem Fiktionalitätskriterium in Hinblick auf die Konstruktion von *possible worlds* beruht, wie man mit der Mögliche-

---

28   Vgl. Joachim Knape, Persuasion, in: Historisches Wörterbuch der Rhetorik, hg. v. Gert Ueding, Bd. 6, Tübingen 2003, Sp. 874–907; vgl. Joachim Knape, Persuasion und Kommunikation, in:
Josef Kopperschmidt (Hg.), Rhetorische Anthropologie, Studien zum Homo rhetoricus, München 2000, S. 171–181.

Welten-Theorie sagen könnte.[29] Gérard Genette hat diese Unterscheidung dann
1991 in seinem gleichnamigen Literaturtheoriewerk auf das seit der Antike in
differenten Ästhetiken stark gemachte Gegensatzpaar von *Fiktion und Diktion*
(dt. 1992) gebracht.[30] Sprachkunst im Gerber'schen Sinn kann man auch in
Texten pragmatisch-verbindlicher Kommunikationsvorgänge antreffen. Insofern haben wir es bei dem Thomas-Bernhard-Brief an Kipphoff zwar mit einem
lebensweltlich-verbindlichen Brief zu tun, der aber sprachästhetisch überformt
und daher auch in die sprachkünstlerische Ästhetiktradition integrierbar ist.
Jetzt wird mein Zögern verständlich. Der Brief ist als pragmatisch definierte
Gattung rhetorisch hoch interessant, wird als solcher auch immer wieder literarisch fingiert. Doch wie steht es mit der im vorliegenden Fall gleichzeitig auftretenden Sprachkunst, die ja oft nach einem theoretisch wenig fundierten All-
tagsverständnis von *Rhetorik* eben gerade als *rhetorisch* angesehen wird?

Einerseits nimmt die moderne Rhetoriktheorie die von dem glänzend systematisch denkenden Philosophen Aristoteles im dritten Buch seiner *Rhetorik*
formulierte Abgrenzung der Rhetorik von der bloßen Sprachkunst ernst. Das
ganze zu seiner Zeit bereits systematisierte Figurenarsenal, so Aristoteles sinn-
gemäß, führe die pragmatischen Prosatexte der Oratoren zu nahe an die Texte
von Poeten heran, was man beispielhaft an den ästhetisch stark überkodierten
Reden – wie man heute sagen würde – des Sophisten Gorgias sehen könne.
Daher sei von solchen Ausdrucksformen Abstand zu nehmen. Nur für die Metapher gilt dies bei Aristoteles nicht. Insofern ist die ganze rhetorische Figurenlehre aus fundamentalrhetorischer Sicht ein rhetorisches Sekundärgebiet, nur
Teil der Organonlehre.

Andererseits pflegt die Rhetorik in römischer Tradition aber durchaus auch
diesen Sektor der Figurenlehre intensiv. Im Kapitel *Elocutio*, d.h. in ihrer For-
mulierungs- und Figurenlehre, hat die Rhetorik im Verlauf der Geschichte einen reichen Fundus solcher sprachästhetischer Überkodierungsvarianten ange-
sammelt. Jedoch – das muss deutlich gesagt werden – sind diese Figuralstruktu-
ren, vom Standpunkt moderner, strenger gefasster Rhetoriktheorie aus betrachtet, nur dann auch rhetorisch interessant, wenn sie tatsächlich in rhetorischen
Fällen, d.h. in persuasiven Kommunikationsakten aktiviert bzw. funktionalisiert
werden. In den Schulen beherrschte die Figurenrhetorik, die – wie gesagt –
theoretisch eigentlich nur eine auxiliäre Unterabteilung darstellt, über Jahrhunderte die Auffassung von Rhetorik als Disziplin und führte das Fach dementsprechend auch spätestens seit dem 18. Jahrhundert ins epistemische Abseits.
Gérard Genette und Chaïm Perelman sprechen von dieser reinen Eloquenzrhe-
torik als einer verkümmerten „restringierten Rhetorik" (*rhétorique restreinte*), die
vom theoretischen Kern des Faches wegführt.[31] Mit anderen Worten: Aus be-

---

[29]   Vgl. Gustav Gerber, Die Sprache als Kunst, 2. Aufl., Berlin 1885.

[30]   Vgl. Genette, Fiktion und Diktion (Anm. 16); vgl. Joachim Knape, Poetik und Rhetorik
in Deutschland 1300–1700, Wiesbaden 2006, S. 56.

[31]   Gérard Genette, Die restringierte Rhetorik, in: Anselm Haverkamp (Hg.), Theorie der
Metapher, Darmstadt 1983, S. 229–252 (frz. Original: La rhétorique restreinte, in: Communicati-

stimmten historischen Gründen hat die Rhetorik eine sprachästhetische Systemstelle, die wir heute – unter den Bedingungen moderner Fachsystematik – als Schnittmenge von Poetik bzw. Sprachästhetik und moderner Stilistik sehen, und die wir seit dem 18. Jahrhundert treffender unter der damals entstandenen Rubrik ‚Ästhetik‘ (als Hilfsmittel der Rhetorik) einzuordnen gelernt haben. Bernhards Brief wäre erst dann Element eines rhetorischen Falls, wenn hier auch ein Überzeugungsvorgang, durchaus auch mit Hilfe sprachästhetischer Strategien, nachweisbar wäre. Aus praktischen Gründen widmet sich die moderne Rhetorikforschung (vor dem theoretischen Hintergrund einer Selbstständigkeit der Sprachästhetik) nach wie vor der Erforschung dieser subsidiären, als *Eloquenz* (Beredsamkeit) zu bezeichnenden Phänomene unter historischen, strukturalen und funktionalen Aspekten. In der *Beredsamkeit* kann der in einer Sprecherkultur angereicherte Ausdrucksschatz jederzeit auch persuasiv aktiviert und funktionalisiert werden. Im Interesse einer theoretisch fundierten Standortbestimmung muss der modernen Rhetorik jedoch daran liegen, den sprachästhetischen Fall (jemand formuliert wohlgeformt) vom eigentlichen rhetorischen Fall (jemand bedient sich eventuell dieser Wohlgeformtheit, um damit andere zu beeinflussen) zu unterscheiden.

Bei meinen Überlegungen geht es nur darum zu klären, inwieweit die Rhetorikfrage in die literarische Kommunikation hineinreicht. Diese Frage stellt sich bei jenen Texten mit besonderer Schärfe, die deutlich unter Prämissen der Fiktionsästhetik entstanden sind. Man könnte hier einfach sagen, dass die Rhetorik bei Texten dieser Art ihre Zuständigkeit endgültig verloren hat, weil sie sonderkommunikativen *frames* unterliegen und entsprechende Erwartungshaltungen generieren, sich mithin der *actual-world*-Beurteilung entziehen und nur *possible worlds* für die Imagination konstruieren, kurz: weil sie entpragmatisiert und damit ohne Verbindlichkeitsanspruch im Kommunikationszusammenhang stehen. Hat die Rhetorik hier also das Feld der Poetik, Ästhetik und Literaturwissenschaft zu überlassen?

Damit bin ich wieder bei unserem Ausgangsfall ‚Zamponi‘. Literatur, wie jede andere Kunst, kann für sich natürlich sonderkommunikativen Status beanspruchen, und sie tut es seit Menschengedenken. Normalerweise stellen sich die Teilnehmer an einem ästhetisch markierten Kommunikationsgeschehen stillschweigend und bereitwillig unter den Kunst- oder Fiktionskontrakt, gehen davon aus und erwarten, dass die Grice'schen Maximen modifiziert oder gar suspendiert werden (z.B. bei Fiktionen die Wahrhaftigkeitsmaxime oder bei der Sprachkunst, wo im Gegenteil Redundanz, Verwirrspiel und Ähnliches geradezu verlangt werden, die Ökonomiemaxime), und die Teilnehmer an der Kunstkommunikation akzeptieren meist auch die spezifischen kulturellen Settings für

---

ons 16 (1970), S. 158–171); Chaïm Perelman, Das Reich der Rhetorik: Rhetorik und Argumentation, München 1980, S. 7 (frz. Original: L'empire rhétorique: rhétorique et argumentation, Paris 1977, S. 12); Joachim Knape, Allgemeine Rhetorik. Stationen der Theoriegeschichte, Stuttgart 2000, S. 298.

„Kunst".[32] Während der standardkommunikativ-pragmatische Rahmen etwa im Fall von Gerichtskommunikation für alle Beteiligten ein Höchstmaß an Verbindlichkeit und Sanktionsernst definiert, entscheidet unter den Bedingungen des ästhetischen Spiels allein der Adressat, also der Leser oder Hörer, ob das gedankliche Angebot des Werkes, die Gerichtssaalfiktion, für ihn lebensweltliche Relevanz bekommt oder nicht.[33]

Thomas Bernhard hat das Prosastück *Exempel*, wie gesagt, ausdrücklich als „Dichtung" bezeichnet und damit eine bei ihm verhältnismäßig selten auftretende Festlegung getroffen. Nun könnte man mit Blick auf meine obigen Ausführungen zu dem Schluss kommen, dass sich angesichts dessen die Rhetorikfrage gar nicht mehr stellt. Doch nicht nur die Geschichte der Verfolgung und Diskriminierung von Literaten und Künstlern aller Art zeigt, dass auch klar markierte Kunstwerke immer wieder unter eine Art Repragmatisierungsdruck geraten und von den Adressaten immer wieder auch in den Verstehenszusammenhang der Eigentlichkeit zurückgeführt werden. Die Dichtkunst sollte sich entpragmatisiert und situationserlöst, d.h. unter den Prämissen der Werkhaftigkeit positionieren können, tatsächlich aber wird literarischen Werken dann doch immer wieder statt spielerischer Unverbindlichkeit hohe lebensweltliche Verbindlichkeit zugeschrieben. Das geschieht nicht nur bei den Werken eines Autors wie Thomas Bernhard, der – wie wir gesehen haben – beinahe systematisch mit Rahmenbrechungsphänomenen arbeitet und insofern die von mir diskutierten Verstehenskonflikte bewusst provoziert.

Diese Adressatenreaktion hat etwas mit den kognitiven Integrationsmechanismen im Rezeptionsvorgang zu tun, die ebenfalls bei erklärtermaßen rein fiktiven Texten anfallen und die viele Dichter ganz bewusst einkalkulieren. Mit anderen Worten: Auch Texte der Dichtkunst entstehen meist nicht nur aufgrund eines einzigen Produktionskalküls, also des ästhetischen. Nicht selten sind die Dichter darauf aus, ihren Adressaten auch eine Idee, eine Weltsicht, ein philosophisches oder politisches Konzept zu vermitteln. In seiner ‚Poetik' hat Aristoteles diese kognitive, erkenntnisbezogene Schicht einer Dichtung als die rhetorische Schicht identifiziert. Was im dichterischen Text mit dem Erkenntnisvermögen oder der „Gedankenführung", so Fuhrmanns Übersetzung des Begriffs *diánoia* aus dem 19. Kapitel der *Poetik*, zusammenhänge, falle ins Gebiet der Rhetorik, sagt Aristoteles. Damit zeigt sich eine Brücke zwischen *possible* und *actual world*. Ich möchte das, was hier als realweltlich integrierte Einsichtsgewinnung durch Dichtung angesprochen ist, den *rhetorischen Faktor* der Literatur nennen.[34]

---

[32] Knape, Rhetorik der Künste (Anm. 4), S. 905.

[33] Zum Spielcharakter siehe Knape, Rhetorik der Künste (Anm. 4), S. 899.

[34] Zum „rhetorischen Faktor" in Texten siehe auch Knape, Was ist Rhetorik? (Anm. 19), S. 121 und Joachim Knape, Zur Theorie der Spielfilmrhetorik mit Blick auf Fritz Langs „M", in: Urs Büttner / Christoph Bareither (Hgg.), Fritz Langs „M - Eine Stadt sucht einen Mörder", Texte und Kontexte, Würzburg 2010, S. 15–32, hier S. 23–32; zu den lebensweltlichen Auswirkungen

Die Rhetorik stellt damit, produktionstheoretisch gewendet, neben das fiktions-ästhetische und das sprachkünstlerische Kalkül zusätzlich auch noch ein rheto-risches Kalkül, das sich der beiden anderen Kalküle durchaus bedient, sie für eigene Zwecke funktionalisiert. Auf Adressatenseite wird dies oft durchaus auch gesucht und erwartet. Adressaten inferieren regelmäßig Botschaften, neh-men eigene Rückschlüsse vor, auch wenn der Autor sie vielleicht gar nicht be-wusst konstruiert hat, d.h. Adressaten erwarten unabhängig vom Autorwillen regelmäßig auch ein rhetorisches Kalkül, also ein Produktionskalkül, das auf die Vermittlung lebensweltlich integrierbarer Einsichten und auf Erkenntnis zielt. Solch eine Suche nach Botschaften gelingt meistens auch ohne auktoriale Steuerung,[35] weil das semantische Universum der Sprache jedem Adressaten, der darauf aus ist und eigene Wege bei der Rezeption gehen will, weite Verste-hensspielräume ermöglicht. Als Rhetoriker kommt man angesichts dieser Phä-nomene zu dem Schluss, dass nur derjenige Autor als Kommunikator in der Gesellschaft als bedeutsam unter den unzähligen anderen Literaten wahrge-nommen wird, der auch in der genannten rhetorischen Hinsicht etwas zu sagen hat. Die Rhetorik als Disziplin jedenfalls interessiert sich letztlich nur dann auch wirklich für die Kommunikatorrolle ‚Schriftsteller' oder ‚Dichter'.

Bei der Zamponi-Geschichte allerdings braucht sich der Leser diese inter-pretatorische Freiheit gar nicht zu nehmen, braucht gar nicht selbstständig auf die Suche nach der Existenz von Botschaften zu gehen. Im schon erörterten Metadiskurs über diese Geschichte, und eine Geschichte im narratologischen Sinn ist es zweifellos, egal ob sie auf Nominal- oder Realreferenz setzt (d.h. ob es um Zamponi als Chiffre oder als historische Person geht), gibt Bernhard an, es handle sich um eine „philosophische Dichtung" bzw. um ein „Prosastück, das nicht ohne Philosophie" sei,[36] ja, er nimmt darüber hinaus auch noch selbst eine sehr genaue Textsortenzuschreibung vor: Es sei eine „Parabel". Damit ist der Leser explizit aufgefordert, eine rhetorisch relevante Botschaft zu abduzie-ren, denn eine Parabel ist – so kann man in einer Definition neueren Datums lesen – eine „kurze, fiktionale Erzählung in Vers oder Prosa, die durch Trans-fersignale dazu auffordert, einen anderen als den wörtlichen, nämlich einen in irgendeiner Weise lebensbedeutsamen Sinn in ihr zu suchen".[37]

Wie gesagt, viele Leser brauchen kein „Transfersignal", um in Dichtungen „lebensbedeutsamen Sinn" zu suchen. Sie nehmen einfach an, dass Literatur immer auch einen rhetorischen Faktor besitzt, Botschaften enthält und über de-ren Generierung Einfluss auf das Bewusstsein von Menschen ausüben will. Das

---

des Erlebens fiktionaler Welten siehe Markus Appel, Realität durch Fiktionen. Rezeptionserleben, Medienkompetenz und Überzeugungsänderungen, Berlin 2005.

[35] Der Zusammenhang von Steuerung (Moderation) und Hervorrufung (Evokation) in li-terarischen Texten sowie sieben mögliche, autorgesteuerte Orientierungsaspekte werden abge-handelt bei Knape, Rhetorik der Künste (Anm. 4), S. 916–924.

[36] *Oberösterreichische Nachrichten* vom 22.1.1979.

[37] Bernd Auerochs, Parabel, in: Metzler Literatur Lexikon, 3. Aufl., Stuttgart / Weimar 2007, S. 567f.

setzt den Inferenz- oder Abduktionsprozess in Gang, weil viele Leser mit dem imaginativen Erleben einer literarischen *possible world* allein, nur für sich genommen, nicht zufrieden sind. Im vorliegenden Fall jedoch gibt Thomas Bernhard auch im Text selbst mit der Überschrift „Exempel" ein Transfersignal. Jeder literarisch kundige Leser weiß, dass zu einem Exempel immer auch eine explizit oder implizit formulierte These oder eine Auslegung, also eine Moralisatio gehört, die uns den lebensweltlich relevanten Sinn der konkreten Ereignisse mit auf den Weg gibt und das Exempel veranschaulichen soll. Eine gattungsbedingte Zweiteiligkeit liegt auch bei unserem Text vor. Die Geschichte beginnt mit einem Promythion, folglich einer vorangestellten Moralisatio (üblicher wäre ein angehängtes Epimythion). Die eigentliche Exempelgeschichte kommt hier erst zum Schluss. Man denkt unwillkürlich an die Worte des Bernhard'schen Weltverbesserers: „Es ist ja kein Kunstwerk einerseits / weil es sich um Philosophie handelt / andererseits ist es das Kunstvollste", ja, „Musik sollte es sein / einerseits / Aber die Musik gibt der Philosophie die Geistesblöße".

Die Exempelgeschichte selbst findet sich also im Schlussteil und besteht aus drei kunstvoll kombinierten Sätzen, über deren Kleist-Bernhard'sche Struktur ich an dieser Stelle nichts weiter sagen will.[38] Das Exemplarische liegt in der Story. Sie erzählt eigentlich nur, wie der Richter Zamponi einen Verbrecher verurteilt, nach der Urteilsverkündung aufsteht und sagt, er werde jetzt ein Exempel statuieren, sodann eine Pistole zieht und sich selbst erschießt. Das ist der harte Plot. Wir erfahren weder etwas über Motive noch über Hintergründe oder weitere Zusammenhänge. Im Mittelpunkt des Handlungsablaufs steht die nach dem Urteil erfolgte Ankündigung des Richters, er werde jetzt „ein Exempel statuieren". Unter Brechung jeglicher konventionellen Erwartung und in paradoxer Umkehrung der vermuteten Verhältnisse wird überraschenderweise nicht der Kriminelle, an dem ja gemäß Sprachgebrauch das Exempel hätte statuiert werden müssen, erschossen, also mit äußerster Härte bestraft, sondern der vordergründig unschuldige Richter selbst, und dann auch noch durch eigene Hand. Das ist eine Herausforderung an die Abduktionskunst der Leser.[39] Hier kurz die nächstliegende Interpretation: Es ist offensichtlich, dass im Geschehen eine radikale Umkehrung der üblichen Verhältnisse stattfindet. Am Exponenten des Rechtswesens wird das Exempel statuiert, nicht am Exponenten der anderen Seite, der Seite der Schuld und des Vergehens. Der Richter richtet sich selbst. Ist er vielleicht selbst schuldig? Thomas Bernhard bietet uns im Promythion ei-

---

[38] Man sah in Bernhards Prosa auch bereits Parallelen zu Stifters Syntax; siehe Franz Eyckeler, Reflexionspoesie. Sprachskepsis, Rhetorik und Poetik in der Prosa Thomas Bernhards, Berlin 1995, S. 123–131.

[39] Zum Problem der Abduktion siehe Umberto Eco, Semiotik. Entwurf einer Theorie der Zeichen, München 1987 (ital. Original: Trattato di semiotica generale, Milano 1975); Umberto Eco, Hörner, Hufe, Sohlen. Einige Hypothesen zu drei Abduktionstypen, in: Ders. / Thomas A. Sebeok (Hgg.), Der Zirkel oder Im Zeichen der Drei. Dupin, Holmes, Peirce, München 1985. (ital. Original: Il segno dei tre, Milano 1983); siehe auch Knape, Zur Theorie der Spielfilmrhetorik mit Blick auf Fritz Langs „M" (Anm. 34), S. 25–27.

nen noch etwas weiter gehenden Erkenntniszusammenhang an. Für ihn hat der Text ja eine, wie er sagt, „philosophische" Dimension. Damit ist eine durchaus in den verbindlichen Lebenskontext integrierbare Sinndimension angesprochen, die der Dichter als Angebot in den Raum stellt. Bernhard selbst hat sich zweifellos auch als eine Art Dichterphilosophen, zumindest als philosophischen Kopf gesehen, freilich fernab aller Schulphilosophie, die bei ihm nur dem Namen nach vorkommt. Vielleicht hat er sich die an den Schriftsteller im Stück gerichtete Bemerkung des Generals im dritten Akt bzw. „Satz" seiner *Jagdgesellschaft* auf den Leib geschrieben: „Habe ich recht daß / was Sie schreiben / etwas durchaus Philosophisches ist / Wenn Sie es auch als Komödie bezeichnen / Oder habe ich recht / wenn ich sage / was Sie schreiben ist Komödie / während Sie selbst behaupten / es handele sich um Philosophie"?

Zu den Besonderheiten der Kunstkommunikation gehört allerdings, dass der literarisch interessierte Adressat mit diesem Angebot als einem spielerischen (und im Status poetischer Unverbindlichkeit verbleibenden) umzugehen gelernt hat. Unter dieser Prämisse sucht der Rhetoriker bei einer Textanalyse die gewählte literarische Beeinflussungsstrategie. Im vorliegenden Fall finden wir sie in der Struktur eines Induktionsbeweises, den schon Aristoteles empfiehlt. Das Promythion stellt gewissermaßen die These auf, für die dann das Exempel den induktiven Einzelfallbeweis liefert. Ein Gerichtserfahrener leuchtet den Gerichtssaal schlaglichtartig als Bühne aus, auf der uns, so Bernhard, das „menschliche Elend" der Welt beim institutionellen Umgang mit Recht und Unrecht oder Schuld und Sühne zwischen Richtern und Angeklagten mit seiner, wie es heißt, „Absurdität" vor die Augen tritt. Naturgemäß kann sich dem niemand „lebenslänglich" aussetzen, „ohne verrückt zu werden". Unwillkürlich denkt man da etwa an Kleists *Michael Kohlhaas* oder seine Anekdote *Tagesereignis* aus den *Abendblättern* (vom 7. November 1810). Bernhard weiter: „An jedem Tag im Gericht" wird dem Betrachter „das Wahrscheinliche, das Unwahrscheinliche, ja das Unglückliche, das Unglaublichste", seien es „tatsächliche" oder auch „nur angenommene" Verbrechen, „vorgeführt". Und wenn der Richter Zamponi dann ein Exempel statuiert, ist es ein Exempel dieser Absurdität.

Bernhard ‚redet' mit uns, indem er schreibt und uns an seinem Denken teilnehmen lässt. Was er sagt, kann einerseits den Charakter rhetorischer Kündung haben, andererseits den einer poetischen Kunstweltkonstruktion. Dabei entstehen Fiktionen, aber auch Urteile über die Welt, über konkrete Menschen, über Länder, und es entsteht all das im Text, was sich sonst noch so denken lässt. Was sich für ihn selbst als der Redefluss seines Lebens darstellt, wird der Gesellschaft per Medien, in Büchern, Journalen, Zeitschriften, Zeitungen usw., und mit bestimmten Gattungserwartungen übermittelt. In jedem Einzelfall stellt sich da die Frage nach dem sonderkommunikativen Status neu. Was eigentlich gehorcht in diesem nachträglich rekonstruierbaren, veröffentlichten Äußerungsfluss besonderen literarischen Regeln? Thomas Bernhard hat sich zweifelsohne in einer speziellen Kommunikatorrolle, in der Rolle des Künstlers gesehen, sie in ganz eigener Weise verstanden, doch besondere Beeinflussungsintentionen habe er nicht gehabt: „Sie können Eindrücke aufschreiben, die Sie haben", sagt Bernhard 1986 im Fleischmann-Interview auf die Frage nach seinen dichterischen Absichten: „Da gibts Zukunftsvisionen; haben Leut wie ich auch." Doch über das, was Wissenschaftler interessiert, etwa welchen Status all die historischen Anspielungen im Verbund mit Fiktionen in seinen Texten haben, sagt er nichts Sicheres. Was er auf seine literarische Weise anderen mitteilt, soll einfach „ausstrahlen", wie er betont. Das ist alles.

Manfred Mittermayer

Lächerlich, charakterlos, furchterregend.
Zu Thomas Bernhards Rhetorik der Bezichtigung

1. Aus dem Hinterhalt

Für eine breitere Öffentlichkeit war Thomas Bernhard während seiner literarischen Karriere nicht nur der erfolgreiche Verfasser von Romanen, Erzählungen und Theaterstücken. Gleichzeitig avancierte er auch als Auslöser teilweise spektakulärer Skandale zum Gegenstand medialer Aufmerksamkeit. Die Art und Weise, wie er prominente Persönlichkeiten und Institutionen, nicht zuletzt aber sein Herkunftsland Österreich verbal aufs Korn nahm, hat seither immer wieder die Frage provoziert, inwieweit es sich dabei tatsächlich um individuelle oder (gesellschafts-)politische Kritik handelt – im Sinn einer differenzierten Auseinandersetzung mit persönlichen Verfehlungen und allgemeinen Missständen.

Der Autor selbst gebraucht in diesem Zusammenhang ein Wort, das sich vielleicht am besten für die Charakterisierung seiner aggressiven Sprech-Handlungen eignet – ob er sie nun in seinen fiktionalen Texten ausführt oder für diese Äußerungen als Person Thomas Bernhard selbst die Verantwortung übernimmt: er nennt sie „Bezichtigungen". Die entsprechende Passage findet sich in seiner Erzählung *Wittgensteins Neffe* (1982). Bernhard beschreibt darin bekanntlich die Beziehung zwischen einem deutlich als autobiographisch ausgewiesenen Erzähl-Ich und einem nahen Verwandten des Philosophen Ludwig Wittgenstein – dem in der Wiener Szene bekannten Exzentriker Paul Wittgenstein. Diese reale Person[1] lässt sich in vielen ihrer Eigenheiten als paradigmatische Figur für zahlreiche Bernhard-Protagonisten lesen, die hart an der Grenze zur Geisteskrankheit, gleichzeitig aber mit außergewöhnlichen Geistesgaben ausgestattet, in einer Gesellschaft existieren, in die sie nicht hineinpassen und folglich als radikale Außenseiter zum Scheitern verurteilt sind.

Bernhard entwirft in seinem Text ein Szenario, in dem sein Protagonist die Menschen, die ins Blickfeld des Protagonisten gelangen, und die gesamte Welt, in der er zu existieren hat, mit jenen verbalen Attacken bedenkt, wie sie für die literarische Praxis des Autors charakteristisch sind. Dabei alliiert sich das Ich der Narration selbst mit der angesprochenen Vorgangsweise:

> Er [Wittgenstein] war […] ein ununterbrochener Bezichtiger. Da er ein
> unglaublich geschulter Beobachter und in dieser seiner Beobachtung, die

---

[1]   Vgl. dazu den Kommentar zu Thomas Bernhard, Erzählungen III, in: Ders., Werke, hg. v. Martin Huber / Wendelin Schmidt-Dengler, Bd. 13, hg. v. Hans Höller / Manfred Mittermayer, Frankfurt a. M. 2008, S. 342–344; außerdem Camillo Schaefer (Hg.), Hommage Paul Wittgenstein, Wien 1980.

er mit der Zeit zu einer Beobachtungskunst entwickelt hat, der Rück-
sichtsloseste gewesen ist, hatte er fortwährend allen Grund zur Bezichtigung. Es gab nichts, das er nicht bezichtigte. Die Leute, die ihm unter
die Augen kamen, waren niemals länger als nur die allerkürzeste Zeit un-
geschoren, schon hatten sie *einen Verdacht* auf sich gezogen und sich *eines
Verbrechens* oder wenigstens *eines Vergehens* schuldig gemacht und sie wurden von ihm gegeißelt mit jenen Wörtern, die auch die meinigen sind,
wenn ich mich auflehne oder wehre, wenn ich gegen die Unverschämt-
heit der Welt vorzugehen habe, will ich nicht den Kürzeren ziehen, von
ihr vernichtet werden. Im Sommer hatten wir unseren Stammplatz auf
der Terrasse des Sacher und existierten die meiste Zeit aus nichts anderem als aus unseren Bezichtigungen. [...] Wir saßen bei einer Schale Kaf-
fee und bezichtigten die ganze Welt und bezichtigten sie in Grund und
Boden.[2]

Die modellhafte Situation enthält entscheidende Elemente für die Kommunika-
tionsstruktur, die in Bernhards literarischer Welt vorherrscht. Voraussetzung
für die beschriebene „Bezichtigung" ist die geradezu als „Kunst" betriebene
Beobachtung von deren Objekten – seien es Menschen oder Sachverhalte. Als
Ausgangspunkt für Wittgensteins (und Bernhards) Bezichtigungshaltung wird eine
grundsätzlich feindliche Einstellung fast der gesamten Lebenswelt – vor allem der
österreichischen – festgelegt, wie sie Bernhard in seinem kurzen Beitrag zum Litera-
turalmanach des Residenz Verlags 1982 (also mit demselben Erscheinungsjahr wie
Wittgensteins Neffe) so skizziert: „Ich und meine Arbeit haben so viele Feinde, wie
Österreich Einwohner hat, die Kirche, die Regierung auf dem Ballhausplatz und
das Parlament auf dem Ring eingeschlossen. Abgesehen von ein paar Ausnahmen."[3] Aus diesem Befund wird nicht nur die Legitimation der sprachlichen Angriffe abgeleitet – als Verteidigung gegen existenzbedrohliche Umstände. Wesentlich ist auch, dass die vorgetragenen „Bezichtigungen" ihrerseits erst die Begründung des eigenen Existierens liefern; die Selbst-Behauptung gegen eine prinzipiell
feindliche Umwelt wird zur Selbst-Konstitution mithilfe des unbedingt erforderli-
chen sprachlichen Widerstands, will man nicht selbst unter die Räder der unterstell-
ten Angriffe durch die Anderen kommen. Die Passage schließt mit einem Bild der
verbalen Vernichtung der gesamten Welt, wie es auch in Bernhards nächstem Roman *Der Untergeher* (1983) in analoger Diktion zu lesen ist: Dort heißt es von dem
gescheiterten Pianisten Wertheimer, der sich wie viele Figuren des Autors als Opfer
seiner Familie sieht, er habe „seine Verwandten [...] *zu Boden geschildert*".[4]

Zwei Jahre nach *Wittgensteins Neffe* veröffentlichte Bernhard jenen Roman,
mit dem er den bis dahin spektakulärsten öffentlichen Skandal seiner literari-

---

    2   Thomas Bernhard, Wittgensteins Neffe. Eine Freundschaft, in: Ders., Werke, hg. v.
Martin Huber / Wendelin Schmidt-Dengler, Bd. 13, Erzählungen III, hg. v. Hans Höller / Manfred Mittermayer, Frankfurt a. M. 2008, S. 207–307, hier S. 266f.
    3   Thomas Bernhard, Ein Antwortbrief, in: Jochen Jung (Hg.), Mein(e) Feind(e). Litera-
turalmanach 1982, Salzburg 1982, S. 28.
    4   Thomas Bernhard, Der Untergeher, in: Ders., Werke, hg. v. Martin Huber / Wendelin
Schmidt-Dengler, Bd. 6, hg. v. Renate Langer, Frankfurt a. M. 2006, S. 41.

schen Laufbahn auslöste. Als 1984 *Holzfällen* erschien, ein Text, der in seinem Untertitel *Eine Erregung* ebenfalls eine treffende Charakterisierung der vorgetragenen sprachlichen Handlung anbot, klagte bekanntlich der frühere Bernhard-Freund Gerhard Lampersberg, der sich in der Figur des heruntergekommenen, trunksüchtigen und künstlerisch gescheiterten Komponisten Auersberger wiedererkannte, und erwirkte vorübergehend die polizeiliche Beschlagnahmung des Buches.[5] Auch dieses Buch enthält die Beschreibung einer Modellsituation für die „Bezichtigungen", die in Bernhards Texten transportiert werden: Der Ich-Erzähler, der diesmal nicht als autobiographisch markiert ist,[6] hält sich über weite Strecken des Romans auf einem Ohrensessel im Hintergrund der versammelten Abendgesellschaft auf, die er mit seinen Kommentaren bedenkt. Dabei nimmt er die geschützte Position eines Beobachters abseits des Hauptgeschehens ein, außerhalb des unmittelbaren Einwirkungsbereichs der Objekte seiner Observation – und seiner Angriffe: „Ich sah, auf dem Ohrensessel sitzend, die Leute im Musikzimmer, umgekehrt sahen die Gäste, die sich im Musikzimmer aufhielten, mich nicht."[7] Von hier aus kann er alle wesentlichen Dinge wahrnehmen, die er für seine Be- (bzw. Ver-)urteilung benötigt: „[I]n diesem Ohrensessel [...] sehe ich alles, höre ich alles, entgeht mir nichts, dachte ich".[8] Dabei gebraucht der Erzähler jene Metaphorik, die für Bernhards literarische Welt so zentral ist wie kaum eine andere: Er sieht die Opfer seiner Vorgangsweise als Bestandteile eines theatralischen Geschehens, indem sie „wie auf einer Bühne agierten"[9], und er vergleicht das Geschehen mit einem weiteren Darstellungsmedium, auf das wir noch zurückkommen werden – es sei „einer beweglichen Photographie ähnlich".[10]

Im selben Roman steht eine bemerkenswerte Begründung für die nicht nur Bernhards Lesepublikum, sondern offenbar auch das Ich des Textes irritierende Aggression, die sogar über früher geschätzte oder gar geliebte Personen mit einem Mal hereinbrechen kann: „Wir verehren einen Menschen und verehren ihn jahrelang, bis wir ihn plötzlich hassen und wir wissen zuallererst gar nicht *warum*", formuliert der Erzähler – in der für derartige Reflexionen in Bernhards späteren Texten charakteristischen Verabsolutierung mittels 3. Person Plural – das Grundproblem.[11]

---

5   Vgl. den Kommentar zu Thomas Bernhard, Holzfällen, in: Ders., Werke, Bd. 7, hg. v. Martin Huber / Wendelin Schmidt-Dengler, Frankfurt a. M. 2007, S. 220–240.

6   Bernhard insistierte natürlich vor allem in Verteidigung gegen das Gerichtsverfahren, das man gegen ihn anstrengte, auf der radikalen Fiktionalität des Romangeschehens. Bemerkenswert ist jedoch der Kommentar, mit dem Bernhard seinem Verleger Siegfried Unseld das Manuskript – Monate vor dem späteren Skandal – übergab: Es sei „durch und durch autobiographisch", überliefert ihn Unseld in seinem Reisebericht vom 6. und 7. April 1984; zit. nach Thomas Bernhard / Siegfried Unseld, Der Briefwechsel, hg. v. Raimund Fellinger / Martin Huber / Julia Ketterer, Frankfurt a. M. 2009, S. 692.

7   Bernhard, Holzfällen (Anm. 5), S. 27.

8   Ebd., S. 22.

9   Ebd., S. 35f.

10   Ebd., S. 36.

11   Ebd., S. 139.

Entscheidend ist für ihn die Kluft, die er zwischen vergangenen Ambitionen und deren (mangelhafter bzw. gänzlich ausbleibender) Verwirklichung feststellt: Man empfände es als eine „gemeine Unerträglichkeit", setzt er fort, dass ein Mensch, den man lange Zeit verehrt oder gar geliebt habe, am Ende eine „so miserable eigene Kunst" hervorgebracht, einen „fürchterlichen Dilettantismus betrieben" habe, während er stets „nur von dem *höchsten* und von dem *allerhöchsten Anspruch* gesprochen" und die ihn derart hoch schätzende Person jahrelang „in diesem höchsten und allerhöchsten Anspruch gelenkt und erzogen" habe.[12] Eine solche Enttäuschung sei auf keinen Fall zu „verzeihen", stellt er unnachsichtig fest, denn dieser Mensch habe seine Umwelt – und vor allem denjenigen, der sich an seinen Vorgaben orientiert habe – dadurch „hintergangen und betrogen" und den einstmals erhobenen „sogenannten allerhöchsten Anspruch nur vorgemacht".[13]

2. Anspruch und Wirklichkeit

Die in der Passage aus *Holzfällen* entworfene Konstellation prägt eine Vielzahl der Bernhard'schen „Bezichtigungen": Immer wieder geht es um den Kontrast zwischen einem äußerst hoch angesetzten Anspruch und einer Wirklichkeit, in der dieser in keiner Weise eingelöst wird – sei es, weil jemand sich selbst und/oder die anderen über diese Realität hinwegtäuscht (dann erfolgt der Vorwurf der Verlogenheit bzw. der Heuchelei), sei es, weil es die Unzulänglichkeit der Mittel (oft als Provinzialität an den Pranger gestellt) unmöglich macht, das ambitionierte Ziel zu erreichen. In diesem Rahmen können nur einige wenige Beispiele zitiert werden, um anzudeuten, mit welchen sprachlichen Mitteln Bernhard die rhetorischen Ziele seiner kommunikativen Akte verfolgt, wie er deren „strategische Handlungsebene" in „Textur" umsetzt.[14] Ich wähle eine Reihe ganz unterschiedlicher Textsorten, die eine entscheidende Gemeinsamkeit aufweisen: Es spricht jeweils der Autor selbst – es handelt sich also nicht um fiktionale Texte, sondern um Aussagen Thomas Bernhards in einem konkret-pragmatischen Kontext.

Der erste Text ist jener Zeitungsartikel, mit dem der damalige Journalist Bernhard die erste größere Aufregung seiner publizistischen Laufbahn auslöst; sein Verfasser wird in der Folge auch erstmals in einen Gerichtsprozess verwickelt. Der Artikel trägt den Titel *Salzburg wartet auf ein Theaterstück* und erscheint am 3. Dezember 1955 in der katholischen Wochenzeitung *Die Furche*. Bernhard schreibt darin, dass das Salzburger Landestheater seit zwei Jahren kein diskutables Theaterstück mehr herausgebracht habe. Er rühmt dessen Bühne zunächst als die eines „einzigartigen österreichischen Kammertheaters", entwirft jedoch sogleich die düstere Zukunftsvision, sie werde bald nur noch als „Rummelplatz

---

12 Ebd., S. 139f.
13 Ebd., S. 140.
14 Joachim Knape, Was ist Rhetorik? Stuttgart 2000, S. 110.

des Dilettantismus" fungieren. Gegenwärtig übertreffe dort eine künstlerische „Geschmacklosigkeit" die andere; der Autor stellt die rhetorische Frage, ob denn Theater „nur noch aus billigem, ausgeleiertem Amüsement" bestehe. Polemisch konfrontiert er das Bild der Festspielstadt Salzburg, die „jeden Sommer zu einem europäischen Musik- und Theaterzentrum ersten Ranges" werde, mit den restlichen zehn Monaten des Jahres, in denen das Landestheater auf das „Niveau einer Bauernbühne" herabsinke. Und er warnt davor, die Einwohner dieser „wenn auch nicht immer kulturfreundlichen, so doch durchaus nicht kulturfeindlichen Stadt", wie er in später ungewohnter Weise differenziert, für „so dumm" zu halten, dass man ihnen andauernd „nichts als sauer gewordene Schlagobersmärchen" vorsetzen könne.[15] In Reaktion auf diese Anwürfe strengt der Direktor des Landestheaters, Peter Stanchina, einen Ehrenbeleidigungsprozess gegen Bernhard an; der Autor wird zunächst freigesprochen, Stanchina geht in die Berufung, Bernhard wird hierauf zu einer Geldstrafe oder fünf Tagen Arrest verurteilt und beruft seinerseits. Im Juli 1959 zieht Stanchina seine Klage zurück, Bernhards erster Gerichtsprozess endet mit einem Vergleich.

Zwei Jahre später bedient sich Bernhard auch im Umgang mit seinen Schriftsteller-Kollegen einer ähnlich kraftvollen Ausdrucksweise. Es mutet angesichts seines Alters von nicht mehr als 26 Jahren etwas eigentümlich an, wenn er auf diese Weise *Ein Wort an junge Schriftsteller* richtet, wie der Titel des Artikels in einem Periodikum des Österreichischen Forschungsinstituts für Wirtschaft und Politik lautet.[16] Er wirft darin seinen „jungen" Kollegen vor, nicht dort zu sein, „wo das heftige streitbare Leben" sei, sondern als verbeamtete, existentiell abgesicherte Angehörige staatlich-bürokratischer Organe aufzutreten: „als saubere Kartothek-Aufseher verbitterter Offizials", als Handlanger eines „ländlichen oder städtischen Kulturreferats". Bernhard vermisst den notwendigen Widerstandsgeist gegenüber Autoritäten, der sich für ihn mit dem Selbstverständnis eines „jungen Schriftstellers" verbindet: „Ihr kapituliert vor der Kleinheit, vor dem Doktortitel und vor der Partei, heute auf dem städtischen Magistrat, morgen in der Kulturredaktion eurer Landeszeitung; eure Bücklinge sind unbeschreiblich". Als Konsequenz aus einer solchen Haltung sieht er die Entstehung literarischer Produktionsstätten, die allzu sehr an ökonomischen Parametern orientiert seien: Die „große Zeit der Lyrikkonzerne und Prosatruste" sei gekommen, die auch die „Zeit der Versicherungen und Pragmatisationen" sei. Bernhard spricht von „pragmatisierten Dichtern" und „pragmatisierten Lyrikern", die ein „Abkommen mit der Industrie in der Tasche" hätten, das ihnen „alle Preise zwischen den Akademien" garantiere. Aus dem „Volk der Dichter und Denker" sei auf diese Weise ein „Volk der Versicherten", ein „Volk der Beamten und Parteiangehörigen" geworden, eine „Ge-

---

15 Thomas Bernhard, Salzburg wartet auf ein Theaterstück, in: *Die Furche* (Wien), 3.12.1955.
16 Thomas Bernhard, Ein Wort an junge Schriftsteller, in: Österreichisches Forschungsinstitut für Wirtschaft und Politik, 18.1.1957.

gend der Schwächlinge", eine „Landschaft leidenschaftsloser Aktenträger". Das „Volk der Schwärmer" habe sich in ein „Volk der Agenten" verwandelt.

Der dritte Text ist ein Brief, den Bernhard am 12. April 1973 an seinen Verleger Siegfried Unseld schreibt. Er verbietet darin Unseld und dem Suhrkamp-Verlag, ohne seine Einbeziehung Rechte an Theateraufführungen zu vergeben. Den Grund dafür beschreibt er ebenfalls im Rahmen einer virtuosen Bezichtigung, die seinen spektakulärsten literarischen Rundumschlägen in keiner Weise nachsteht: Er habe am vorangegangenen Montag in den Münchner Kammerspielen die „hundsgemeine Hinschlachtung" eines seiner Theaterstücke erleben müssen, den „brutalen stumpfsinnigen Mord" an seinem Stück *Der Ignorant und der Wahnsinnige*, das er gleichzeitig zu den „schwierigsten Stücken auf dem Theater überhaupt" zählt. Vom Dramaturgenteam der Aufführung sagt er, dass es „aus ordinären Provinzidioten" bestehe; den Schauspielern attestiert er ironisch, dass sie „in Sankt Pölten oder in der Kurstadt Baden bei Wien sich austoben" könnten – und zwar „an einer Lehároperette", es sei aber indiskutabel, dass sie auf eine seiner Arbeiten „losgelassen" worden seien. Bernhard bringt einen Vergleich aus dem ihm so wichtigen Bereich der Musik: So hätte es, meint er, auch Beethoven empfunden, wenn er „unversehens in die Aufführung seiner Neunten oder Siebten in den Wiener Musikverein hineingeraten" wäre und dort eine „unterbesetzte Polizeimusikkapelle" gespielt hätte. Die Münchner Vorstellung habe „nicht einmal den Rang einer Maturaaufführung" erreicht.[17] Der Hintergrund dieses Briefes entbehrt mit Blick auf spätere Bühnenerfolge nicht einer ironischen Note: Bernhard hat am 9. April 1973 die Premiere seines Stücks *Der Ignorant und der Wahnsinnige* im Werkraumtheater der Münchner Kammerspiele besucht. Unter der Regie von Jens Pesel wirkt bei dieser Produktion inmitten des vermeintlich bestenfalls für eine „Lehároperette" in der niederösterreichischen Provinz geeigneten Schauspielerteams ein nachmals prominenter Bernhard-Darsteller mit: Wolfgang Gasser, der 1988 in der *Heldenplatz*-Uraufführung als Professor Josef Schuster einen seiner größten Erfolge als Schauspieler feiern wird.

Auch der nächste Text ist ein Brief, allerdings ein Leserbrief an die Hamburger Wochenzeitschrift *DIE ZEIT,* und er ist ohne einen kurzen Hinweis auf die Vorgeschichte nicht ganz zu verstehen. Am 27. Januar 1976 erhält der Autor Elias Canetti in München ein Ehrendoktorat der dortigen Ludwig-Maximilians-Universität überreicht. Bei der Zeremonie hält er die programmatische Rede *Der Beruf des Dichters*, in der er auch Angriffe auf zwei Schriftstellerkollegen formuliert. Zunächst attackiert er Hans Magnus Enzensbergers „kleinliche Meinung", dass „alle Literatur tot sei"; dieser Fall habe sich rasch erledigt. Andere aber hätten zunächst durchaus bemerkenswerte Bücher verfasst, ehe sie taten, „was früher Dichter zu tun pflegten: statt zu verstummen schrieben sie dasselbe Buch immer wieder. So verbesserungsunfähig und todeswürdig die Menschheit ihnen erschien, eine Funktion war ihr geblieben: ihnen zu applaudie-

---

[17] Bernhard / Unseld, Der Briefwechsel (Anm. 6), S. 356.

ren."[18] Auch wenn er nicht genannt wird: Thomas Bernhard, den sein älterer Kollege sogar 1970 auf seinem Ohlsdorfer Bauernhof besucht und dessen Werk man immer wieder mit Canettis Arbeiten verglichen hat, muss die Stelle auf sich beziehen und reagiert. In seiner Replik, die am 27. Februar 1976 in der *ZEIT* gedruckt wird (in jener Zeitung, in der am 6. Februar auch die Rede vom „Beruf des Dichters" zu lesen stand), wird der „neue Ehrendoktor Canetti" als „Aphorismusagent der Jetztzeit" karikiert, also als eine Art Handelsreisender für geistreiche Wortspenden – ähnlich wie die am geschäftlichen Erfolg orientierten „jungen Schriftsteller" des Artikels von 1957. Herablassend bescheinigt ihm Bernhard, „vor rund vierzig Jahren eine begabte Talentprobe" abgelegt zu haben: den Roman *Die Blendung*. Dann wendet er einen weiteren Canetti-Titel auf den Autor selbst an und versetzt ihn in eine „selbstinszenierte ,Komödie der Eitelkeit'", in deren Rahmen er sich „in einem Anfall von akuter, sicher aber doch galoppierender Senilität" nunmehr „zum (einzigen) Dichter" ausrufe. „Senilität" sei „rührend", fügt er hinzu, spricht aber im selben Satz von der „Arroganz eines Greises, Spätlingsvaters und skurrilen Torschlußphilosophen" und reduziert ihn mit abschätzigen Apostrophierungen als eine „Art Schmalkant und Kleinschopenhauer" auf das Maß einer unbedeutenden Taschenausgabe der großen philosophischen Vorbilder. Auch die letzte Beschimpfung, wonach Canetti als der „schon seit Jahren emsig in alle deutschsprechenden Winkel in Dichtertum reisende Aushilfsprophet" erscheint, beschwört das Bild vom seine Bedeutung weit überschätzenden Kleingeist, der sich seiner Umwelt in zwanghaft-lächerlicher Beflissenheit zum Zweck des eigenen Ruhms aufnötigt.[19]

Der Vorwurf vorgespiegelter Bedeutung bei gleichzeitiger realer Nichtigkeit wird in einer Glosse, die am 6. Dezember 1979 in der *Frankfurter Allgemeinen Zeitung* erscheint, gegen eine ganze Gruppe von Schriftstellern gerichtet. Anlass für die Veröffentlichung ist Bernhards Austritt aus der Deutschen Akademie für Sprache und Dichtung, als diese das ehemalige NSDAP-Mitglied Walter Scheel, von 1974 bis 1979 deutscher Bundespräsident, ihrerseits in die Reihen ihrer Mitglieder aufnimmt; darin artikuliert sich eine spezifische Sensibilität des Autors gegenüber mangelhafter Abgrenzung von der nationalsozialistischen Vergangenheit, von der noch zu reden sein wird. In seinem Text unterstellt Bernhard der Akademie, sie sei nur „aus dem kühlen Grunde der Selbstbespiegelung ihrer eitlen Mitglieder gegründet worden" und komme jährlich zweimal lediglich „zur Eigenbeweihräucherung" zusammen. Dabei tue diese Mitgliederrunde nichts anderes als „eine knappe Woche lang um ihren abgestandenen faden Literaturbrei herumzureden". Alle diese, wie Bernhard eigens betont, „auf Staatskosten angereisten Ehrenträger" kämen eigentlich nur nach Darmstadt, um sich „nach einem impotenten Jahr des gegenseitigen Kollegenhasses" auch noch eine Woche lang gegenseitig „anzuöden". Der Hinweis auf die Bedeutungslosigkeit bzw. die mangelnde Größe der angegriffenen Personen und ihrer Institution wird in weiterer Folge auch auf das Land bezogen, in dem sich das

---

18 Zit. nach Sven Hanuschek, Elias Canetti. Biographie, München 2005, S. 582. Dort auch die bisher ausführlichste Darstellung der Beziehung zwischen Canetti und Bernhard, vgl. S. 583–587.
19 Thomas Bernhard, [Leserbrief], in: *DIE ZEIT*, 27.2.1976, S. 55.

unerträgliche „Schriftstellergeschwätz" abspielt – es ertönt in Bernhards Darstellung „in den Hotelhallen Kleindeutschlands". Der Vorwurf der Geistlosigkeit und Uninspiriertheit trifft außerdem auch die Publikationen der Akademie. Alljährlich erscheine ein Jahrbuch, in dem jedes Mal „schon bevor sie in den Satz gehen, verstaubte sogenannte Essays abgedruckt" seien, die „weder mit Sprache noch mit Dichtung, ja überhaupt nichts mit Geist zu tun" hätten; sie kämen „aus den an Ladehemmung krankenden Maschinen von geistlosen Schwätzern". Außer diesen „faden Elaboraten" finde sich im Jahrbuch der Akademie u. a. eine lange Liste mit „obskuren Ehrungen", die diese „geistigen Regenwürmer" (erneut eine Verkleinerungsformel) im abgelaufenen Jahr erfahren hätten, die aber niemanden interessieren würden – „außer diese Regenwürmer selbst".[20]

Das letzte Beispiel in dieser Serie belegt besonders schön Wendelin Schmidt-Denglers Beobachtung, Bernhards „Lust am Schelten" sei stets dort „am größten", wo auch der allgemeine „Konsens am größten" sei: „[I]mmer dort, wo das Wohlwollen und die Einigung eine Plattform des Redens ermöglicht, entfernt sich Bernhard unter wüster Beschimpfung".[21] Zu Beginn des Jahres 1981 wird der Autor von der österreichischen Wochenzeitschrift *profil* eingeladen, einen Jubiläumsband für den amtierenden Bundeskanzler Bruno Kreisky zu rezensieren, der vor allem aus Fotografien des Geehrten besteht, aber auch aus huldigenden Beiträgen der Schriftsteller Gerhard Roth und Peter Turrini. Einer der Vorwürfe bezieht sich auf das Erscheinungsbild des (in Wahrheit aus großbürgerlichem Milieu stammenden) Bundeskanzlers als Kleinbürger – und damit als Abziehbild seines mediokren österreichischen Wahlvolks: Der „im Klappstuhl auf seinem eigenen Balkon sitzende Kleinbürger in der handgestrickten Kleinbürgerweste" habe dem Betrachter stets eher „Rührung" abgenötigt als „kalte Verachtung provoziert", schreibt Bernhard einleitend; das gelte auch für Bruno Kreisky. Doch dann wird der Kanzler, wie er in dem Buch auf vielen Fotografien erscheint, unnachsichtig mit den Bildern verglichen, die von ihm in Österreich im Umlauf sind. Der Führer einer sozialistischen Bewegung, von dem anzunehmen wäre, dass er die Mächtigen auf der anderen Seite des politischen Spektrums das Fürchten lehren sollte, wird als „Halbseidensozialist" bezeichnet und als „der rosarote Beschwichtigungsonkel". Der Politiker, dem man internationale Reputation nachsagt, erscheint als „Welt-Handleser zwischen Teheran und New York, zwischen Palma und Unterkleinwetzdorf". Kreisky, der „Sonnenkönig", wie er angesichts seiner Machtfülle gelegentlich apostrophiert wurde, mutiert in einem recht simplen Kalauer zum „Höhensonnenkönig im Pensionisten-Look".

---

[20]	Thomas Bernhard, Zu meinem Austritt, in: *Frankfurter Allgemeine Zeitung*, 6.12.1979.

[21]	Wendelin Schmidt-Dengler, Der Übertreibungskünstler, Wien 1986, S. 102. (Der hier zitierte Beitrag über die „Bernhard-Scheltreden" erschien erstmals im Materialienband zum Literarischen Kolloquium Linz 1984, hg. v. Alfred Pittertschatscher u. Johann Lachinger, Linz 1984; er wurde dort als Vortrag gehalten).

Auch in diesem Fall werden also vermeintliche Größe und tatsächliche Kleinheit einander gegenübergestellt: Das Buch beschreite einen bezeichnenden Weg
von den „Höhen des Größenwahns" bis in die „Niederungen der Platitüden"
und in die „Tiefen des häuslichen Seelenkitsches". Nichts sei ausgelassen, „was
des Kleinbürgers Herz bewegt und schließlich lebenslang schlagen läßt". So erscheine Kreisky als ein „über Gebühr strapazierter, längst der Lächerlichkeit
anheimgefallener alter [...] Sozimonarch", ein „vom jahrzehntelangen Auswa-
schen schon bis zur Unkenntlichkeit gebleichter ehemaliger roter Raubritter
ohne Zähne". Mitleidlos wird auch seine Darstellung als weiser Kommentator
der zeitgenössischen Welt, als einer der wenigen Politiker, die sich für Literatur
und Kunst interessierten (mit Musils *Mann ohne Eigenschaften* als stets beschwo-
renem Lieblingsbuch), demontiert. Im ganzen Buch sage er „nichts Bedeutendes oder auch nur irgendetwas Bemerkenswertes", auch sonst habe er noch
„nie einen sogenannten bedeutenden Satz geschrieben". Wenn er zu philosophieren geglaubt habe, habe es sich stets nur um das „schullehrerhafte emsige
Weben an der Inkompetenz" gehandelt. Höchstens sei er, und das besonders
„im Ausland, das für die deftigen Scherze der Österreicher schon immer aufge-
legt war", wegen seiner „kabarettistischen Satzgebilde zitiert worden". Boshaft
erinnert Bernhard an die zahlreichen Faschingsorden, die ihm die Deutschen
verliehen hätten, und spricht dem Bundeskanzler, der bis zu diesem Zeitpunkt
„kein ernsthaftes Buch" zustande gebracht habe, auch die auf einer solchen
Publikation basierende „staatsmännische Attitüde" ab.[22]

Es sei eine spezifische, äußerst wirkungsvolle „Methode, [...] alles zur Karikatur zu machen" [23], lässt Bernhard den Musikschriftsteller Reger sagen, den
Protagonisten seines zuletzt geschriebenen Romans *Alte Meister* (1985).[24] Man
kann dessen ausführliche Beschreibung dieser „Methode" auch als Kommentar
zur Funktion der Karikatur lesen, wie sie von Bernhard als Variante seiner Be-
zichtigungstechnik in die Tat umgesetzt wird – nicht zuletzt in Texten wie der
eben zitierten Darstellung Kreiskys. Erst wenn man darauf komme, dass es
„das Ganze und das Vollkommene nicht gibt", habe man die „Möglichkeit des
Weiterlebens", ist Regers diesbezügliche Prämisse. „Wir halten das Ganze und
das Vollkommene nicht aus."[25] Ein „großes bedeutendes Bild" könne man in
diesem Sinne nur dann ertragen, wenn man es „zur Karikatur gemacht" habe,
genauso „einen großen Menschen, eine sogenannte bedeutende Persönlichkeit".[26] Regers kategorischer Imperativ lautet wie folgt: „Sie haben die ganze
Welt aufeinmal zur Karikatur zu machen." Die „Kraft, die Welt zur Karikatur
zu machen", nennt er die „Höchstkraft des Geistes"; sie sei die „einzige Über-

22   Thomas Bernhard, Der pensionierte Salonsozialist, in: *profil*, 26.1.1981, S. 52f.
23   Thomas Bernhard, Alte Meister. Komödie, in: Ders., Werke, hg. v. Martin Huber /
Wendelin Schmidt-Dengler, Bd. 8, hg. v. Martin Huber, Frankfurt a. M. 2008, S. 74.
24   Vgl. dazu den Kommentar zu Bernhard, Alte Meister (Anm. 23), S. 198.
25   Bernhard, Alte Meister (Anm. 23), S. 28.
26   Ebd., S. 74.

lebenskraft".[27] „Nur was wir am Ende lächerlich finden, beherrschen wir auch, nur wenn wir die Welt und das Leben auf ihr lächerlich finden, kommen wir weiter, es gibt keine andere, keine bessere Methode".[28]

Ein Jahr nach *Alte Meister* erscheint als letzte große Prosa-Veröffentlichung Bernhards sein umfangreichster Roman, *Auslöschung. Ein Zerfall* (1986); der Autor hat ihn allerdings zum größten Teil bereits zwischen Januar 1981 und Mai 1982 geschrieben,[29] also in unmittelbarer zeitlicher Nähe zur eingangs zitierten Erzählung *Wittgensteins Neffe* – und auch zur eben besprochenen Kreisky-Beschimpfung. Bemerkenswerter Weise setzt sich dessen Hauptfigur Franz-Josef Murau ausführlich mit dem Medium der Fotografie auseinander, deren Erzeugnisse auch die Beobachtungsgrundlage für die Angriffe auf den österreichischen Bundeskanzler und dessen öffentliches Erscheinungsbild geliefert haben. Viel zitiert werden seither die Attacken auf die verhängnisvolle Wirkung der fotografischen Kunst auf den modernen Blick auf die Wirklichkeit: Sie zeige „nur den grotesken und den komischen Augenblick", heißt es bereits im Anfangsteil von Bernhards Roman, eine „absolute Verletzung der Menschenwürde", eine „ungeheuerliche Naturverfälschung". Gleichzeitig aber bezeichnet Murau das von ihr Wiedergegebene auch als „ungeheuer charakteristisch für die darauf Festgehaltenen".[30] Und nachdem er über viele Seiten hinweg Fotografien seiner bei einem Autounfall ums Leben gekommenen Familienmitglieder zum Anlass für einen ganzen Katarakt an Bezichtigungen genommen hat, gesteht er sich ein: „Ich *wollte* wahrscheinlich lächerliche und komische Eltern auf dem Foto haben". In Bezug auf seinen Bruder sei der gleiche Mechanismus abgelaufen: „Ich wollte auch von meinem Bruder ein Foto haben, [...] das ihn lächerlich zeigt, *wie ich ihn sehen will, in lächerlicher Pose*".[31] Murau nennt auch den Grund für seine Vorgangsweise: Geradezu zwanghaft habe er sich die wenig schmeichelhaften Fotos seiner Familienmitglieder angeschaut, um sich daran „zu weiden", sich „zu stärken in einem Schwächeanfall".[32] Die Technik der fotografischen Darstellung wird in seiner Analyse außerdem mit jener Taktik der Verkleinerung des attackierten Objekts in Verbindung gebracht, auf die wir wiederholt gestoßen sind: „Die auf den Fotografien Abgebildeten sind höchstens zehn Zentimeter groß", stellt Bernhards Protagonist fest; sie seien für den Betrachter „wenigstens auf diesen Fotografien nicht gefährlich", während sie „in Wirklichkeit möglicherweise die Gefährlichen" seien, die „Tödlichen".[33]

Die zitierten Passagen gehören übrigens zu einer ganzen Serie von Reflexionen über Verhaltensweisen, die nicht nur auf Murau zutreffen, sondern die an

---

[27]   Ebd., S. 76.

[28]   Ebd., S. 76f.

[29]   Vgl. den Kommentar zu Thomas Bernhard, Auslöschung. Ein Zerfall, in: Ders., Werke, hg. v. Martin Huber / Wendelin Schmidt-Dengler, Bd. 9, hg. v. Hans Höller, Frankfurt a. M. 2009, S. 515.

[30]   Bernhard, Auslöschung (Anm. 29), S. 22.

[31]   Ebd., S. 194.

[32]   Ebd., S. 195.

[33]   Ebd., S. 197.

Bernhard selbst ebenfalls zu beobachten waren – der Eindruck lässt sich nicht abweisen, der Autor hätte hier über Äußerungen seiner Romanfigur auch eine Art Selbstkommentar formuliert. So bezeichnet Murau das „Mißtrauen", das ihn immer wieder befällt, als eine jener „sogenannten *bösen Eigenschaften*, die im Grunde nur die ganz natürlichen Mittel sind, sich behaupten zu können, nicht unterzugehen"[34], und er führt es ausdrücklich auf den Familiensitz Wolfsegg zurück, auf seinen österreichischen „Herkunftskomplex"[35], wie er ihn im Roman mit einem berühmt gewordenen Ausdruck bezeichnet.

3. Österreich-Bezichtigungen

Als weiteres Beispiel für diese „bösen Eigenschaften" nennt Murau seinen „Hochmut", ohne den er ebenfalls „verloren" sei, wie er meint – „er ist auch nichts anderes als ein Machtmittel gegen eine Welt, die uns [...] ohne diesen Hochmut mit Haut und Haaren verschlingen würde". Menschen wie er würden ihn letztlich nur vorschieben, um sich „behaupten zu können", insistiert er; „ich bin hochmütig, um zu überleben".[36] Es ist, als wollte er eine Selbst-Definition Thomas Bernhards rechtfertigen, wie sie im Anfangsteil seines Essays *Politische Morgenandacht* (1966) formuliert ist: „Wenn ich mich jetzt aus dem Denken, das *ich* denke, von dem dünnen Seil, an dem ich geschult bin, herablasse in die Alltagsarena", vermutet der Autor einleitend, „wenn ich mich aus der menschenunwürdigen Höhe der spekulativen Ideen und der Ideenspekulationen in die Kartographie meiner Landsleute und in ihre Körper- und Geistesunbeholfenheit [...] *vertiefe*", werde er in Bezug auf seine folgenden Bemerkungen „wahrscheinlich des verbrecherischen Hochmuts, des Landes- und Volksverrats sowie der Verblendung und Lächerlichkeit bezichtigt werden".[37]

Bernhard entwirft in seiner provokanten Österreich-Betrachtung erneut jene Konstellation, die wir aus den vorhin analysierten Bezichtigungen kennen. Als prägende Argumentationsstruktur erweist sich diesmal die Gegenüberstellung einer vergangenen politisch-kulturellen Größe und der gegenwärtigen Kleinheit und Bedeutungslosigkeit seines Landes: Von „glänzenden, den ganzen Erdball überstrahlenden und erwärmenden Höhen" sei die Republik Österreich „im Laufe von nur einem einzigen halben Jahrhundert in ihr endgültiges Nichts gestürzt", stellt der Autor fest. Dabei bezeichnet er sie ausdrücklich als „bedauerlichstes Opfer [...] der proletarischen Weltrevolution".[38] Ein „halbes Jahrhundert nach der Zertrümmerung des Reiches" sei „das Erbe verbraucht", die Erben seien „bankrott". Die „Saat der Revolution" sei den Österreichern

---

[34] Ebd., S. 306.
[35] Ebd., S. 158.
[36] Ebd., S. 341.
[37] Thomas Bernhard, Politische Morgenandacht, in: *Wort in der Zeit* 12, 1 (1966), S. 11–13, hier S. 11.
[38] Ebd., S. 11f.

als deren „eigener Ruin aufgegangen", sie würden „als die Generation ohne Genie in die Geschichte eingehen". Das österreichische Volk sei ein „Volk ohne Vision, ohne Inspiration, ohne Charakter", „Intelligenz, Phantasie" seien ihm „keine Begriffe".[39] Der Vorwurf der Kulturlosigkeit wird in provokanter Eindeutigkeit auf jene gesellschaftliche Schicht bezogen, die gerade in den ausgehenden 1960er-Jahren in der intellektuellen Diskussion zunehmend zur positiven Bezugsgruppe politischer Konzepte werden sollte: „[D]aß die Proleten (das muß sein!) keine Kultur haben, und daß das Proletariat keine Kultur hat", dass „die Kultur mit dem Begriff des Proletariats überhaupt nicht vereinbar" sei, bezeichnet der Verfasser des Textes als „unwiderlegbare Tatsache"[40] – sein Einschub „das muß sein" verrät die Lust, mit der er diese Provokation setzt.

Die hier zitierten Passagen sind bekannt. Sie haben jedoch einen Vorgänger, der zu Bernhards Lebzeiten unveröffentlicht blieb und von der Kontinuität seiner politischen Überlegungen in Inhalt und sprachlicher Formulierung zeugt. Im Thomas-Bernhard-Archiv in Gmunden liegt ein umfangreiches Konvolut an Typoskripten, die zum frühen Romanprojekt *Schwarzach St. Veit* gehören. Bei der 296 Seiten langen Endfassung des Textes handelt es sich um das umfangreichste unpublizierte Einzeltyposkript des Autors, der sich Ende der 1950er-Jahre viele Monate lang mit dieser Arbeit herumgeschlagen haben dürfte – auf der Suche nach einer eigenständigen literarischen Stimme, die erst 1963 durch den spektakulären Erfolg mit dem Debüt-Roman *Frost* ein Ende fand.

Schon in diesem Text finden sich ausführliche „Bezichtigungs"-Passagen über Österreich, in denen die späteren Österreich-Beschimpfungen in vielen Einzelheiten vorweggenommen sind. So steht in einem dieser Abschnitte mit dem Vorwurf der „Lächerlichkeit" bereits das spätere Zentralwort Bernhard'scher Bezichtigungen, das uns inzwischen in den verschiedensten Zusammenhängen begegnet ist: „wie bist du doch heruntergesunken in die Lächerlichkeit", sagt eine der Romanfiguren, „deine Landschaft, dieser kleine Kleks [sic!] auf der grossen Karte, den alle übersehen haben, dieser kleine Schmutzfleck mit der viel zu grossen Hauptstadt".[41] Auch hier wird der Vorwurf mangelnder Größe erhoben, diesmal verbunden mit dem Blick auf eine viel größere Vergangenheit, deren Bedeutung ein für allemal geschwunden sei: „[E]in kleines Land, man hat Mühe, es ausfindig zu machen, alles, was auf diesem Land vor sich geht, hat sich längst dieser kleinsten der Grössen angepasst", heißt es hier. Mit dem Vorwurf, diesem Land sei mit der einstigen Weltgeltung auch jegliche Genialität, jede künstlerische Vision verloren gegangen, setzt sich Bernhard, wie auch später in der *Politischen Morgenandacht*, in Opposition zu einem der zentralen Elemente österreichischer Selbstdarstellung, dem Klischee von der „Kulturgroßmacht": Es sei ein „Land ohne Genie, das Land ohne Meer, das einmal das Land der Genien, das Land der Meere, das Reich, in dem die

---

[39] Ebd., S. 12.
[40] Ebd.
[41] Schwarzach St. Veit (Typoskript), Nachlass Thomas Bernhard, Thomas-Bernhard-Archiv Gmunden, SL 13/22. S. 66.

Sonne nicht untergeht, war".[42] Während es einstmals „in aller Welt berühmt" gewesen sei, wisse man heute schon gar nicht mehr, „dass es ein Österreich gibt", und die „Generation, die mit dem ruhmreichen Österreich im Zusammenhang war", sei längst „ausgestorben".[43]

Natürlich lässt sich diese Perspektive mit dem Phantomschmerz nach dem Untergang des viel zitierten Habsburgischen Mythos[44] in Verbindung bringen, und man hat das in Bezug auf die publizierten Texte Bernhards auch längst getan.[45] In *Schwarzach St. Veit* wird vor allem ein Angehöriger der einstigen aristokratischen Führungsschicht des Landes diesbezüglich sehr konkret: „1914, sagt der Graf, ist unser Kalender für Jahrhunderte heruntergerissen worden".[46] Man habe den „Preis für die Dummheit einiger Bevorzugter, die allzu bevorzugt waren", gezahlt, für die „kaiserliche Privatdummheit", meint Labil in kritischer Wendung gegen einstige Privilegien bestimmter sozialer Schichten. Aber er richtet seine Angriffe auch gegen die aktuelle „sozialistische Massendummheit" und spricht damit bereits einen Haupt-Zielpunkt der politischen Aussagen in Bernhards Werk an, bis hin zum Vorwurf des letzten Stücks *Heldenplatz*, die Sozialisten seien die Totengräber des heutigen Österreichs und hätten mit ihrer Politik im Grunde den so vehement angeprangerten neuen Nationalsozialismus verursacht. In *Schwarzach St. Veit* lautet Labils abschließender Befund zu diesem Thema: „[V]erlassen Sie sich darauf, das sozialistische Zeitalter wendet sein Gift recht gut an gegen die Errungenschaften der Kultur, auch und besonders was unsere österreichische Traditionskultur betrifft".[47]

Auch in der *Politischen Morgenandacht* grenzt sich der Autor sowohl von jeglicher Habsburg-Nostalgie wie von allen großdeutsch-orientierten Machtphantasien ausdrücklich ab: Die „Vernichtung der Monarchie, vor einem halben Jahrhundert", sei genauso wenig „genützt" worden wie die „Vernichtung Hitlers", wirft er den Österreichern vor. Gegenwärtig werde das Land jedoch von einer „pervers-impotent-nazistischen Zweiparteien*diktatur*", wie er das aktuelle politische System der sogenannten „Großen Koalition" (zwischen den Parteien ÖVP und SPÖ) nennt, in einen „noch tieferen Abgrund geführt".[48] Im Lichte des 1995 erfolgten Beitritts Österreichs zur Europäischen Union ist der folgende Befund am Ende des Essays bemerkenswert: Von dem „Begriff Österreich" sei „nichts mehr zu hoffen", prognostiziert der Verfasser des Essays. „Wir werden aufgehen in einem Europa, das erst in einem andern Jahrhundert entstehen mag, und wir werden *nichts* sein."[49]

---

[42]   Ebd., S. 130.
[43]   Ebd., S. 267f.
[44]   Vgl. Claudio Magris, Der habsburgische Mythos in der österreichischen Literatur, Salzburg 1966.
[45]   Vgl. z. B. Josef Donnenberg, Thomas Bernhard und Österreich. Dokumentation und Kommentar, in: Österreich in Geschichte und Literatur 14, 5 (1970) S. 237–251.
[46]   Schwarzach St. Veit, Nachlass Thomas Bernhard (Anm. 41), S. 130.
[47]   Ebd., S. 267f.
[48]   Bernhard, Politische Morgenandacht (Anm. 37), S. 13.
[49]   Ebd.

Praktisch gleichzeitig mit den optimistischen Österreich-Bekenntnissen etwa eines
Gerhard Fritsch, der in dem programmatischen Gedicht *Österreich* (1965) für sein
nach der Katastrophe von Nationalsozialismus und Weltkrieg neu erstandenes
Land proklamiert, dass es „mit seiner Armut / und seiner Hoffnung weiß was es
will", nämlich „sich selbst",[50] formuliert dessen Freund und Autorenkollege
Thomas Bernhard eine wesentlich düsterere Zukunftsvision: „Wir werden nicht
über Nacht nichts sein, aber wir werden eines Tages nichts sein. Überhaupt
nichts. Und beinahe überhaupt nichts sind wir schon. Ein kartographisches
Nichts, ein politisches Nichts. Ein Nichts in Kultur und Kunst."[51]

Auch Bernhards Österreich-Bezichtigungen können im Kontext dieses
Beitrags nicht umfassend dargestellt werden. Abgesehen von den wohl bekann-
testen polemischen Sätzen über dieses Land aus dem Stück *Heldenplatz* (1988)
sollen als eine Art letztes Wort die beiden Romane *Auslöschung* und *Alte Meister*
zitiert werden. Der zuerst genannte (weil vor dem anderen verfasste) Text enthält in besonders prägnanter Weise Bernhards bekannte Formel vom katho-
lisch-nationalsozialistischen Österreich, von der „sich auf den heranwachsen-
den Menschen grausam und entsetzlich auswirkenden österreichischen Macht-
mischmethode"[52], wie sie der davon gezeichnete Franz-Josef Murau charakterisiert. Der österreichische Mensch sei „durch und durch ein nationalsozialis-
tisch-katholischer von Natur aus", einmal sei dieses Volk „mehr nationalsozia-
listisch, einmal mehr katholisch" gewesen, aber „niemals nur eines von bei-
dem". Murau sieht in dieser, wie gesagt, naturgegebenen Eigenschaft eine eigene, benennbare Kategorie: *„das Österreichische"*, und sie sei „doppelt verlogen,
doppelt gemein, doppelt gegen den Geist".[53] In *Alte Meister* formuliert der Musikschriftsteller Reger eine weitere Facette zum Thema: Die Österreicher, sagt
er, seien die „geborenen Opportunisten".[54] Der „sogenannte liebenswürdige
Österreicher" sei hinter dieser Maske „der niederträchtige und schamlose" und
„eben *dadurch* der verlogenste".[55] Als „Ursache aller seiner Widerwärtigkeiten"
sieht Reger seine „Charakterschwäche" – wodurch er allerdings auch der „in-
teressanteste Mensch von allen europäischen Menschen" sei.[56] Auf diese Weise
sei er „in der ganzen Welt beliebt", gleichzeitig sei er „aber doch immer auch
der gefährlichste".[57] Gegen Ende des Romans lässt Bernhard seine Figur eine letzte Österreich-Bezichtigung im Medium der Prosa artikulieren. Das heutige
Österreich sei nur mehr ein „lächerliche[r] Kleinstaat", der „vor Selbstüber-
schätzung trieft" und gegenwärtig, „vierzig Jahre nach dem sogenannten *Zweiten*

---

50 Gerhard Fritsch, Österreich, in: Ulrich Weinzierl (Hg.), Lächelnd über seine Bestatter:
Österreich. Österreichisches Lesebuch. Von 1900 bis heute, München 1989, S. 359–361, hier S. 360.

51 Bernhard, Politische Morgenandacht (Anm. 37), S. 13.

52 Bernhard, Auslöschung (Anm. 29), S. 228.

53 Ebd., S. 229.

54 Bernhard, Alte Meister (Anm. 23), S. 146.

55 Ebd., S. 150.

56 Ebd., S. 151.

57 Ebd., S. 152.

Weltkrieg, nur als ein total amputierter seinen absoluten Tiefpunkt erreicht" habe; darin sei längst alles „Denken ausgestorben".[58] Dieser vernichtende Befund gipfelt in der Metapher: „Wohin wir heute in diesem Land schauen, wir schauen in eine Senkgrube der Lächerlichkeit".[59]

Damit führt Reger eine Formulierung ein, deren sich Bernhard kurze Zeit später selbst auf bemerkenswerte Weise bedienen wird. Nach der Uraufführung des Theaterstücks *Der Theatermacher* bei den Salzburger Festspielen 1985, also im Erscheinungsjahr von *Alte Meister*, attackiert der österreichische Finanzminister Franz Vranitzky, später Bundeskanzler seines Landes, den Autor bei der Eröffnungsrede zur Wiener Herbstmesse, indem er ihm vorwirft, sich „unter Einstreifen guter Steuerschillinge die eigene Verklemmung vom Leib zu schreiben". Daraufhin veröffentlicht Bernhard unter dem lapidaren Titel *Vranitzky* in der Wiener Tageszeitung *Die Presse* eine geharnischte *Erwiderung*, in der er den Politiker als „Säckelwart" eines „mehr oder weniger schon seit Jahren unter pseudosozialistischer Präpotenz in sich selbst delirierenden Kleinstaates" bezeichnet, als „Finanzminister eines schon längst zur Provinzschnurre verkommenen Kleinstaates, mit dem sich ein denkender Mensch schon lange nicht mehr identifizieren" könne. Vranitzky sei „genau einer von jenen dubiosen Nadelstreifsalonsozialisten à la Kreisky", die den „österreichischen Staat als die Zweite Republik" dorthin gebracht hätten, wo er gegenwärtig sei, „in der *Senkgrube der Lächerlichkeit (Alte Meister!)*, an seinem Ende".[60]

Auch im Zusammenhang mit einer weiteren höchst unglücklichen Politikeraussage bezieht sich Bernhard auf seine literarische Figur aus dem Roman *Alte Meister*, als wäre Reger eine reale Person, die er auf seiner Seite weiß. In einem ORF-Interview, das wie Vranitzkys Äußerung auf Bernhards polemische Österreich-Darstellung im *Theatermacher* repliziert, erklärt Unterrichtsminister Moritz, der viele Jahre zuvor als Bernhards Vorgesetzter dessen journalistische Beiträge fürs *Demokratischen Volksblatt* zu redigieren hatte,[61] der Autor werde immer mehr zu einem Thema für die Wissenschaft, wobei er nicht allein die Literaturwissenschaft meine. Die Aussage wird als Empfehlung interpretiert, unliebsame Künstler einer psychiatrischen Behandlung zu unterziehen, in der Öffentlichkeit entwickelt sich eine aufgeregte Diskussion über die Freiheit der Kunst – ein Thema, das nach der Auseinandersetzung um den Roman *Holzfällen* im Jahr zuvor bereits zum zweiten Mal in Reaktion auf einen Bernhard-Skandal besondere Aktualität erfährt. Erneut antwortet Bernhard mit einem Text in der *Presse*,[62] und abermals ist die „totale Verkommenheit und Verlogenheit dieses jetzigen österreichischen Staates und seiner Repräsentanten" das Ziel seiner Attacken, außerdem die „primitive Arroganz", mit der sich die „in

---

[58] Ebd., S. 190.
[59] Ebd., S. 191.
[60] Thomas Bernhard, Vranitzky. Eine Erwiderung, in: *Die Presse*, 13.9.1985, S. 5.
[61] Vgl. seine Darstellung dieser Zeit: Herbert Moritz, Lehrjahre. Thomas Bernhard – Vom Journalisten zum Dichter, Weitra 1992.
[62] Thomas Bernhard, [Leserbrief], in: *Die Presse*, 25.9.1985.

Österreich ungehemmt Macht ausübenden pseudosozialistischen Scharlatane und skrupellosen pseudosozialistischen Staatsgrubenschaufler zu argumentieren getrauen". Es erfülle „in jedem Fall de[n] *Tatbestand einer strafbaren Handlung*", insistiert Bernhard, wenn man so weit gehe, einen „Staatsbürger der Psychiatrie zu empfehlen". Dann aber bezieht er die öffentliche Funktion des Politikers mit ein und setzt fort:

> Eine Verächtlichmachung aber und eine Psychiatrieempfehlung vor Hunderttausenden von Fernsehzuschauern *durch einen amtierenden Kulturminister*, der noch dazu für die Erziehung kommender Generationen verantwortlich ist, würde auch der Österreichagitator und Moralist Reger in meinem Buch „*Alte Meister*" sagen, erfüllt nicht nur den Tatbestand einer strafbaren Handlung, die zu verfolgen ich naturgemäß keine Lust habe, sondern ist eine nationale Schande. Thomas Bernhard.[63]

4.   Furcht- und ekelerregend

Die vorangegangenen Passagen sind instruktive Beispiele für ein Phänomen, das Wolfram Bayer in seinem grundlegenden Aufsatz über Bernhards Leserbriefe angesprochen hat: „das irritierende Doppelgängertum von Bernhards literarischen Publikationen einerseits und seinen öffentlichen Äußerungen in Reden, Interviews, Leserbriefen, offenen Briefen und Gastkommentaren andrerseits".[64] Wer spricht also? Der Autor? Seine Figur? Oder beide? Ist Letztere für Bernhard letztlich das, wovon Reger in *Alte Meister* träumt – das „ideale Sprachrohr"?[65] Sind seine Äußerungen mit denen des Autors zu identifizieren?

Aber auch die gegensätzliche Interpretation scheint möglich. In der folgenden Passage finden sich ganz ähnliche Bezichtigungselemente, wie wir sie zuvor gelesen haben: „Österreich / grotesk / minderbemittelt / ist das richtige Wort / unzurechnungsfähig / ist der richtige Ausdruck", heißt es in einem Text, der Mitte der 1980er-Jahre entstanden ist, also in zeitlicher Nachbarschaft zu den vorhin besprochenen. „Wo wir hinkommen / Mißgunst / niederträchtige Gesinnung / Fremdenfeindlichkeit / Kunsthaß".[66] Doch die Figur, die Bernhard diese Angriffe äußern lässt, ist der Staatsschauspieler Bruscon aus dem Stück *Der Theatermacher*, das wir eben als Auslöser der Angriffe namhafter Politiker auf den Autor genannt haben. Wenn Bruscon – der sich im Übrigen einer ganz ähnlichen Metaphorik wie Reger bedient: es komme ihm vor, als gastiere er „in einer Senkgrube / in der Eiterbeule Europas"[67] – die österreichische

---

63   Ebd.

64   Wolfram Bayer, Das Gedruckte und das Tatsächliche. Realität und Fiktion in Thomas Bernhards Leserbriefen, in: Ders. (Hg.), Kontinent Bernhard. Zur Thomas-Bernhard-Rezeption in Europa, Wien, Köln, Weimar 1995, S. 58–80, hier S. 58.

65   Bernhard, Alte Meister (Anm. 23), S. 22.

66   Thomas Bernhard, Der Theatermacher, Frankfurt a. M. 1984, S. 39f.

67   Ebd., S. 61.

Kunstfeindschaft an den Pranger stellt, lassen sich seine Vorwürfe aus der Logik des Stücks auch als Projektionen eines gescheiterten Künstlers lesen, der sein eigenes Versagen mit der Bösartigkeit seiner verständnislosen Umwelt bemäntelt: „Der wahre Künstler / wird in den Dreck gezogen / dem verlogenen dem nichtsnutzigen / laufen sie alle nach".[68] „Bernhard selber ist unangreifbar", analysiert Franz Schuh in einem Beitrag aus dem Jahre 1981 die „Unverwundbarkeitstechniken", die er dem Autor unterstellt. Er habe einen „rhetorischen Panzer entwickelt, hinter dem sein Selbst unverwundbar weilt". Auf diese Weise ziehe er seinem Publikum stets den Boden unter den Füßen weg, wenn es versuche, ihn in den Griff zu bekommen: „Indem er immer, was er selber ist, zugleich auch denunziert, ist er zugleich auch das Denunzierte, ohne es zu sein."[69]

Tatsächlich hat sich in Bezug auf die Aussagen, die in Bernhards fiktionalem Werk und in seinen eigenen „öffentlichen" Verlautbarungen zu finden und oft nur sehr schwer voneinander zu unterscheiden sind, das vom Autor selbst geprägte Bild vom „Fallensteller" eingebürgert – von einer Strategie, deren Modell Bernhard im autobiographischen Band *Der Keller. Eine Entziehung* (1976) so formuliert: „Ich darf nicht leugnen, daß ich auch immer zwei Existenzen geführt habe, eine, die der Wahrheit am nächsten kommt und die als Wirklichkeit zu bezeichnen ich tatsächlich ein Recht habe, und eine gespielte".[70] Zuerst habe er „hundertprozentig eine Tragödie aufgeführt und dann eine Komödie und dann wieder eine Tragödie, und dann vermischte sich das Theater", mittlerweile sei „nicht mehr erkennbar, ob es eine Tragödie oder eine Komödie ist. Das verwirrt die Zuschauer."[71]

Zum Abschluss dieses Beitrags sei auf einen Text verwiesen, der zumindest im Hinblick auf Bernhards Sensibilität gegenüber dem schlampigen Umgangs seiner österreichischen Landsleute mit der nationalsozialistischen Vergangenheit an Deutlichkeit nichts zu wünschen übrig lässt. Auch hier ist der Kontext von Bedeutung, denn es geht um einen konkreten politischen Vorgang und um dessen reale Protagonisten: um die zumindest in Österreich bekannte Affäre Reder, die im Jahre 1985 die Öffentlichkeit bewegte und dabei spezifische Widersprüche der politischen Landschaft in Österreich offenlegte. Der in Linz aufgewachsene SS-Sturmbannführer (später Major) Walter Reder (1915–1991) war während des Zweiten Weltkriegs als Befehlshaber einer SS-Panzer-Aufklärungsabteilung für das Massaker von Marzabotto verantwortlich, bei dem als Vergeltung für Partisanenanschläge 1.830 Zivilisten ermordet wurden. 1948 wurde er deshalb an Italien ausgeliefert und 1951 von einem Militärgericht in Bologna zu lebenslanger Haft verurteilt. Im Lauf der Jahrzehnte setzten sich

---

68   Ebd., S. 40.

69   Franz Schuh, Ist Thomas Bernhard ein Faschist?, in: *protokolle* 4 (1981), S. 19–22, hier S. 20f.

70   Thomas Bernhard, Der Keller. Eine Entziehung, in: Ders., Werke, hg. v. Martin Huber / Wendelin Schmidt-Dengler, Bd. 10, Die Autobiographie, hg. v. Martin Huber / Manfred Mittermayer, Frankfurt a. M. 2004, S. 111–213, hier S. 203f.

71   Ebd., S. 207.

zahlreiche prominente Österreicher für seine Freilassung ein, darunter auch der politischen Sympathie völlig unverdächtige Persönlichkeiten, etwa der angesehene Kardinal König, die Widerstandskämpferin Rosa Jochmann und zuletzt auch Bruno Kreisky. Am 24. Januar 1985 wurde Reder tatsächlich freigelassen und in geheimer Mission nach Graz geflogen.

Für die zu schildernden Geschehnisse ist der Umstand wichtig, dass sich die österreichische Bundesregierung seit dem Verlust der absoluten SPÖ-Mehrheit im Jahre 1983 aus einer Koalition zwischen der SPÖ (Sozialistische Partei Österreichs) und der FPÖ (Freiheitliche Partei Österreichs), der Nachfolgeorganisation des „Verbands der Unabhängigen" (eines Auffangbeckens für ehemalige Nazis), zusammensetzte. Zwei Repräsentanten der beiden Parteien hatten die heikle Situation zu beraten: Außenminister Leopold Gratz von der SPÖ, der vor allem eines wollte – kein Aufsehen, und Verteidigungsminister Friedhelm Frischenschlager, eigentlich ein Vertreter des liberalen Flügels innerhalb der FPÖ. Aus Kreisen des Bundesheeres kam der Vorschlag, Reder im Rahmen eines Ministerfluges aus Graz abzutransportieren: dann müsse nicht angegeben werden, welche Personen sich in Begleitung des Ministers befänden, und man meinte, die Rückkehr Reders auf diese Weise vor der Öffentlichkeit zunächst geheim halten zu können. Die Aktion ging jedoch gründlich schief: Die Ankunft des Flugzeugs in Baden bei Wien wurde bereits von einer Schar Journalisten beobachtet, und bald verbreitete sich die Nachricht von der Instinktlosigkeit Frischenschlagers, nicht nur alle Begleiter Reders auf dem Grazer Flughafen per Handschlag begrüßt zu haben, sondern auch den SS-Kriegsverbrecher selbst.

Im Thomas-Bernhard-Archiv in Gmunden findet sich die Kopie eines Typoskripts, in dem Bernhard unter dem Titel *Furcht- und ekelerregend* auf die beschriebenen Vorgänge reagiert. Er beschreibt zunächst aus seiner Sicht, was an diesem 24. Januar 1985 geschehen ist:

> Walter Reder, eines der grössten Scheusale in der Menschheitsgeschichte, der auf dem Höhepunkt seiner Verbrecherlaufbahn am 29. September 1944 in der Landschaft von Marzabotto den Befehl gegeben hat, eintausendachthundertdreissig unschuldige Menschen zu foltern, zu erschiessen, zu erhängen und mit Flammenwerfern zu verbrennen, wird vierzig Jahre nach diesem grauenhaften Verbrechen vom österreichischen Verteidigungsminister mit Handschlag begrüsst und als *Heimkehrer* bezeichnet.

Hierauf befasst er sich mit dem Politiker, der diese indiskutable Handlung vollzogen hat, und erinnert an die irritierende Affinität vieler Nationalsozialisten zur traditionellen Kunst und Kultur, insbesondere der Musik – in seinem Stück *Vor dem Ruhestand* (1979), Bernhards Reaktion auf die Affäre Filbinger in Baden-Württemberg,[72] wird dieser Umstand auf eindrucksvolle Weise zum theatralischen Geschehen:

---

[72] Vgl. den Kommentar zu Thomas Bernhard, Dramen IV, in: Ders., Werke, hg. v. Martin Huber / Wendelin Schmidt-Dengler, Bd. 18, hg. v. Bernhard Judex / Manfred Mittermayer, Frankfurt a. M. 2007, S. 377–383.

> Der immerhin einundvierzigjährige Verteidigungsminister Frischenschlager, ein typischer Österreicher, der wie so viele österreichische Nazis, aus einer kleinbürgerlichen Kammermusikfamilie stammt, die seit vielen Jahrzehnten auf die Melodien von Mozart und Haydn eingestimmt ist mit ihrem Streichen und Zupfen und Singen, hat mit der von ihm praktizierten *Heimkehr* Reders, die österreichische Geschichte im ganzen und den heutigen österreichischen Staat im besonderen, in den Schmutz gezogen.

In einem dritten Schritt aber wendet sich Bernhard der Art und Weise zu, wie die aktuelle österreichische Bundesregierung mit Frischenschlagers Fehlverhalten umging, und somit den politischen Implikationen – die Koalition zwischen SPÖ und FPÖ hatte einen Misstrauensantrag gegen den Verteidigungsminister niedergestimmt und damit einen Bruch zwischen den Koalitionspartnern abgewendet. Die politischen Implikationen dieses Vorgangs sind für Bernhard jedoch verheerend:

> Eine Regierung, die einen nationalsozialistischen Massenmörder wie einen *Spätheimkehrer*, sozusagen wie einen nationalsozialistischen verlorenen Sohn (in seine nationalsozialistische Heimat gar?) durch einen ihrer Minister (*mit allen Ehren*) empfangen lässt ohne diesen Minister auf der Stelle zum Teufel zu jagen, ist eine fürchterliche Regierung. Eine solche Regierung wie diese Regierung, noch dazu unter einem sogenannten sozialistischen Kanzler, ist nicht mehr, wie bis jetzt, eine nur noch mitleiderregende komische, ja vielleicht sogar noch *tragi*komische, sondern eine durch und durch fürchterliche, ja furcht- und ekelerregende und dämonische.

Die abschließende Serie vernichtender Attribute greift Bernhard noch zweimal auf. Zunächst, als er ein „Parlament, das sich, wie diesen letzten Freitag den 1. Feber 1985", den er (Bernhard) als den „finstersten Freitag der Zweiten Republik empfinde", aus den „niedrigsten Macht-Beweggründen" für Frischenschlager und somit zugleich „für den nationalsozialistischen Massenmörder Reder ausgesprochen" habe, als „ebenso fürchterlich, ja furcht- und ekelerregend und dämonisch" apostrophiert. Und abschließend, als er nach „diesem schwärzesten aller Freitage in der Zweiten Republik, ja vielleicht in der ganzen österreichischen Republikgeschichte" erklärt, dass für ihn auch der „österreichische Staat nurmehr noch ein fürchterlicher, furcht- und ekelerregender und dämonischer" sei. Dieser „an sich schon so lange Zeit lächerliche Staat" sei von nun an „tatsächlich nurmehr noch von Gemeinheit und Charakterlosigkeit zusammengehalten".[73]

Krista Fleischmann, ORF-Journalistin, Gestalterin der bekannten Interviewfilme auf Mallorca bzw. in Madrid (*Monologe auf Mallorca*, 1981; *Die Ursache bin ich selbst*, 1986) und Vertraute Bernhards über viele Jahre, erinnert sich, sie habe sich auf Ersuchen des Autors bemüht, den Text in einem öffentlichen

---

[73] Nachlass Thomas Bernhard, Thomas-Bernhard-Archiv Gmunden, SL 8.21/15.

Medium unterzubringen, habe aber keine Zeitung gefunden, die sich dem Wagnis unterzogen hätte, ihn abzudrucken.[74]

Unter den wenigen Typoskriptblättern, die von Bernhards aus Krankheitsgründen nicht mehr realisiertem letztem Romanprojekt *Neufundland* erhalten geblieben sind, findet sich eine Seite, auf der es über die Heimkehr des aus Sicht des ihn behandelnden Arztes und Bruders beschriebenen Protagonisten nach Österreich heißt: Kaum sei er „in seinem Haus und in der österreichischen Atmosphäre", überfalle ihn stets eine „ihn in seiner Krankheit noch kränker und in seiner Unerträglichkeit noch unerträglicher machende Depression"; diese äußere sich als „vor allem für seine Umgebung eine naturgemäss zunehmende, irritierende, für ihn selbst aber mehr und mehr nervenzerstörende und immer nur von gänzlich unvorhergesehen auftretenden abrupten Wutanfällen unterbrochene Wortlosigkeit gegen alles und jedes, vor allem aber gegen alles und jedes Österreichische".[75]

---

[74] Krista Fleischmann in der Diskussion nach dem vorliegenden Beitrag zum Symposium in Tübingen am 27.3.2010.

[75] Nachlass Thomas Bernhard (Anm. 73), SL 8.21/3.

Anne Ulrich

„Ich bin kein Redner und
ich kann überhaupt keine Rede halten."
Thomas Bernhard und seine Preise

Im Jahr 2009 wurde aus dem Nachlass Thomas Bernhards ein Buch veröffentlicht, das wohl 1980 entstanden ist[1] und als eine Art Leitschrift zum Verhältnis des Schriftstellers zur Rhetorik und Epideiktik betrachtet werden kann: *Meine Preise*. Darin gibt der autobiographische Erzähler den bundesdeutschen und österreichischen Literaturbetrieb der Lächerlichkeit preis, indem er ausführlich und äußerst unterhaltsam „9 Preise von 12 od. 13" schildert, die er im Laufe seines Lebens angenommen habe.[2] Doch weitaus faszinierender als die Radikalkritik am Literaturbetrieb, aus der Bernhard schon zu Lebzeiten keinen Hehl gemacht hatte, sind aus rhetorischer Sicht die zahlreichen Passagen, in denen der Erzähler über den Redner Bernhard und über die Strukturen der epideiktischen Beredsamkeit reflektiert. Geradezu paradigmatisch für das in sich äußerst

---

[1]   Vgl. die Editorische Notiz von Raimund Fellinger in: Thomas Bernhard, Meine Preise, Frankfurt a. M. 2009, S. 134.

[2]   Bernhard, Meine Preise (Anm. 1), S. 131 bzw. S. 133. Nach meinen Recherchen hat Thomas Bernhard insgesamt sechzehn Preise erhalten, davon mindestens einen, den Antonio-Feltrinelli-Preis im Jahr 1987, abgelehnt (vgl. eine Meldung in der *Süddeutschen Zeitung* vom 22.01.1988). Hier eine Liste der Preise (in eckigen Klammern sind die entsprechenden Passagen im literarischen Werk Thomas Bernhards vermerkt). Für wertvolle Hinweise danke ich Bernhard Judex vom Thomas-Bernhard-Archiv in Gmunden.

1963: Julius-Campe-Preis, Hamburg [Meine Preise, S. 50–65]

1964: Literaturpreis der Freien Hansestadt Bremen für *Frost* [Meine Preise, S. 32–49]

1967: Regensburg: Literarische Ehrengabe des Kulturkreises im Bundesverband der deutschen Industrie (BDI) [Meine Preise, S. 20–31]

1967: Österreichischer Staatspreis für Literatur (Förderungspreis) [Meine Preise, S. 66–85; Wittgensteins Neffe, S. 276–279]

1968: Anton-Wildgans-Preis der Österreichischen Industrie [Meine Preise, S. 86–92]

1970: Georg-Büchner-Preis [Meine Preise, S. 109–114]

1972: Franz-Theodor-Csokor-Preis (vom PEN-Club verliehen) [Meine Preise, S. 93–101]

1972: Adolf-Grimme-Preis für *Der Italiener* (Drehbuch)

1972: Grillparzerpreis der Österreichischen Akademie der Wissenschaften für *Ein Fest für Boris* [Meine Preise, S. 7–19, Wittgensteins Neffe, S. 270–276]

1974: Hannoverscher Dramatikerpreis für *Die Macht der Gewohnheit*

1974: Prix Séguier

1976: Literaturpreis der Österreichischen Bundeswirtschaftskammer für *Der Keller* [Meine Preise, S. 102–108]

1982: Premio Prato für die italienische Übersetzung von *Verstörung*

1983: Premio Letterario Internazionale Mondello für *Die Ursache*

1987: Antonio-Feltrinelli-Preis (abgelehnt).

widersprüchliche Verhältnis Bernhards zur Preisrede ist die folgende Bemerkung, die bei der Schilderung des Österreichischen Staatspreises fällt:

> [I]ch bin kein Redner und ich kann überhaupt keine Rede halten, ich habe
> nie eine Rede gehalten, weil ich gar nicht fähig bin, eine Rede zu halten. Ich
> mußte aber eine Rede halten, es ist Tradition, daß der Schriftsteller, der [...]
> diesen Preis bekommt, eine Rede hält, die in der Aufforderung des Ministe-
> riums als Dankrede bezeichnet worden war.[3]

Nicht reden wollen, aber notgedrungen reden müssen – so stellt sich die Epideiktik
in der literarischen Nachbetrachtung für Bernhard dar. Spiegelt sich dieses vermeintliche Unvermögen, diese profunde, auch durchaus nachvollziehbare Abneigung gegen die Dankesrede auch in den Reden selbst wider? Wie hält es Thomas
Bernhard mit der Rhetorik?

Diese Frage aus rhetorischer Sicht zu beantworten, heißt zunächst einmal,
die wenigen Dankesreden Bernhards, insbesondere diejenigen in Bremen, Wien
und Darmstadt,[4] selbst in den Blick zu nehmen, ihre ‚historische' Situation anhand unterschiedlicher Quellen zu rekonstruieren und sie somit als solche ernst
zu nehmen. Es heißt aber auch, bei diesem Versuch zwangsläufig auf fiktionale
Schichten zu treffen, die seither in erster Linie von Bernhard selbst über die Ereignisse gelegt worden sind, und diese ebenfalls als Teil seiner ‚Rhetorik' ernst zu
nehmen. So ergibt sich ein produktives Spannungsfeld von Fiktion und ‚Wirklichkeit', anhand dessen sich besonders gut untersuchen lässt, welches Selbstbild oder
‚Image' Thomas Bernhard von sich zu evozieren suchte. Dieses ‚Image' wird dabei
als eine zentrale Größe verstanden, die die Rhetorik des öffentlichen Auftretens
und literarischen Schaffens dieses *enfant terrible* der österreichischen Literatur zu er-
hellen vermag.

Festakte und Dankesreden stellen für den Erzähler Bernhard äußerst prekäre
Situationen dar, in deren Verlegenheit er vordergründig überhaupt nicht kommen
will, ja, die ihm geradezu widerwärtig sind. So heißt es in *Wittgensteins Neffe*: „Einen
Preis entgegennehmen, heißt nichts anderes, als sich auf den Kopf machen zu las-
sen, weil man dafür bezahlt wird."[5] Damit ist Bernhard nicht allein: In dem
Sammelband *Literaturbetrieb in Deutschland* aus dem Jahr 1971 konstatiert Klaus Stil-
ler: „Für Autoren der literarischen Schickeria gehört es heute zum guten Ton,
Indignation an den Tag zu legen, sobald eine Prämierung auf sie zukommt."[6] Das

---

3   Bernhard, Meine Preise (Anm. 1), S. 76.

4   Thomas Bernhard hat vier Dankesreden (beim Bremer Literaturpreis, Österreichischen
Staatspreis, Büchnerpreis und Bundeswirtschaftskammerpreis) gehalten und eine weitere zumindest
verfasst (Wildganspreis). Mehr Preisreden sind auch dem Thomas-Bernhard-Archiv in Gmunden nicht
bekannt. Vgl. auch den erst nach Fertigstellung des Manuskripts veröffentlichten Band Thomas Bernhard, Der Wahrheit auf der Spur, hg. v. Wolfram Bayer, Berlin 2011.

5   Thomas Bernhard, Wittgensteins Neffe, in: Ders., Werke, hg. v. Martin Huber / Wendelin Schmidt-Dengler, Bd. 13, Erzählungen III, hg. v. Hans Höller u. Manfred Mittermayer,
Frankfurt a. M. 2008, S. 207–307, hier S. 272.

6   Klaus Stiller, Literatur als Lotterie. Literaturpreise und ihre Verwendung, in: Heinz
Ludwig Arnold (Hg.), Literaturbetrieb in Deutschland, München 1971, S. 67–71, hier S. 69.

Dilemma besteht für die Schriftsteller vor allem darin, sich nicht gemein zu machen mit der Institution, die sie ehrt. Dafür gibt es nach Stiller zwei Möglichkeiten:

> Wo Autoren sensibel genug waren, die absurde Situation gängiger Feierstunden zu durchschauen, gleichzeitig aber nicht die Kraft aufbrachten, sich der Zeremonie zu entziehen, stilisierten sie ihre Ansprache entweder zur politisch gemeinten Ad-hoc-Polemik (Handke, Jürgen Becker) oder, ganz simpel, zum experimentellen Text (Heißenbüttel).[7]

Diese Praxis wird von Burckhard Dücker als Wende zur „Ritualkritik als Ritualpraxis" beschrieben, die sich in den 1960er und 1970er Jahren vollzog.[8] Die Laureaten dieser Zeit gingen demnach vermehrt dazu über, sich den Ehrungen zwar nicht zu entziehen, dort aber in ihrer Dankesrede die eigene Unabhängigkeit zu demonstrieren und die Gesetze der Situation und des Rituals performativ wenn nicht zu unterlaufen, so doch wenigstens alternativ zu aktualisieren. Eine Gratwanderung, die nicht immer leicht zu meistern war.

Das Dilemma, das sich hierin zeigt, ist ein grundlegendes Dilemma der epideiktischen Rede, die weder auf ein Urteil, wie es bei der Gerichtsrede, noch auf einen Beschluss, wie es bei der politischen Rede der Fall ist, sondern gänzlich auf ein ‚Zurschaustellen' oder ‚Vorzeigen' hinausläuft – ganz wie es der lateinische Terminus *genus demonstrativum* nahe legt. Doch was wird überhaupt zur Schau gestellt bei einer Rede, die, so Stefan Matuschek im *Historischen Wörterbuch der Rhetorik*, „nicht untersucht, erörtert und argumentiert, sondern etwas im Voraus Feststehendes und Unstrittiges darstellt"?[9] Eine gängige, insbesondere von Heinrich Lausberg vertretene Antwort auf diese Frage lautet: Die Vorzeigerede ist als eine planmäßige „Exhibition der Redekunst" selbst zu verstehen.[10] Die Nähe zur Poesie, die Lausberg in der Virtuosität dieser Exhibition sieht,[11] ist gerade bei der Rede eines *poeta laureatus* nicht von der Hand zu weisen und eine wichtige Dimension zum Verständnis der Epideiktik im Literaturbetrieb. Dennoch reicht diese Dimension nicht aus. Genauso, wie ein Zuhörer aus einer an sich ernsten, auf Entscheidungsfindung angelegten Gerichts- oder Beratungsrede für sich eine epideiktische machen kann, indem er die Rede „als Kunstwerk auf sich wirken" lässt,[12] genauso kann umge-

---

7   Ebd.

8   Burckhard Dücker, Literaturpreise, in: Ralf Schnell (Hg.), Veränderungen des Literaturbetriebs, Stuttgart, Weimar 2009, S. 54–76, hier S. 57.

9   Stefan Matuschek, Epideiktische Beredsamkeit, in: Historisches Wörterbuch der Rhetorik, hg. v. Gert Ueding, Bd. 2, Tübingen 1994, Sp. 1258–1267, hier Sp. 1258.

10   Heinrich Lausberg, Handbuch der literarischen Rhetorik. Eine Grundlegung der Literaturwissenschaft, 3. Aufl., Stuttgart 1990, § 239. Dort heißt es weiter: „Das *genus* pflegt *l'art pour l'art*: der Redner exhibiert seine Redekunst vor dem nicht zur inhaltsbezogenen praktischen Entscheidung, sondern zum Kunsturteil (zur Bewunderung) aufgeforderten Publikum." Vgl. auch Björn Hambsch, Das tadelnswerte Lob. Bemerkungen zur historischen Pragmatik lobender Rede im Fest, in: Josef Kopperschmidt / Helmut Schanze (Hgg.), Fest und Festrhetorik. Zur Theorie, Geschichte und Praxis der Epideiktik, München 1999, S. 119–140, hier S. 119f.

11   Vgl. Lausberg, Handbuch der literarischen Rhetorik (Anm. 10), § 242.

12   Ebd., § 239.

kehrt der Laudator aus seiner an sich zweckfreien, kunstvollen Dankesrede eine politische Rede machen, indem er unversehens einen strittigen Gegenstand wählt und
nicht an den Kunstsinn, sondern an die Entscheidungsbereitschaft seiner Zuhörer
appelliert. Dass beides, Vorzeigen (*ostentatio*) und Ernstnehmen (*negotium*) in gleichem Maße zu allen Redegattungen gehört, hatte im Übrigen schon Quintilian verstanden.[13] Doch was ist dann der spezifische, ernstzunehmende Zweck des *genos
epideiktikon*? Aus einer stärker auf gesellschaftliche und rituelle Zusammenhänge
konzentrierten Perspektive liegt dieser Zweck ganz eindeutig im ‚Vorzeigen' kollek-
tiver Werte und Normen, die gelobt oder getadelt und damit bestätigt oder kritisiert
werden – die sich als Struktur jedoch nicht umgehen lassen. Die von Klaus Stiller
konstatierte „Indignation" kann somit als direkte oder indirekte Auseinandersetzung mit dieser Gattungskonvention interpretiert werden.[14] Gerade der gesellschaftskritische Impetus der von Stiller so schön bezeichneten „Ad-hoc-Polemik"
stellt aber, wie nicht allein Sigurd P. Scheichl oder Josef Donnenberg herausgestellt
haben, *obwohl* er in den 1960er und 1970er Jahren hoch im Kurs war, kein gänzlich
geeignetes Paradigma zum Verständnis von Thomas Bernhards Dankreden – ziele
Bernhard doch nicht auf konkrete Gesellschaftskritik, sondern auf Provokation.[15]

Um dem Orator Bernhard gerecht werden zu können, müssen die ‚exhibitionistische' und gesellschaftskritische Deutung der Epideiktik unter einer bestimmten
Fragestellung noch ein wenig zugespitzt werden: Zeigt ein Schriftsteller, der für ein
Werk oder sein gesamtes literarisches Schaffen ausgezeichnet wird und für diese
Auszeichnung dankt, nicht vor allem *sich selbst* vor? Stellt er nicht, über seine
rhetorische und literarische Kunstfertigkeit und sein Konventionsbewusstsein
hinaus, seine *eigene Persönlichkeit und Haltung* zur Schau – und zwar in der ausgesprochen prekären Lage, sein Haupt neigen zu müssen, auf das er den Lorbeer-
kranz gedrückt bekommt? Im Folgenden gilt es daher zu untersuchen, welche
Haltung Bernhard in seinen Dankesreden in Bremen, Darmstadt und Wien einge-
nommen hat und welches öffentliche Image bzw. Ethos Bernhard in diesen Reden
zur Schau stellte. Unter Ethos wird dabei im aristotelischen Sinne eine situative
und ganz auf die eigene Glaubwürdigkeit zielende Zurschaustellung des Cha-
rakters verstanden,[16] bei der der Redner bedeuten muss, was er „für den

---

[13]   Vgl. Quintilian, Institutio oratoria / Ausbildung des Redners, hg. und übers. v. Helmut
Rahn, 2 Bde., 2., durchges. Auflage, Darmstadt 1988, III.4.14.

[14]   Matuschek spricht in diesem Fall von einem regelrechten Zwang zum Konventionsbruch,
was meines Erachtens jedoch nicht zutrifft, da die Auseinandersetzung mit der Konvention diese ja nur
bestätigt, nicht jedoch komplett mit ihr bricht, vgl. Stefan Matuschek, Antirhetorik, Propaganda, Streit,
Spiel, Ironie. Zur Formengeschichte der Lobrede, in: Kopperschmidt / Schanze, Fest und Festrhetorik
(Anm. 10), S. 181–191, hier S. 184.

[15]   Vgl. Josef Donnenberg, Thomas Bernhards Zeitkritik und Österreich, in: Alfred Pittertschatscher / Johann Lachinger (Hgg.), Literarisches Kolloquium Linz 1984. Thomas Bernhard. Materialien, Linz 1985, S. 42–63 und Sigurd Paul Scheichl, Nicht Kritik, sondern Provokation. Vier
Thesen über Thomas Bernhard und die Gesellschaft, in: Annali / Studi Tedeschi 22, 1 (1979),
S. 101–119.

[16]   Vgl. Aristoteles, Rhetorik, über. und erl. v. Christof Rapp, 2 Bde., Darmstadt 2002, bes.
I.2.3 und II.1.

anderen" sein will.[17] Insbesondere geht es dabei um die Frage, *ob*, und wenn ja, *wie* und möglicherweise auch *wann* sich Bernhard überhaupt aus dieser prekären Lage, aus den „unsichtbaren Gurten"[18] der Epideiktik befreite: Schon direkt in der rhetorischen Situation? Oder erst in der nachträglichen Fiktionalisierung?

1. Literaturpreis der Freien Hansestadt Bremen (1965)

Abb. 1: „Einen Preis entgegennehmen heißt nicht anderes, als sich auf den Kopf machen zu lassen, weil man dafür bezahlt wird." – Thomas Bernhard bei der Verleihung des Bremer Literaturpreises. [Quelle: Emmerich, Der Bremer Literaturpreis (Anm. 20), S. 121, Foto: Klaus Sander.]

---

17   Roland Barthes, Die alte Rhetorik, in: Ders., Das semiologische Abenteuer, aus dem Frz. v. Dieter Hornig, Frankfurt a. M. 1988, S. 15–101, hier S. 76 (im Orig. kursiv).

18   Bernhard, Meine Preise (Anm. 1), S. 81: „Ich saß da und konnte mich nicht wehren, ich konnte nicht einfach aufspringen und dem Minister ins Gesicht sagen, daß Unsinn sei und Lüge, was er sagt. Das konnte ich nicht. Ich war von unsichtbaren Gurten an meinen Sessel geschnallt, zur Bewegungslosigkeit verurteilt. Das ist die Strafe, dachte ich, jetzt hast du die Rechnung. Jetzt hast du dich mit ihnen, mit diesen, die da in dem Saale sitzen und mit ihren heuchlerischen Ohren seiner Heiligkeit des Ministers lauschen, gemein gemacht. Jetzt gehörst du zu ihnen, jetzt bist du auch dieses Pack, das dich immer zur Raserei gebracht hat und mit dem zu zeitlebens nichts zu tun haben wolltest."

Es ist der 26. Januar 1965, das alte Bremer Rathaus ist voll besetzt mit Schulklassen, es funkeln Orden und glitzern Bürgermeisterketten.[19] Thomas Bernhard erhält mit dem Literaturpreis der Freien Hansestadt Bremen seinen insgesamt zweiten Preis, dotiert mit 10.000 DM, und kommt um eine Preisverleihung nicht herum (Abb. 1). Das Ritual der Ehrung wird jedoch – so zumindest der autobiographische Erzähler in *Meine Preise* – weitgehend ignoriert: Der Laudator Gerhard Kadelbach „sprach sehr eindringlich und es war lauter Lob, wie ich mich erinnere, aber ich verstand nichts von allem. Ich sah die ganze Zeit nur meine Mauern von Nathal und dachte nach, wie ich diese Mauern bezahlen werde."[20] Etwas später heißt es: „Daß es sich immer so lange hinzieht, dachte ich, bis das Geld endlich flüssig geworden ist."[21] Ein erstes Leitmotiv der literarischen Nachbetrachtung in *Meine Preise* ist das Geld: In dieser Schrift macht Bernhard keinen Hehl daraus, sich von Preisgeldern seinen Hof in Nathal, ein neues Auto, neue Fensterläden gegönnt – oder nicht zuletzt den Aufenthalt in einer Lungenheilanstalt bezahlt zu haben.[22] Dies tut er nicht etwa – wie Uwe Johnson in seiner Büchnerpreisrede 1971 –, um Aufschluss zu geben über die Verwendung des Preisgeldes für die Recherche an einem neuen Roman, weil, so Johnson, „die Anwesenden ein Recht auf solche Kostenabrechnung anzumelden haben".[23] Er tut es, weil Bernhard das Finanzielle als einen integralen Bestandteil seines Lebens und Schaffens betrachtet. So ist in einem der ersten Briefe Bernhards an seinen Verleger Siegfried Unseld ebenfalls im Jahr 1965 zu lesen: „In die Poesie gehört die Ökonomie […] hineingemischt." Das wichtigste Motiv, einen Preis überhaupt anzunehmen, scheint daher das Preisgeld zu sein – was in den Reden selbst jedoch wohlweislich nicht thematisiert wird. Doch der Satz an Unseld ist nicht vollständig, denn in diesem kommt ein weiteres Leitmotiv zum Ausdruck. Im

---

[19]   Vgl. ebd., S. 44.

[20]   Ebd.; Zur Laudatio selbst siehe Gerd Kadelbach, In die Leere schreiendes Denken, in: Wolfgang Emmerich (Hg.), „Bewundert viel und viel gescholten…" Der Bremer Literaturpreis 1954–1998. Reden der Preisträger und andere Texte. Eine Dokumentation der Rudolf-Alexander-Schröder-Stiftung, Bremerhaven 1999, S. 121–122.

[21]   Bernhard, Meine Preise (Anm. 1), S. 45.

[22]   So heißt es ebd., S. 88 auch über den Wildganspreis: „Wenn ich, dachte ich, anstatt der alten, schon beinahe vollkommen verfaulten äußeren Fensterflügel meines Hauses, neue anschaffen will, muß ich den Preis annehmen und also hatte ich beschlossen, den Wildgans-Preis anzunehmen und mich in die Salonlöwenhöhle auf dem Schwarzenbergplatz zu begeben." Etwas anders gewendet findet sich das ökonomische Motiv bei Hennetmair: „Er [Thomas Bernhard; A.U.] muß was kaufen, er braucht einen gewissen Zwang zum Schreiben. Solange er nicht weiß, daß wieder eine größere Summe erforderlich ist, kann er nicht gut schreiben. Wenn alles da ist, keine Wünsche offen sind, war das noch immer seine schlechteste Zeit. Daher muß er sich selbst herausfordern und was zukaufen, dann ist auch schreibmäßig wieder alles in Ordnung" (Karl Ignaz Hennetmair, Ein Jahr mit Thomas Bernhard. Das versiegelte Tagebuch 1972, 2. Aufl., München 2003, S. 122).

[23]   Uwe Johnson, [Büchnerpreisrede], in: Büchner-Preis-Reden. 1951–1971. Mit einem Vorwort von Ernst Johann, Stuttgart 1972, S. 217–240, hier S. 217. Vgl. auch Alexandra Zimmermann, Von der Kunst des Lobens. Eine Analyse der Textsorte Laudatio, München 1993, S. 53.

Ganzen heißt es: „In die Poesie gehört die Ökonomie, in die Phantasie die Realität, in das Schöne das Grausame, Hässliche, Fürchterliche hineingemischt."[24]

Und so mischt Bernhard auch das Grausame in die Bremer Preisverleihung hinein. Vor der Festgesellschaft spricht er keineswegs von der Stadt Bremen (abgesehen von einem assoziativen Einstieg in die Rede über das Märchen von den Bremer Stadtmusikanten), von der Literatur oder von der Ehre, die ihm zuteilwerde, sondern von den Märchen, die unwiederbringlich vorbei seien, vom Krieg, der das 20. Jahrhundert grundlegend verändert habe, und an der zentralen Stelle von der Kälte, die in der vollständig von wissenschaftlichem Denken durchdrungenen Gegenwart herrsche: „Mit der Klarheit nimmt die Kälte zu."[25] Hier ist jedoch anzumerken: Für Bernhard gilt keineswegs das gesprochene, sondern es gilt das hinterher geschriebene Wort. Das Motiv der Kälte ist in der gesprochenen Fassung nur an einer einzigen Stelle präsent, an der es heißt: „Wir frieren jetzt in der Kälte dieser Klarheit, in unserer ganzen lächerlichen Makrobiotik."[26] Ansonsten dominieren die Motive des Schmerzes und der Klarheit. Erst in der schriftlichen Fassung, die im *Jahresring* 1965/1966 publiziert wurde,[27] wird die Klarheit so deutlich mit der Kälte verknüpft und zu einem regelrechten Topos des Frühwerks gemacht. Das heißt, dass der Text von Bernhard eigentlich nicht *als Rede* und damit als in einer bestimmten und für diese Situation verfasster und aufgeführter Text wahrgenommen wird, sondern als prinzipiell unfertiger literarischer Text, den es wie jeden anderen mehrmals zu überarbeiten gilt.

In diesem Sinne ist auch der in Bremen tatsächlich gesprochene Text nur dadurch als Dankrede erkennbar, dass er an der für Dankreden vorgesehenen Stelle einer kollektiven rituellen Ehrung öffentlich ‚aufgeführt' wird, dass er als Mindestvoraussetzung über paratextuelle Begrüßungs- und Schlussformeln verfügt – und nicht zuletzt dadurch, dass er von der Bremer Festgesellschaft auch als solche akzeptiert wird. „Verehrte Anwesende" lautet die denkbar knappe Anrede; der Schluss: „Ich danke Ihnen für Ihre Aufmerksamkeit. Ich danke Ihnen für die Ehre, die Sie mir heute erwiesen haben".[28] Wenn man sehr genau hinsieht, ist mit dem Bezug auf die Katastrophen des 20. Jahrhunderts vordergründig auch ein klassischer Topos der Epideiktik zu verzeichnen – ohne dass dieser allerdings in einer für die Festrede üblichen Art und Weise aufbereitet würde. Ansonsten aber verzichtet Bernhard auf alles, was typisch für die Dankrede bei einer Preisverleihung wäre: Demuts- und Bescheidenheitsfloskeln, Schilderungen der

---

[24] Thomas Bernhard / Siegfried Unseld, Der Briefwechsel, hg. v. Raimund Fellinger / Martin Huber / Julia Ketterer, Frankfurt a. M. 2009, S. 32. Brief Bernhard an Unseld vom 14.12.1965.

[25] Vgl. auch Peters Kahrs, Thomas Bernhards frühe Erzählungen: rhetorische Lektüren, Würzburg 2000, S. 70. In der entsprechenden Passage in *Meine Preise* heißt es jedoch umgekehrt: „Mit der Kälte nimmt die Klarheit zu" (Bernhard, Meine Preise [Anm. 1], S. 44).

[26] Vgl. die Tonaufnahme der Bremer Preisverleihung, die ich transkribieren konnte. Obwohl immer wieder Sätze oder Satzteile übereinstimmen und Textstruktur wie Duktus insgesamt erhalten bleiben, hat Bernhard die Rede für die Veröffentlichung stark überarbeitet und gekürzt.

[27] Vgl. Thomas Bernhard, Mit der Klarheit nimmt die Kälte zu, in: Jahresring. Beiträge zur deutschen Literatur und Kunst der Gegenwart 65/66, Stuttgart 1965, S. 243–245.

[28] Vgl. die Tonaufnahme (Anm. 26) sowie Bernhard, Meine Preise (Anm. 1), S. 117 bzw. S. 120.

Schwierigkeiten beim Abfassen der Rede, Bezugnahmen auf die Knappheit der Redezeit, auf die Situation, das Publikum oder vorhergehende Preisträger sowie im Prinzip auch auf die Darstellung des eigenen Werkes und dessen gesellschaftlichen Bezuges, womöglich verbunden mit einer gesellschaftskritischen oder zumindest gegenüber der rituellen Ehrung skeptischen Position.[29] Diesen Verzicht expliziert Bernhard in der schriftlichen Fassung zu Beginn mit einer erklärten Auslassung, in der klassischen Rhetorik *praeteritio* genannt: „ich will nichts erzählen; ich will nicht singen; ich will nicht predigen".[30] Damit korrespondiert auch die fast skandalöse Kürze der Rede.[31] Stattdessen wird ein Prosastück zur Schau gestellt,[32] in dem Bernhard gewissermaßen in der Rolle einer seiner literarischen Figuren auftritt, der ein ‚bernhardesker' Text über die Klarheit und die Kälte in den Mund gelegt wurde. Auf diese Weise verlängert sich die im Werk durchscheinende Haltung Bernhards in die ‚Realität' des Bremer Rathauses hinein – und aus dieser wieder heraus in die publizierte Rede, die zu einem literarischen Text überarbeitet wurde. Der Redner Bernhard lässt sich letztlich nicht oder vielmehr nur ganz vordergründig auf die rhetorische Situation der Dankrede ein und wird dadurch der eigenen Abneigung gegen derlei Peinlichkeiten gerecht. Dennoch erfüllt er insofern die Erwartungen des Festpublikums, als er auf die gegenwärtige Situation und sein literarisches Werk eingeht, freilich ohne sich auf eine konkrete, normbestätigende oder -kritisierende Position oder gar Botschaft festlegen zu lassen.

2. Österreichischer Staatspreis für Literatur (Förderungspreis, 1967)

Die Eckdaten: vierter Literaturpreis (25.000 Schilling) – zweite Rede – öffentlicher Skandal. Es ist der 4. März 1968, im Audienzsaal des Unterrichtsministeriums am Minoritenplatz in Wien sind neben Thomas Bernhard noch fünf weitere Preisanwärter,[33] „sogenannte Ehrengäste" und „ein paar hundert Kunstpfründer"[34] versammelt in Erwartung der feierlichen Übergabe des kleinen Österreichischen Staatspreises.[35] Thomas Bernhard hat von vornherein „einen schlechten Magen",

---

[29]   Vgl. hierzu Zimmermann, Von der Kunst des Lobens (Anm. 23), S. 40–81.

[30]   Bernhard, Meine Preise (Anm. 1), S. 117.

[31]   Ebd., S. 45 heißt es: „Das war das Kürzeste, das jemals ein Bremer Preisträger gesagt hatte, dachte ich und ich erhielt nach der Feierlichkeit die Bestätigung dafür." Tatsächlich dauerte die Ansprache nur sechseinhalb Minuten.

[32]   Dies erinnert somit entfernt an die ‚exhibitionistische' Deutung Heinrich Lausbergs.

[33]   Dies waren Josef Pillhofer und Alfred Hrdlicka (Bildhauer), Elfriede Rohr (Medailleurin), Gerhard Wimberger und Josef Friedrich Doppelbauer (Komponisten), so O.V., So „dankt" ein Staatspreisträger: Beschimpft Österreich!, in: *Wiener Montag*, 11.03.1968.

[34]   Bernhard, Wittgensteins Neffe (Anm. 5), S. 278.

[35]   Der autobiographische Bernhard erregt sich in *Meine Preise* (Bernhard, Meine Preise, Anm. 1, S. 66) besonders über die Tatsache, dass er als gestandener Autor nur den *Kleinen*, nicht aber den *Großen* Österreichischen Staatspreis bekommt. Der *Kleine* Österreichische Staatspreis sei ein Preis, „den ich in einem Alter bekommen habe, in welchem man ihn normalerweise gar nicht mehr bekommt, nämlich wie ich in den fortgeschrittenen Dreißigerjahren, wo es üblich geworden

wie *Meine Preise* zu entnehmen ist.[36] Die dort vorgenommene Schilderung des Staatspreises ist die im Vergleich längste und beschäftigt sich, wenn auch implizit, am meisten mit rhetorischen Fragen, was sie im vorliegenden Zusammenhang besonders wichtig macht. Nicht zuletzt vollzog sich mit der Staatspreisrede auch, so Wendelin Schmidt-Dengler, „der Einzug der Person Bernhard ins öffentliche Bewußtsein".[37] Ob man sich gegen oder mit ihm erregte – spätestens jetzt galt Bernhard als Provokateur und hatte sein öffentliches Ethos damit im Wesentlichen geprägt.

Der einzige Grund, weshalb Bernhard, so die literarische Nachbearbeitung, den Preis überhaupt annimmt, ist vordergründig wieder die damit verbundene Geldsumme: „ich verabscheute den Preis immer nur solange ich nicht an die fünfundzwanzigtausend Schilling dachte, dachte ich an die fünfundzwanzigtausend Schilling, fügte ich mich in mein Schicksal."[38] Das ‚Schicksal' sieht aber auch dieses Mal eine Dankesrede vor – und Bernhard versperrt sich, übrigens wie beim Bremer Literaturpreis auch, beharrlich der Niederschrift der Rede. In beiden Fällen hat er am Morgen der Preisverleihung noch keinen Text und fragt sich, über was er überhaupt reden soll:

> Ich fand kein Thema für eine Rede. Ich dachte, sollte ich vielleicht auf die Weltlage eingehen, die, wie immer, schlimm genug gewesen war. Oder auf die unterentwickelten Länder? Oder auf die vernachlässigte Krankenversorgung. Oder auf den schlechten Gesundheitszustand der Zähne unserer Schulkinder? Sollte ich etwas über den Staat an sich oder über die Kunst an sich oder über die Kultur überhaupt etwas sagen? Sollte ich vielleicht gar etwas über mich selbst sagen? Ich fand das alles abstoßend und ekelerregend.[39]

---

ist, diesen Preis schon den Zwanzigjährigen zu geben, was absolut richtig ist". Tatsächlich, so hat Gerhard Ruiss ausgerechnet, betrug das Durchschnittsalter „aller mit dem (‚Kleinen') Österreichischen Staatspreis zwischen 1950 und 1969 ausgezeichneten" Autorinnen und Autoren „39,5 Jahre". Der ‚Übertreibungskünstler' Bernhard war mit seinen 36 (bzw. bei der Preisverleihung 37) Jahren also sogar jünger als der Durchschnitt seiner Preisgenossen, vgl. Gerhard Ruiss, Österreichischer Staatspreis von 1950 bis 1996, in: Alfred Goubran (Hg.); Staatspreis. Der Fall Bernhard, Klagenfurt, Wien 1997, S. 89–125, hier S. 122f.

[36]   Bernhard, Meine Preise (Anm. 1), S. 67. Auch dem Erzähler in *Holzfällen* sind die Staatspreisverleihungen im Audienzsaal des Unterrichtsministeriums zuwider, allerdings am Beispiel der Verleihung des Großen Staatspreises an die fiktive Figur „Anna Schreker" (Friederike Mayröcker), bei der letztere eine „abgeschmackte Dankesrede" gehalten habe; „von diesem stumpfsinnigen, ordinären, erzkatholischen Kunstmißbraucher [gemeint ist der Ehrenpräsident des Österreichischen Kunstsenats, A.U.], der seit vielen Jahrzehnten der größte aller kulturellen Umweltverschmutzer in diesem Lande ist, denke ich, und die Schreker hat ihn, endlich ihren Preis in Händen, auch noch auf die Wange geküßt, daß mir noch immer übel wird bei dem Gedanken" (Thomas Bernhard, Holzfällen, in: Ders., Werke, Bd. 7, hg. v. Martin Huber / Wendelin Schmidt-Dengler, Frankfurt a. M. 2007, S. 160).

[37]   Wendelin Schmidt-Dengler, Bernhards Scheltreden. Um- und Abwege der Bernhard-Rezeption, in: Ders., Der Übertreibungskünstler. Studien zu Thomas Bernhard, 3., erw. Aufl., Wien 1997 (¹1986), S. 129–147, hier S. 133.

[38]   Bernhard, Meine Preise (Anm. 1), S. 69f.

[39]   Ebd., S. 76.

In durchaus satirischer Manier wird hier die klassische Inventivik oder Topik der Festrede behandelt.[40] Dies führt den autobiographische Erzähler zu dem Schluss: „Was sollte denn auch bei einer solchen Gelegenheit gesagt werden außer dem Wort *Danke!*, das dem, der es sagt, außerdem im Halse würgt und noch lange Zeit im Magen liegen bleibt."[41]

Was der Redner Bernhard dann verlas, nämlich ein „paar Sätze", die er „auf dem Höhepunkt [s]einer Verzweiflung" in die Maschine tippte, blieb dagegen dem Festpublikum im Magen liegen.[42] Wieder ist der Text nur an seinen Begrenzungen (Anrede und Schlussformel) als Dankesrede zu erkennen, wieder beginnt Bernhard mit einer *praeteritio*, die sich im Folgenden freilich selbst widerspricht: „es ist nichts zu loben, nichts zu verdammen, nichts anzuklagen" – was dann kommt, ist zwar keine direkte Anklage, wohl aber eine Provokation: „es ist vieles lächerlich; es ist alles lächerlich, wenn man an den *Tod* denkt."[43] Dieser vielzitierte Satz bildet gewissermaßen das Motto dieser Rede, die die allgemeine Lächerlichkeit und Nichtigkeit des Daseins in überaus provokanter, unter dem Deckmäntelchen der „philosophischen Abschweifung"[44] versteckter Manier am Beispiel von Österreich und den Österreichern durchdekliniert: Es fallen Begriffe, im Grunde sogar dezidierte Reizwörter wie „Requisitenstaat",[45] „ahnungsloses Volk", „schönes Land", „tote oder gewissenhaft gewissenlose Väter", Sentenzen wie „Die Zeitalter sind schwachsinnig" sowie die kollektive Selbsterkenntnis: „Wir sind Österreicher, wir sind apathisch", gesteigert bis hin zu „Wir verdienen nichts als das Chaos."[46] Ein großer Teil der Wiener Festge-

---

[40] Auch an anderer Stelle, bei der Beschreibung des noch zu besprechenden Büchnerpreises, betont Bernhard, einer nahe liegenden epideiktischen Konvention nicht entsprochen zu haben: „Ich hatte, im Gegenteil, die Gewißheit, mich auf dem Podium in Darmstadt überhaupt nicht über Büchner äußern zu dürfen, ja, den Namen des Georg Büchner nach Möglichkeit überhaupt nicht in den Mund zu nehmen, was mir dann auch gelungen ist" (Bernhard, Meine Preise, Anm. 1, S. 110).

[41] Bernhard, Meine Preise (Anm. 1), S. 76.

[42] Hier versteht sich der autobiographische Erzähler tatsächlich auf eine Umkehrung der Dinge: Während er nachweislich den Skandal auslöste, stellt er sich im Nachhinein selbst als den Brüskierten dar.

[43] Bernhard, Meine Preise (Anm. 1), S. 121.

[44] Bernhard, Wittgensteins Neffe (Anm. 5), S. 277.

[45] Franzobel, der die Staatspreisverleihung zum Anlass für die Satire *Tritratrullala. Große Hanswurstiade um einen Kleinen Staatspreis für Literatur* genommen hat, schreibt: „Sie [gemeint ist die ‚bornierte Bevölkerung', A.U.] hören uns Stichwörter sagen, Requisitenstaat, hören sie uns sagen, und daß darin die Dummheit zur täglichen Notdurft geworden ist. Nur weil sie uns das sagen hören, daß ein Staat nur scheitern kann, geben sie uns die Schuld daran" (Franzobel, Tritratrullala. Große Hanswurstiade um einen Kleinen Staatspreis für Literatur, in: Goubran, Staatspreis (Anm. 35), S. 19–36, hier S. 25). Damit betont auch er – dafür, dass man diese fiktionale Verarbeitung als Stellungnahme zum Staatspreis-Skandal lesen kann, spricht nicht zuletzt die Veröffentlichung in Alfred Goubrans Sammelband *Staatspreis. Der Fall Bernhard* –, dass diese Begriffe als Reizwörter aufgefasst werden, auch wenn er bestreitet, dass Bernhard hier eine absichtliche Provokation vollzieht: „In jedem Fall, nahm Bernhard seinen Faden wieder auf, sind wir heute aufs entschiedenste beleidigt worden. Und nicht wir sind es gewesen, die beleidigten, sondern wir waren die Beleidigten" (Ebd.).

[46] Bernhard, Meine Preise (Anm. 1), S. 121f.

sellschaft ist brüskiert, weil sie den Text nicht als Dankesrede versteht, sondern als Angriff auf sich selbst. Dass sich Bernhard in das kollektive Wir einschließt, wird nur von denen nicht überhört, die ohnehin mit Bernhards Texten vertraut sind und sich daher auch gar nicht provoziert fühlen. Den anderen jedoch – und es ist sicherlich kein Zufall, dass es sich dabei um die Bernhard so verhassten „Spitzenfunktionäre des österreichischen Kulturwesens"[47] handelt – muss die Rede regelrecht aufstoßen.

Der autobiographische Bernhard gibt sich im Nachhinein angesichts seines angeblich „harmlosen Textes"[48] verwundert:

> Aber ich war noch nicht zuende mit meinem Text, als der Saal unruhig wurde, ich wußte gar nicht warum, denn mein Text war von mir ruhig gesprochen und das Thema war ein philosophisches, wenn auch von einiger Tiefgründigkeit, wie ich fühlte, und ein paar Mal hatte ich das Wort *Staat* ausgesprochen. Ich dachte, das ist ein ganz ruhiger Text, mit dem ich mich hier, weil ihn doch kaum jemand versteht, mehr oder weniger ohne Aufhebens aus dem Staub machen könnte, vom Tod und seiner Übermacht und von der Lächerlichkeit alles Menschlichen handelte er, von der Unfähigkeit und von der Sterblichkeit der Menschheit und von der Nichtigkeit aller Staaten.[49]

Bernhard spielt hier als autobiographischer Erzähler ein raffiniertes Spiel, das die situative Brisanz der Rede komplett herunterspielt. Diesem Tenor folgt auch die Darstellung des Briefschreibers Bernhard an Siegfried Unseld, nicht ohne Komik: „Ich spreche, völlig korrekt, ruhig, vorzüglich und unauffällig gekleidet, ohne geringste Erregung meine philosophische Meditation, um die man mich ausdrücklich gebeten, ja beschworen hatte, worauf ein Skandal folgt…"[50] Der Skandal besteht insbesondere in der Reaktion von Minister Theodor Piffl-Perčević, der „nach der Rede wütend den Saal verließ und ausrief: ‚Wir sind trotzdem stolze Österreicher.'"[51] In Leserbriefen ist von einer „Brüskierung des Unterrichtsministers und des österreichischen Steuerzahlers"[52] die Rede, und der *Wiener Montag* schimpft: „So ‚dankt' ein Staatspreisträger".[53] Bernhard selbst schildert den ‚Skandal' – in etwas übertriebener Manier – sowohl in *Wittgensteins*

---

[47] So O.V., So „dankt" ein Staatspreisträger (Anm. 33).

[48] Bernhard, Meine Preise (Anm. 1), S. 83.

[49] Ebd., S. 81f.

[50] Bernhard / Unseld, Der Briefwechsel (Anm. 24), S. 67. Brief Bernhard an Unseld vom 16.03.1968.

[51] Vgl. O.V., So „dankt" ein Staatspreisträger (Anm. 33) und Karl Heinz Bohrer, Des Dichters Fluch. Staatspreisträger Thomas Bernhard und eine inkriminierte Rede, in: *Frankfurter Allgemeine Zeitung*, 21.03.1968, S. 20 sowie E.R., Dank und Undank des Thomas Bernhard. Trauerspiel um eine österreichische Rede, in: *Die Weltwoche*, 22.03.1968.

[52] So der Oberschulrat Hans Müller in den *Salzburger Nachrichten* vom 17.04.1968, zit. n. Jens Dittmar (Hg.), Sehr gescherte Reaktion. Leserbrief-Schlachten um Thomas Bernhard, 2., verschlechterte Ausg., Wien 1993, S. 30.

[53] O.V., So „dankt" ein Staatspreisträger (Anm. 33).

Neffe und *Meine Preise*, als auch in zwei Briefen aus dem Jahr 1981.[54] Als Konsequenz wird die schon geplante Feier zum nächsten Preis, dem Anton-Wildgans-Preis abgesagt. Unseld beschwichtigt:

> Wir, die wir Sie kennen, finden diese Rede natürlich nicht skandalös, aber all die Leute, die Sie nicht kennen, die Ihre Bücher nicht gelesen haben, müssen, abermals mit Fug und Recht, Anstoß daran nehmen, und ich gehe sogar soweit, lieber Herr Bernhard, daß Sie ganz befangen und gebannt in Ihren Vorstellungen selber die Wirkung Ihrer Worte nicht abschätzen können.[55]

Der Verleger spielt (wohl sehr bewusst) das Spiel des Briefschreibers Bernhard mit und argumentiert, könnte man sagen, mit der Unvereinbarkeit von ästhetischem Spiel und rhetorischer Situation:

> Für mich ist das, was Ihnen eben jetzt zugestoßen ist, abermals höchst kennzeichnend und bereichert meine bisherige Erfahrung: der Schriftsteller ist nicht da, um zu reden und Thesen von sich zu geben, sondern um das, was er sagen will, in einem Werkzusammenhang zu sagen. Hier steht es dann nicht isoliert da, sondern in dem Gesamtzusammenhang eines Denkens und eines Bewußtseins, und dann ist es richtiger, stimmiger und provoziert nichts Äußeres, sondern Inneres.[56]

Nach Unseld ist ein durchaus richtiger Text in die falsche Situation geraten und musste damit – zumindest von der Wiener Kulturschickeria – fast zwangsläufig

---

54   Vgl. Goubran, Staatspreis (Anm. 35), S. 11–18. Die fiktionale Übertreibung betrifft insbesondere die Festgesellschaft, die – so Bernhard, Wittgensteins Neffe (Anm. 5), S. 277f. – dem Minister hinterherstürmend den Saal verlassen und den Preisträger mit seinem ‚Lebensmenschen‘ und Paul Wittgenstein völlig allein gelassen habe. Hilde Spiel relativiert dies in ihren Memoiren, nicht zuletzt, weil sie selbst bei Bernhard geblieben war: „Nur ein kleines Häuflein, darunter ein Ministerialrat, zu seinem Lobe sei's vermerkt, eilte zu dem Preisträger, der sich als ‚Aussätziger‘ fühlte, und bekannte sich zu ihm. Daß Bernhard in seinem Buch *Wittgensteins Neffe* allein diesen, Paul Wittgenstein, und seinen ‚Lebensmenschen‘ Hede an seiner Seite gesehen haben wollte, warf ich, die ich natürlich auch dabei gewesen war, ihm später vor. Dichtung und Leben, sagte er reuelos, deckten sich eben nicht." (Hilde Spiel, Welche Welt ist meine Welt? Erinnerungen 1946–1989, München, Leipzig 1990, S. 243) Allerdings ist an der entsprechenden Stelle in *Meine Preise* (Bernhard, Meine Preise, Anm. 1, S. 82ff.) immerhin von „zwei oder drei Freunden" die Rede. Dies führt jedoch noch einmal deutlich vor Augen, dass Fiktion und rhetorische Situation trotz aller Überschneidungen bei Bernhard keineswegs deckungsgleich sind, sondern dass es vielmehr die literarischen Abweichungen und Übertreibungen sind, die das situative Rednerethos Bernhards übertünchen und ein anderes, literarisch-rhetorisches Ethos entwerfen.

55   Bernhard / Unseld, Der Briefwechsel (Anm. 24), S. 71. Brief Unseld an Bernhard vom 18.03.1968.

56   Ebd., S. 72. Brief Unseld an Bernhard vom 18.03.1968. Ganz ähnlich Bohrer, Des Dichters Fluch (Anm. 51): „Der Autor Thomas Bernhard hielt keine konventionelle Dankrede, sondern sprach ein Stück polemischer und trauriger Prosa, die man in den Büchern abgedruckt finden könnte, für die er nun öffentlich ausgezeichnet worden ist." Mit diesem „existentiellen Manifest" habe Bernhard „seinen Umgang mit dem Tode Zuhörern" zugemutet, „die sich offensichtlich auf das Buffet freuten. Hatten sie seine Bücher nicht gelesen?"

missverstanden werden. Aber wenn ein Autor „heraus aus der Kunstwelt seiner Bücher, hinein in die Welt unseres gesellschaftlichen, politischen Alltags"[57] tritt – kann er sich dann wirklich nur auf die ‚Kunstwelt seiner Bücher' beziehen?

Nein, und schon gar nicht ein Autor wie Thomas Bernhard, bei dem Spiel und Ernst, Fiktion und Realitätsbezug so nah beieinander liegen. Zum einen darf Bernhards Unschuld oder unbewusste Schuld an diesem Skandal durchaus bezweifelt werden, zum anderen hat auch das literarische Werk Bernhards in manchen Fällen durchaus ähnliche Reaktionen provoziert – ist also nicht völlig ‚situationserlöst' gedacht, genauso wenig wie die Dankesrede des Schriftstellers Bernhard *nur* unter situativen Bedingungen betrachtet werden kann. Bernhard spielt also ein fiktionales Spiel in einer Situation, von der er genau weiß, dass sie ernst genommen wird – nur um sich hinterher wieder auf das Spiel zurück zu ziehen.[58] Piffl-Perčević hingegen versteht die Rede Bernhards ganz ernsthaft als Provokation und kann sie womöglich nur als solche auffassen, weil ihm offensichtlich nicht das Werk, sondern lediglich die Situation als Deutungsrahmen zur Verfügung steht. Aus dieser Perspektive ist die „Dankesrede", die vom *Wiener Montag* auch stets nur in Anführungszeichen eine solche genannt wird, eine herbe Enttäuschung und damit eine anti-epideiktische Regelverletzung: „Der Redner betätigt sich als Miesmacher, erniedrigt, wo Erhebung erwartet wird, desillusioniert, wo lügenhaft-schöner Schein verlangt wird,"[59] so auch Rolf Eigenwald in einer zeitgenössischen Analyse. Sie bricht also mit der Konvention und wird zur „Ad-hoc-Polemik", aber eben nicht zu einer „politisch gemeinten", wie es bei Klaus Stiller noch heißt, sondern zu einer Art existentieller Polemik, die keiner konkreten Stoßrichtung oder Botschaft folgt und daher von den ins Werk Eingeweihten als Manifest österreichischer Trauer, von den Nichteingeweihten hingegen als reine Provokation aufgefasst wird.[60] So besteht ein wesentlicher Teil der Selbstdarstellungsstrategie des Redners und autobiographischen Schriftstellers Bernhard darin, von vornherein jeden Anschein zu zerstören, sich überhaupt auf so etwas wie eine Dankesrede einzulassen. Er wird dem in den Werken aufscheinenden Ethos des Autors nur dann gerecht, wenn er die willentliche Festzertrümmerung anstrebt. Dass er den Preis *nicht* ablehnt, sondern zum Festakt erscheint und sich (allerdings gewissermaßen nur in Anführungszeichen) den Bedingungen der Situation unterwirft, ist als Teil einer bewussten Inkonsequenz und Widersprüchlichkeit zu verstehen, die sowohl mit

---

57   Schmidt-Dengler, Bernhards Scheltreden (Anm. 37), S. 129.

58   Bei Hennetmair ist in Bezug auf den Staatspreis auch vom „„Mißverständnis', wie Thomas es nennt", zu lesen (Hennetmair, Ein Jahr mit Thomas Bernhard, Anm. 22, S. 30).

59   Rolf Eigenwald, Harmonie der Harmlosen? Analysen von Festredentexten, in: Projekt Deutschunterricht 3: Soziale Fronten in der Sprache, hg. v. Heinz Ide in Verbindung mit dem Bremer Kollektiv, Stuttgart 1972, S. 1–27, hier S. 14 bzw. S. 12.

60   Vgl. Donnenberg, Thomas Bernhards Zeitkritik und Österreich (Anm. 15), S. 53. In Bezug auf Bernhards Werke insgesamt vermutet Sigurd Scheichl auch: „Als diese Information, als die ‚Botschaft' des Textes, würde ich die Radikalität als solche bezeichnen; entscheidend für das Verständnis von Bernhards Büchern scheint mir, daß sie zunächst irritieren und provozieren wollen" (Sigurd Paul Scheichl, Nicht Kritik, sondern Provokation, Anm. 15, S. 116).

der Haltung des Erzählers Bernhard als auch mit der seiner literarischen Figuren verbunden werden kann.

3. Exkurs: Anton-Wildgans-Preis

Die Strategie, sich zumindest vordergründig den formal-rhetorischen Strukturen der Festrede zu verweigern (obwohl die vermeintlich ‚philosophischen Meditationen' in der jeweiligen Situation ja dann doch ein großes rhetorisches Potential zu entfalten vermögen), diese Strategie gibt Bernhard in der ausgesprochen langen Dankesrede zum Wildgans-Preis auf – ausgerechnet in der Rede, die er nicht gehalten hat, weil die Festveranstalter zu große Angst vor einem weiteren Skandal hatten. Diese ‚Rede' – im Mai 1968 in der Zeitschrift *Neues Forum* veröffentlicht – ist ganz im Gegensatz zu den übrigen voller direkter Adressierungen, selbstreflexiver Äußerungen über den Anlass und die Schwierigkeiten der Festrede und voller *praeteritiones*, die das Unbehagen, aber auch die Provozierlust Bernhards offen zur Schau stellen und gleichzeitig das tatsächliche Provokationspotential ins Ironische und Lächerliche wenden:

> [A]ber ich könnte, wie Sie sich vorstellen müssen, hier über den Staat sprechen, [...] und ich weiß, daß Sie froh darüber sind, daß ich darüber nicht spreche, Sie fürchten ständig, daß ich etwas ausspreche, das Sie fürchten und Sie sind im Grunde froh, daß ich hier über nichts *wirklich* spreche, tatsächlich spreche ich hier ja auch über nichts, weil ich ja nur über den Tod spreche[.][61]

Fast könne man meinen, Bernhard habe diese Rede erst nach der Absage des Preises geschrieben, ganz so, als wäre es ihm nur dann möglich, eine formal wie inhaltlich halbwegs den Konventionen einer Dankesrede entsprechende Rede zu verfassen, wenn er sich sicher ist, sie nicht halten zu müssen.[62] Die literarisch fixierte, solchermaßen entpragmatisierte ‚mündliche Rede' *expliziert* nun auf einmal, was in den übrigen Reden nur *impliziert* wird, nämlich dass alles ein Missverständnis ist, „daß ich da bin, *hier* bin, vor Ihnen stehe und spreche, ist auch ein Mißverständnis, genauso wie der Tod, von dem ich die ganze Zeit spreche".[63] Bernhard kann also nur in der *nie gehaltenen* Rede (und daher nur in der Fiktion) die Unmöglichkeit, Lächerlichkeit oder Widersprüchlichkeit der Epideiktik diskutieren und formulieren, während er sie in seinen *tatsächlich gehaltenen* Reden höchstens durch den Vortrag eines mehr oder weniger hermetischen Prosatextes performiert, aber niemals ausspricht und sich den Zwängen der epideiktischen Situation somit weitgehend zu

---

61 Thomas Bernhard, Der Wahrheit und dem Tod auf der Spur. Zwei Reden, in: *Neues Forum* 15, 173 (1968) S. 347–349, hier S. 348.

62 Es spricht zwar eine Passage in seinem Brief vom 16.03.1968 an Unseld gegen diese Deutung, in der Bernhard schreibt, dass er für die Dankrede, „die die Industriellen bei mir vor Wochen bestellt haben [...] 14 Tage verschwendet" habe (Bernhard / Unseld, Der Briefwechsel, Anm. 24, S. 68). Dies kann jedoch genauso gut Resultat einer seiner Übertreibungen sein.

63 Bernhard, Der Wahrheit und dem Tod auf der Spur (Anm. 61), S. 348.

entziehen versucht. So kehrt er auch in der Büchnerpreisrede zwei Jahre später wieder zum stoischen Duktus der Dichterlesung zurück.

4. Georg-Büchner-Preis (1970)

Abb. 2: Thomas Bernhard als „belobigter Musterschüler" mit Joachim Kaiser und Werner Heisenberg bei der Büchnerpreisverleihung in Darmstadt. [Quelle: *DIE ZEIT* vom 23.10.1970, S. 25, Foto: Puttnies.]

Die Eckpunkte hier: dritte Rede – sechster Preis – kein Skandal, sondern „fröhliche und dumme Konsequenzlosigkeit".[64] Thomas Bernhard bekommt den Büchnerpreis am 18. Oktober 1970, eine der höchsten Auszeichnungen für deutschsprachige Literatur, dotiert mit 10.000 DM. Einen Büchnerpreis-Skandal hatte die APO bei einer kurzfristigen Besetzung der Rednerbühne bereits im Vorjahr hervorgerufen.[65] Der Redner Bernhard setzt nun nicht mehr auf Provokation. Allen Anwesenden steht der vor allem in Österreich als solcher empfundene ‚Staatspreis-Skandal' hinreichend vor Augen, sein Ethos (Image) als die Gesellschaft meidender und verachtender Einzelgänger eilt dem Redner und Schriftsteller Bernhard voraus, so dass Laudator Günter Blöcker ihm quasi schon den Wind aus den Segeln nimmt: „Meine sehr verehrten Damen und Herren – die Situation ist delikat. Wir haben einen

---

64   Dieter E. Zimmer, Hurra, wir gehen unter! Wie Verzweiflung durch Beifall unglaubwürdig wird, in: *DIE ZEIT* Nr. 43, 23.10.1970.

65   Vgl. Judith S. Ulmer, Geschichte des Georg-Büchner-Preises. Soziologie eines Rituals, Berlin 2006, S. 209ff.

Autor zu ehren, dem Ehrungen vermutlich nicht allzuviel bedeuten und dem Lob bestenfalls als eine freundlichere Form von Anmaßung erscheinen mag". Nicht zuletzt mit Blöckers Bemerkung „er stört uns in unserer falschen Sicherheit" wird klar, dass Bernhard hier kein Störer mehr sein kann.[66]

Im Gegenteil, dieses Mal bereitet sich Bernhard, wie sich Karl Ignaz Hennetmair erinnert, schon Wochen zuvor ohne größeren Widerwillen auf die Rede vor:

> Jetzt hab ich's, sagte er, du mußt mir das sofort vorlesen. Das ist die Rede, die ich beim Büchner-Preis nach der Laudatio halten werde. Ich weiß natürlich, daß sie gut ist, ich werde auch nichts mehr daran ändern, aber wenn ich es selbst laut lese, gewinne ich nicht den notwendigen Eindruck. [Hennetmair liest; A.U.] Thomas führte fast einen Freudentanz auf und sagte: So wollte ich die Rede. Die ist gut. Weißt du, ohne Rede geht es ja nicht, aber das ist kurz und das genügt, bitte lies noch mal.[67]

Dies lässt vermuten, dass Bernhard seine Rede nicht nur für die nachträgliche Veröffentlichung, sondern auch für die mündliche Performanz konzipierte und sich somit zumindest auf die Musikalität des gesprochenen Wortes als rhetorische Komponente eingelassen hat. Der autobiographische Erzähler Bernhard wiegelt in *Meine Preise* hingegen wieder ab und betont, bei der Preisverleihung „nur ein paar Sätze gesprochen" und nichts weiter als „eine kurze Aussage über mich selbst und mein Verhältnis zu meiner Umwelt" gemacht zu haben.[68] Die Rede selbst ist zweifellos von allen seinen Reden trotz ihrer prinzipiellen ‚bernhardesken' Eigenheiten am nächsten an der konventionellen Dankesrede eines Schriftstellers – stellt der Text doch eine Art verdichtete Poetik dar und ist als solche vielfach auch zum Werkverständnis herangezogen worden. Bernhard spricht nicht über Kälte und nicht über den österreichischen Requisitenstaat oder den Tod, sondern über Sprache: die unabschließbare Arbeit an und mit den Wörtern, denen gleichzeitig zu vertrauen und zu misstrauen ist, sowie über die widersprüchliche Inszeniertheit und Identität des menschlichen Daseins. Freilich bleibt auch diese Rede ein (Sprach-)Spiel, das ihm mit der Widersprüchlichkeit der Sprache und der Identität gewissermaßen auch ein Hintertürchen offen lässt, alles widerrufen zu können.[69] Nicht zufällig heißt es an einer Stelle: „Was wir veröffentlichen, ist nicht identisch mit dem, was ist".[70] So kann auch diese Rede, dieses poetologische Glaubensbekenntnis ein wesentlicher Teil jener „vorgespielten Existenz" sein, die der Erzähler im Roman *Holzfällen* als Leitidee evoziert:

> Ich habe allen alles immer nur vorgespielt, ich habe mein ganzes Leben nur gespielt und *vor*gespielt, sagte ich mir auf dem Ohrensessel, ich lebe kein

---

[66] Günter Blöcker, Rede auf den Preisträger, in: Deutsche Akademie für Sprache und Dichtung Darmstadt. Jahrbuch 1970, Heidelberg / Darmstadt 1971, S. 74–82, hier S. 74 bzw. S. 76.

[67] Hennetmair, Ein Jahr mit Thomas Bernhard (Anm. 22), S. 30 bzw. S. 31.

[68] Bernhard, Meine Preise (Anm. 1), S. 111.

[69] Vgl. Franz Eyckeler, Reflexionspoesie. Sprachskepsis, Rhetorik und Poetik in der Prosa Thomas Bernhards, Berlin 1995, S. 70f.

[70] Bernhard, Meine Preise (Anm. 1), S. 124.

tatsächliches, kein wirkliches, ich lebe und existiere nur *ein vorgespieltes*, ich habe immer *nur ein vorgespieltes Leben gehabt*, niemals ein tatsächliches, wirkliches, sagte ich mir, und ich trieb diese Vorstellung so weit, daß ich schließlich an diese Vorstellung *glaubte*.[71]

Vielleicht gelingt es Bernhard nur in einer solchen Uneigentlichkeit, den Preis entgegenzunehmen und das Preisverleihungs-Spielchen artig mitzuspielen. So beobachtet Geno Hartlaub im *Deutschen Allgemeinen Sonntagsblatt*:

> Er sprach unbetont, mit Understatement und langem Atem, so wie er am Vorabend seine Prosa gelesen hatte: [...]. Souverän und selbstbewußt stand er die verschiedenen Zurschaustellungen seiner Person durch. Sein Gesicht mit den undurchdringlichen Augen blieb maskenhaft, nur ab und zu schlich sich ein sparsames Lächeln ein.[72]

Ganz ähnlich wird dies im literarischen Rückblick von Bernhard selbst geäußert: „ich wollte mir ja meine Deutschlandreise nicht stören lassen. Den Festakt hatte ich als Kuriosität auf mich zu nehmen".[73] Nun ist es Bernhard, der nicht gestört werden will und lieber den Musterschüler (Abb. 2) gibt, um die Zeremonie rasch hinter sich zu bringen. Das provokative Ethos ist gänzlich verschwunden, lebt als Erinnerung nur in der Laudatio Blöckers fort und wird von Bernhard performativ zurückgenommen: Er ist jetzt ein anderer, der sein Haupt neigt und beklatschen lässt.[74] Das Feuilleton ist enttäuscht oder vielmehr desillusioniert, wie die Reaktion Dieter E. Zimmers stellvertretend verdeutlicht:

> Thomas Bernhard feiern heißt ihn verachten oder zeigen, daß man ihn nicht verstanden hat. Es heißt: so ernst kann er es nicht gemeint haben. Und daß ein Autor wie Bernhard das Spiel mitspielt, heißt: so ernst habe ich es nicht gemeint. Daß wir alle erbärmlich, unzurechnungsfähig, verrückt seien, und nichts anderes sagt Bernhard in seinem Werk immer wieder, nichts anderes sagte er auch in seiner Darmstädter Dankesrede – das ist eine vielleicht nur zu wahre Erkenntnis, aber eine, die sich schlechterdings nicht beklatschen oder auszeichnen läßt. Und wenn sie Applaus bekommt und Applaus duldet, so nimmt sie sich selbst zurück und hat folglich keinen Applaus verdient.[75]

Bernhard selbst muss dies im Nachhinein allerdings ganz ähnlich gesehen haben, denn der leidenschaftliche Zeitungsleser, der mit Sicherheit den Artikel in der *ZEIT* zur Kenntnis genommen hat, resümiert in *Meine Preise* lakonisch: „Die Zeitun-

---

[71]   Bernhard, Holzfällen (Anm. 36), S. 67.

[72]   Geno Hartlaub, Negative Gegenschöpfung. Thomas Bernhard erhielt den Georg-Büchner-Preis, in: *Deutsches Allgemeines Sonntagsblatt* Nr. 43, 25.10.1970.

[73]   Bernhard, Meine Preise (Anm. 1), S. 112.

[74]   So schreibt auch Judith Ulmer: „Doch auch wenn große Teile des Publikums auf seine, in der Geschichte der Auszeichnung kürzeste Büchnerpreisrede ‚ratlos' und ‚verstört' reagierten, reichte das subversive Potential seines Beitrags nicht aus, ähnliche Reaktionen [wie bei der Staatspreisverleihung in Österreich; A.U.] hervorzurufen" (Ulmer, Geschichte des Georg-Büchner-Preises, Anm. 65, S. 248. Die beiden Zitate sind entnommen: RT, Die Todesangst als das Schöpferische, in: *Frankfurter Neue Presse*, 19.10.1970).

[75]   Vgl. Zimmer, Hurra, wir gehen unter! (Anm. 64).

gen schrieben über die damalige Preisverleihung, wenn auch aus unterschiedlichen Perspektiven und mit den unterschiedlichsten Mitteln etwa das, was ich
selbst dachte."[76] Letztlich blieb er also beim Büchnerpreis – um beim Bild der
epideiktischen ‚Gurte' zu bleiben – brav angeschnallt.

Einen eleganten Ausweg aus diesem Dilemma findet Thomas Bernhard
übrigens bei der Verleihung des Literaturpreises der Bundeswirtschaftskammer
im Jahr 1976 für den autobiographischen Roman *Der Keller*. Diesen nimmt er,
schenkt man der Schilderung in *Meine Preise* Glauben, nicht in der Rolle des Schriftstellers Bernhard, sondern in der Rolle des Kaufmannslehrlings Bernhard an und
fühlt sich von vornherein unter den „ehrwürdigen Herren des Kaufmannsstandes
ungeheuer wohl".[77] In dieser Rolle kann Bernhard die Feierlichkeit mit einer unge-
ahnten Ungezwungenheit, man möchte fast sagen: Natürlichkeit, erleben. Dass er
auch bei dieser Gelegenheit eine Rede hält, die sich mit der gegenwärtigen Situation
des Theaters befasst und ihn daher vor allem als Dramatiker vorstellt und nur am
Rande als „gelernten Kaufmann und Landwirt",[78] wird in *Meine Preise* schlicht ver-
schwiegen. Dies macht aufs Neue deutlich, welchen Zwängen und ‚unsichtbaren'
Gurten nicht nur die Festrede, sondern auch das selbstgewählte, äußerst komplexe,
immer wieder neu sich verweigernde rhetorische Ethos des Redners und Schriftstellers Thomas Bernhard unterliegt. Sich ‚abzuschnallen' und zu befreien, gelingt
Bernhard letztlich erst mit seiner eigenen finanziellen Unabhängigkeit, die ihm
erlaubt, gewissermaßen aus dem ‚Wagen' des literarischen Auszeichnungsbe-
triebs auszusteigen – und damit auch seinem gewünschten Ethos als Schriftsteller, der sich vom Kulturbetrieb nicht „auf den Kopf machen lässt", gerecht
zu werden.[79] In *Meine Preise* ist dies noch mehr oder weniger eine Utopie: Der
Erzähler beklagt sich, er sei schlichtweg „zu schwach, um nein zu sagen", und es sei
„auch kein Weg", die Preissumme „an die Häftlingsfürsorge in Stein" zu spenden.
So wird als Konsequenz ganz im Sinne der Selbstdarstellung formuliert: „Auch solche Aktionen, die mit einem sogenannten sozialen Aspekt verbunden sind, sind
letztenendes nicht frei von Eitelkeit, Selbstbeschönigung und Heuchelei. Die Frage
stellt sich mir ganz einfach nicht mehr, die einzige Antwort ist die, sich nicht mehr
ehren zu lassen."[80] Tatsächlich vermerkt die *Süddeutsche Zeitung* einige Jahre später in
einer kurzen Notiz, der Schriftsteller Thomas Bernhard lege „Wert auf die Feststel-
lung", den Premio Antonio Feltrinelli abgelehnt zu haben: „Seit vielen Jahren
nehme er überhaupt keine Preise und Auszeichnungen an."[81]

---

[76]   Bernhard, Meine Preise (Anm. 1), S. 114.
[77]   Ebd., S. 102.
[78]   Thomas Bernhard, Ist das Theater nicht mehr, was es war? Ein Beitrag zur Dürre, in:
Frankfurter Allgemeine Zeitung, 03.11.1976. Die Rede ist unter dieser Überschrift als Debattenbei-
trag abgedruckt. Dass sie beim Bundeswirtschaftskammerpreis gehalten wurde, geht aus den
Entwürfen im Thomas-Bernhard-Archiv hervor.
[79]   Vgl. auch Stiller, Literatur als Lotterie (Anm. 6), S. 69f.: „Die Handvoll Erfolgsschriftsteller,
die es sich leisten kann, über die Preisablehnung nachzudenken, verbindet damit […] Probleme der
Imagebildung."
[80]   Bernhard, Meine Preise (Anm. 1), S. 100f.
[81]   Vgl. *Süddeutsche Zeitung* (Anm. 2).

Anne Betten

Kerkerstrukturen.
Thomas Bernhards syntaktische Mimesis

1. Metasprachliche Reflexion und sprachliche Mimesis in Thomas Bernhards Syntax

Als ich mich Anfang der 1980er Jahre im Rahmen meiner Habilitationsschrift über *Sprachrealismus im deutschen Drama der siebziger Jahre* mit der Dramensprache Thomas Bernhards zu beschäftigen begann,[1] lag bereits ein umfangreiches Werk des Autors vor, das nicht nur bei Spezialisten berühmt war. Als Sprachwissenschaftlerin interessierten mich besonders zwei Phänomene, die auch bei anderen Bernhard-Forschern zentrale Beachtung fanden, nämlich die Bauweise / Strukturen seiner ausladenden Wort- und Satzungetüme.[2] Bei den interpunktionslos, aber in Versschreibung präsentierten Dramendialogen bzw. -monologen stand damals vor allem die Frage nach der Künstlichkeit oder Natürlichkeit des von Thomas Bernhard entwickelten Redestils im Vordergrund. Zunächst wurde diese Frage sowohl aufgrund des bis dahin vorliegenden Oeuvres (heute großenteils dem Frühwerk zugerechnet) als auch aufgrund der metasprachlichen Kommentare des Autors selbst, der immer wieder auf die Künstlichkeit seiner nach mathematischen und musikalischen Prinzipien konstruierten Sprache hinwies, meist ausschließlich zugunsten der Künstlichkeit entschieden. Zumindest für Bernhards Dramensprache der 1970er Jahre habe ich damals auf Ähnlichkeiten der Textprogression und der Doppeldeutigkeit der Strukturen bzw. der Schwierigkeiten einer eindeutigen Segmentierung des Redestroms mit spontan gesprochener Sprache hingewiesen. Auch die vielen Wiederholungen und modifizierenden Paraphrasen, die sowohl in unmittelbarer Folge als auch weiträumig über die Rede verstreut sein können – ebenso wie ihr stilistisches Gegenteil, nämlich die Tendenz zur Verknappung und Aussparung, zur Ellipse oder zum Satzabbruch, sind für Bernhards Texte so charakteristisch wie für sponta-

---

[1] Vgl. Anne Betten, Sprachrealismus im deutschen Drama der siebziger Jahre, Heidelberg 1985, speziell zu Thomas Bernhard: S. 377ff.

[2] Mit einem Überblick über die damalige Forschung zu Bernhards Satzbau s. ebd., S. 378ff.; zu Bernhards Substantiv-Komposita s. Anne Betten, Die Bedeutung der Ad-hoc-Komposita im Werk von Thomas Bernhard, anhand ausgewählter Beispiele aus „Holzfällen. Eine Erregung" und „Der Untergeher", in: Brigitte Asbach-Schnitker / Johannes Roggenhofer (Hgg.), Neuere Forschungen zur Wortbildung und Historiographie der Linguistik. Festgabe für Herbert E. Brekle zum 50. Geburtstag, Tübingen 1987, S. 69–90; zu Nominalstil, Komposita, Neologismen vgl. ferner Christian Klug, Thomas Bernhards Theaterstücke, Stuttgart 1991, speziell S. 115–133.

nes Sprechen.[3] Spätestens seit Bernhards berühmten Interviews mit Krista Fleischmann[4] hat es dann viele Überlegungen gegeben, ob das spontane Monologisieren Bernhards als zumindest teilweise identisch mit dem „lockerer" gewordenen Redestil im mittleren und späten Werk des Autors gesehen werden könnte.[5]

Diese Beobachtungen treffen großenteils auch auf den Prosastil Thomas Bernhards zu, mit dessen Eigentümlichkeiten und Variationsbreite ich mich in der Folgezeit beschäftigt habe. In *Thomas Bernhards Syntax: keine Wiederholung des immer Gleichen*[6] ging es mir unter anderem um eine Auseinandersetzung mit dem schon in einigen Arbeiten behaupteten „mimetischen Charakter" von Bernhards Schreibweise; dabei sollte sowohl die nach Bernhards Tod sich in der Forschung herauskristallisierende Unterscheidung von grob drei Werkphasen[7] Berücksichtigung finden als auch die Erkenntnis, dass Bernhard sich für jedes Werk eine eigene Schreibweise erarbeitete.

In Bernhards Prosawerk finden sich bekanntlich sehr viele metasprachliche Reflexionen der unterschiedlichen Erzählinstanzen zu ihren eigenen Formulierungen oder denen anderer, darunter auch solche, die sich auf die Länge oder Kürze oder sonstige Struktureigenschaften von Sätzen beziehen. Wenngleich verfremdet oder karikierend als Zitat, bezeugen sie doch die hohe Aufmerksamkeit des Autors auf seine sprachliche Konstruktionsarbeit.[8] Das folgende Beispiel verweist auf die Beachtung abweichender Satzlängen (Unterstreichung, A. B.):[9]

---

[3]   Vgl. Betten, Sprachrealismus (Anm. 1), S. 381ff. mit dem Vergleich einer Passage aus *Der Weltverbesserer* (1980) mit zwei Transkripten spontaner Unterhaltungen. Mit einer zusammenfassenden generellen Diskussion vgl. auch Anne Betten, Thomas Bernhard unter dem linguistischen Seziermesser. Was kann die Diagnose zum Verständnis beitragen? in: Martin Huber / Wendelin Schmidt-Dengler (Hgg.), Wissenschaft als Finsternis? Wien / Köln / Weimar 2002, S. 181–194, speziell S. 184f.

[4]   Thomas Bernhard – Eine Begegnung. Gespräche mit Krista Fleischmann, Wien 1991 (*Monologe auf Mallorca* [1981], *Holzfällen* [Wien 1984], *Die Ursache bin ich selbst* [Madrid 1986]).

[5]   So konstatiert u.v.a. Claude Haas, Arbeit am Abscheu. Zu Thomas Bernhards Prosa, München 2007, S. 12, dass Bernhards Syntax Ende der 1970er Jahre an Komplexität verliere, wenngleich weiterhin „Bernhard-Sätze" unverwechselbar bleiben.

[6]   Anne Betten, Thomas Bernhards Syntax: keine Wiederholung des immer Gleichen, in: Karin Donhauser / Ludwig Eichinger (Hgg.), Deutsche Grammatik – Thema in Variationen. Festschrift für Hans-Werner Eroms zum 60. Geburtstag, Heidelberg 1998, S. 169–190.

[7]   Manfred Mittermayer, Thomas Bernhard, Stuttgart / Weimar 1995, untergliedert das Frühwerk in zwei Phasen, die zweite Phase von *Watten* (1969) bis *Korrektur* (1975); danach setzt er den ersten großen Einschnitt („Extrem- und Wendepunkt") mit der Autobiographie und schließlich die spätere Prosa, die nicht mehr „die sprachliche Beziehungsdichte seiner frühen Erzählungen" erreiche, dafür aber „in der Darstellung psychischer Mechanismen umso präziser sei": Ebd., S. 29, 81f., 94 (mit Zitat von Klug, Thomas Bernhards Theaterstücke [Anm. 2], S. 32).

[8]   Vgl. mit Autor-Kommentaren zu unterschiedlichen Phänomenen u.a. Betten, Thomas Bernhards Syntax (Anm. 6), S. 171ff.

[9]   Die ersten Beispiele 1 bis 8 sind in anderem Kontext bereits besprochen in Betten, Thomas Bernhards Syntax (Anm. 6), und Betten, Thomas Bernhard unter dem linguistischen Seziermesser (Anm. 3).

(1) [...] <u>dann wieder ungewöhnlich kurze Sätze</u>, die das Gleichgewicht des Denkens wiederherstellen ... in ununterbrochener Verstandes- und Körperbeherrschung auf den Mittelpunkt bezogen sprechen[10]

Das nächste Beispiel aus *Korrektur* ist dem Erzähler als Beobachtung zu Roithamers Sprache in den Mund gelegt. Die Beschreibung kann – wie viele ähnliche – sicher weitestgehend als Zeugnis für Bernhards eigene Sprachkonzeption und Formulierungsarbeit gelten:

(2) [...] in seiner ständig auf Aufklärung und gleichzeitiger Prüfung des Gegenstandes bedachten Formulierungskunst, immer während er seinen ureigenen Gegenstand, die Naturwissenschaft, sich in jedem Augenblicke der Beschäftigung mit diesem Gegenstand <u>neu eroberte und zurückeroberte</u>, wie jedes Denken sich in jedem Augenblicke alles vorher Gedachte <u>immer neu zurück- und herauferobern</u> muß[11]

Daraus abzuleitende enge Bezüge zwischen dem Beschreibungsgegenstand und der dafür gewählten Beschreibungsweise wurden bereits in verschiedenen Werkanalysen herzustellen versucht. Schon früh hat Wendelin Schmidt-Dengler in seinen stets auf konkrete Sprachphänomene bezogenen, ebenso zahlreichen wie wegweisenden Arbeiten zu Bernhards Werken auf Zusammenhänge von Sprachform und -gehalt aufmerksam gemacht. Michaela Holdenried geht in einem Aufsatz über Bernhards „Kürzestprosa" in Anlehnung an Schmidt-Dengler auf derartige mimetische Bezüge ein. So nehme zum Beispiel in dem Text *Eine Maschine* die „parataktische Sprachform [...] in äußerster Lakonie die Funktionsweise der Maschine" auf: Die „Mechanik des Tötens" dieses einer Guillotine ähnlichen Apparats werde als „fabrikmäßige Produktion des Schreckens" dargestellt. In der Romanprosa hingegen seien es die „labyrinthischen Satzverschlingungen", die das „sogartige Hineinziehen in das Geschehen" bewirken.[12]

Für den aus etwa der gleichen Zeit, vor 1960, stammenden Prosatext *In der Höhe* hat Sahbi Thabti wiederum ganz andere Sprechmuster herausgearbeitet, die durch ständige Wiederholung sprachlicher Kontraktion und anschließender Auflösung in Einzelelemente eine ununterbrochene „Alternanz von Höhen und Tiefen" gestalten und den „Eindruck von Dynamik und Fortschreiten in Raum und Zeit" erwecken, was in Bezug zum Thema des Textes gesetzt wird.[13]

---

[10] Thomas Bernhard, Ungenach, in: Ders., Werke, hg. v. Martin Huber / Wendelin Schmidt-Dengler, Bd. 12, Erzählungen II, hg. v. Hans Höller / Manfred Mittermayer, Frankfurt a. M. 2006, S. 8–71, hier S. 53.

[11] Thomas Bernhard, Korrektur, in: Ders., Werke, Bd. 4, hg. v. Martin Huber / Wendelin Schmidt-Dengler, Frankfurt a. M. 2005, S. 52.

[12] Michaela Holdenried, Pointen der Vergeblichkeit. Thomas Bernhards Kürzestprosa (*Ereignisse* [1957/69]; *Der Stimmenimitator* [1978]), in: *Euphorion* 100 (2006), S. 245–265, hier S. 250f.

[13] Sahbi Thabti, Die Paraphrase der Totalität. Zum Verhältnis von Denken und Sprechen in Thomas Bernhards *In der Höhe*, in: *Wirkendes Wort* 44, 2 (1994), S. 296–315, hier S. 305f.

Auch Christian Klug hat in seinem Buch zu Bernhards Dramen[14] und in einem
Aufsatz zum Roman *Frost*[15] Beispiele dafür angeführt, dass Bernhard vor allem in
vielen den Dramenmonologen vorangehenden Prosamonologen mentale Prozesse
mimetisch nachzuzeichnen versucht hat. Im Prosatext *Gehen* (1971) zum Beispiel
sieht er dies durch „Analogisierung und metaphorische[.] Transposition von
Raumvorstellungen in den Bereich des Denkens" realisiert: die Monologisierenden
empfänden sich „als zum ewigen Ausschreiten ihrer Denkgebäude Verurteilte".[16]
Gerade beim Text *Gehen* (öfters als das „formal wohl avancierteste[.] Prosastück
Bernhards"[17] bezeichnet) sind die Interpreten nicht um die Parallelen zwischen
Form und Gehalt herumgekommen. Zur Illustration diene der oft analysierte An-
fang des Textes:

> (3)   Während ich, <u>bevor Karrer verrückt geworden ist</u>, nur am Mittwoch
>   mit Oehler gegangen bin, gehe ich jetzt, <u>nachdem Karrer verrückt
>   geworden ist</u>, auch am Montag mit Oehler. Weil Karrer am Montag
>   mit mir gegangen ist, gehen Sie, nachdem Karrer am Montag nicht
>   mehr mit mir geht, auch am Montag mit mir, sagt Oehler.[18]

Schmidt-Dengler, der verschiedene frühere Ansätze der Gehen-Denken-
Parallele diskutiert hat, plädiert dafür, „von der Beobachtung der Sprache" her
„das zentrale Ereignis dieses Textes" zu deuten.[19] Besonders nachdrücklich und
eindrucksvoll hat dies Franz Eyckeler unternommen. Ein Ziel seines Buches
Reflexionspoesie ist es, den „Sprachsog", der von Bernhards Texten ausgeht,
durch die in jedem Werk anders komponierten Stilmittel und deren „verein-
nahmende Wirkung auf den Leser" zu erklären: und das, „obwohl ihm gerade
die üblichen, die Lektüre begünstigenden und befördernden Mittel", wie zum
Beispiel „Sinnzusammenhänge voneinander trennende Absätze und Kapitel",
„Abwechslungsreichtum in der Darstellung sowie Spannungsreichtum vor-
enthalten werden", während im Gegenteil an deren Stelle oft inhaltliche und
sprachliche „Redundanz und Monotonie" treten.[20] Ähnlich weist auch Schmidt-

---

14   Klug, Thomas Bernhards Theaterstücke (Anm. 2).
15   Vgl. Christian Klug, Thomas Bernhards Roman „Frost" (1963): Problemgehalt, Erzähl-
technik und literaturgeschichtlicher Standort, in: Manfred Brauneck (Hg.), der deutsche roman
nach 1945. themen, texte, interpretationen, Bamberg 1993, S. 119–134.
16   Klug, Thomas Bernhards Theaterstücke (Anm. 2), S. 117.
17   Nach Franz Eyckeler, Reflexionspoesie. Sprachskepsis, Rhetorik und Poetik in der
Prosa Thomas Bernhards, Berlin 1995, S. 80 (mit Zitat von Willi Huntemann 1990).
18   Thomas Bernhard, Gehen, in: Ders., Werke, hg. v. Martin Huber / Wendelin Schmidt-
Dengler, Bd. 12, Erzählungen II, hg. v. Hans Höller / Manfred Mittermayer, Frankfurt a. M.
2006, S. 141–227, hier S. 143.
19   Wendelin Schmidt-Dengler, Von der Schwierigkeit, Thomas Bernhard zu lesen. Zu
Thomas Bernhards *Gehen*, in: Manfred Jurgensen (Hg.), Thomas Bernhard: Annäherungen, Bern
1981, S. 123–142. Hier zitiert nach dem im Titel veränderten und bibliographisch aktualisierten
Wiederabdruck: Wendelin Schmidt-Dengler, Von der Schwierigkeit, Bernhard beim Gehen zu
begleiten, in: Ders., Der Übertreibungskünstler. Zu Thomas Bernhard, 3., erw. Aufl., Wien 1997,
S. 36–58, hier S. 50.
20   Eyckeler, Reflexionspoesie (Anm. 17), S. 76.

Dengler gerade in seinem Beitrag zu *Gehen* darauf hin, dass der Leser sich nur selten erklären könne, „warum ihn der Text fesselt, weist dieser doch so viele Momente auf, die sonst bei der Lektüre abstoßend wirken".[21]

Eyckeler analysiert genau, wie in den Anfangssätzen von *Gehen* der „Keim aller späteren rhetorisch-stilistischen Figuren" dieses Textes „in Gestalt des stilbildenden Parallelismus angelegt" ist: Bei „bevor Karrer verrückt geworden ist" wird nur die Partikel *vorher* ausgetauscht durch ihr genaues Gegenteil: *nachher.* Der zweite Satz sei *in toto* die Parallele des ersten, durchbreche aber „die Strenge des Parallelismus" und führe gleichzeitig eine zweite Perspektive ein: Während im ersten Satz der Ich-Erzähler spricht, spricht im zweiten die Figur Oehler „und wiederholt aus ihrer Perspektive den propositionalen Gehalt des ersten (Erzähler-)Satzes, variiert ihn aber sogleich".[22] Der Leser erhalte durch den Ich-Erzähler und Oehler „den Eindruck von Karrers anscheinend stringent und unausweichlich in den Wahnsinn führenden ‚Denken' [...]. Gleichzeitig werden Erzähler und Leser gewahr, daß Oehler in genau derselben Gefahr schwebt. Und in fortlaufender Konsequenz mit ihm der Ich-Erzähler – und auch der Leser selbst."[23]

An Eyckelers Analysen zu der „je spezifische[n] Kongruenz von Form und Gehalt" – wobei er besonders betont, dass „kaum mehr als zwei oder drei Texte zu einer Gruppe zusammengefaßt werden können"[24] – finde ich besonders überzeugend, dass nach seinem Verständnis die Form bei Bernhard nicht nur den Inhalt bzw. die Mitteilungsabsicht des Autors zu „spiegeln" versuche – wie es die meisten Interpreten ausdrücken –, sondern diese „mehr noch" vollziehe.[25]

Ich selbst habe an verschiedenen Prosastücken Bernhards zu zeigen versucht, wie gerade durch die Syntax die Textaussagen nicht nur abgebildet, sondern mit-kreiert werden.[26] Die folgenden Beispiele (4 bis 8) entstammen Werken, die in enger zeitlicher Nähe entstanden sind, aber stilistisch zum Teil ganz unterschiedliche Wege gehen.

Amras (1964) und *Ungenach* (1968) sind Texte, in denen Bernhard häufig mit der Setzung von drei Pünktchen arbeitet:

(4) ... Wir verschoben dann [...] unter närrischen, konfusen Zurufen, Sätzezerbröckelungen, [...] immer wieder die Tische und Sessel und Bänke und Kasten im Turm ... [27]

21   Schmidt-Dengler, Von der Schwierigkeit, Bernhard beim Gehen zu begleiten (Anm. 19), S. 38.

22   Eyckeler, Reflexionspoesie (Anm. 17), S. 82.

23   Ebd., S. 81.

24   Ebd., S. 75, Anm. 9.

25   Ebd., S. 79.

26   Vor allem in Betten, Thomas Bernhards Syntax (Anm. 6).

27   Thomas Bernhard, Amras, in: Ders., Werke, Bd. 11, Erzählungen I, hg. v. Martin Huber / Wendelin Schmidt-Dengler, Frankfurt a. M. 2004, S. 109–179, hier S. 122.

(5) … und ich entschloß mich, […] den Notar Moro aufzusuchen …
     … dem ich meine Absicht […] mitgeteilt habe …
     und dem diese meine Absicht, wie ich sofort nach den ersten Sät-
     zen, die Moro in seiner Kanzlei zu mir <u>gesprochen hat, erkannt ha-
     be, schon völlig vertraut war</u> und der […][28]

In Beispiel (4) führt diese Schreibweise, zusammen mit vielen Satzabbrüchen
und Satzfragmenten, das Thema des Textes, das „Zerbröckeln" der Welt vor
Augen, metasprachlich auch durch „Sätzezerbröckelungen" kommentiert. – In
Ungenach (Bsp. 5 und schon Bsp. 1) wird diese Technik dann verbunden mit
bzw. kontrastiert von sehr komplexen Sätzen. Beide Satztypen sind Gemütszu-
ständen zugeordnet. Auch hier geht es um Auflösung, Verrücktwerden, Tod; dem
entsprechen einerseits Satzabbrüche, andererseits aber auch extreme Satz-
verschachtelungen, wie zum Beispiel in Beispiel (5), wo der Erzähler seine Ankunft
in Ungenach beschreibt. Der Satz ist zwar auf drei Absätze verteilt, die durch die
Pünktchen noch mehr isoliert scheinen (eine Schreibweise, die Bernhard kurz darauf völlig aufgibt), syntaktisch aber durch Relativsätze, die sich auf den (in Zeile 1
genannten) Notar Moro zurückbeziehen, eng verzahnt sind. Im dritten Absatz wird
der Relativsatz durch zwei weitere, in ihn eingelagerte abhängige Sätze ausgebaut,
deren Prädikate dann – wie in einer bestimmten Periode von Bernhard bevorzugt
praktiziert – unmittelbar hintereinander abgearbeitet werden und somit direkt aufeinander stoßen (s. Unterstreichung, A. B.). Obwohl grammatikalisch korrekt, sind
sie quasi unverständlich, d.h. sie verstoßen, wie fast alle auffälligen Konstruktionen
Bernhards, nicht gegen grammatische, wohl aber gegen kommunikative und stilistische Normen. Ins Zentrum rückt daher ihre stilistische Wirkung: sie verkörpern
gleichsam, was die Termini Klammer- oder Schachtelsatz besagen. Derartige Verschachtelungen drücken u.a. die Gemütslage aus, die der Erzähler in *Ungenach* in
den Notizen seines ermordeten Halbbruders Karl beschrieben findet, wo explizit
auch das Wort *eingekerkert* verwendet wird (Fettsetzung, A. B.), dessen Umsetzung
in syntaktische Strukturen sich der Hauptteil meines Beitrags widmen soll:

(6) … weil ich in dem Gedanken **eingekerkert** bin, nur mehr noch in Afri-
     ka existieren zu können […].[29]

2. Die formale Gestaltung der Kerkerthematik

Die folgenden Beispiele aus *Verstörung* stehen als erste Exempel, wie Bernhard in
seinen im Laufe der 1960er Jahre immer komplexer werdenden Satzgebäuden die
Kerkerthematik[30] sprachlich abbildet bzw. Gefühle des Eingeschlossenseins evoziert.

---

[28]   Bernhard, Ungenach (Anm. 10), S. 10.
[29]   Ebd., S. 37.
[30]   Die Kerker-Metapher zieht sich durch Bernhards gesamtes Werk bis zu *Auslöschung*, vgl.
u.v.a. Schmidt-Dengler, Von der Schwierigkeit, Bernhard beim Gehen zu begleiten (Anm. 19), hier S.

In Beispiel (7) begleitet der Berichterstatter seinen Vater, einen Arzt, zu einer schwer misshandelten Gastwirtsfrau, deren stumpfsinnig-brutaler Mann mit schuld ist, dass jede Rettung zu spät kommt. In der Wiedergabe der Rede des Vaters wird die Ausweglosigkeit der in diesem Milieu gefangenen Frau(en) durch die Verschachtelung der Sätze in sprachliche Strukturen umgesetzt, die diese gleichsam materiell erfahrbar machen:

> (7) Es erscheine ihm immer als eine ungeheuere Roheit der Gastwirte, <u>daß sie ihre Frauen</u>, <u>während</u> sie selber meistens schon früh, <u>weil</u> den ganzen Tag über durch ihre Fleischhauerei, ihren Viehhandel, ihre Landwirtschaft überanstrengt, ins Bett gehen, in den, <u>weil</u> ja nur an das Geschäft gedacht wird, bis in der Frühe offenen Gaststuben <u>sich selbst und einer Männerwelt überlassen</u>, die mit dem fortschreitenden Alkoholkonsum gegen den Morgen zu immer weniger wählerisch ist in den Mitteln der Brutalität, sagte mein Vater[...].[31]

Ein zusätzliches Rahmenelement wird hier noch durch die abschließende *inquit*-Formel hinzugefügt. Diese besonders in *Verstörung* exzessiv verwendete Technik hat zwar überwiegend andere Funktionen (Mehrfachperspektivierung etc.),[32] kann jedoch auch eine Art von Eingekapseltsein signalisieren, wenn mehrere *inquit*-Formeln unmittelbar aufeinanderstoßen und die wiedergegebenen Reden sozusagen ein- bzw. voneinander abkapseln: Umso deutlicher zeigt sich dann, dass in der Welt der Bernhard'schen Figuren ein dialogischer Austausch und Offenheit nicht möglich sind. Im vorliegenden Beispiel ist die Formel jedoch nur einfach gebraucht, daher weniger „einschließend", als vielmehr die Erzählperspektive verdoppelnd (der im Hintergrund bleibende Ich-Erzähler, die erzählende Figur: der Vater, die „erzählten" Figuren: die Gastwirte und ihre Frauen).

Während in (7) mehrere durch die Subjunktionen *daß, während, weil, weil* eingeleitete Gliedsätze ineinander verschachtelt sind, wird einige Textzeilen später diese tödliche Verstrickung der Gastwirtsfrauen durch eine fast den gesamten Satzumfang ausmachende Attributkonstruktion zum Ausdruck gebracht, die quasi umzingelt ist vom Artikel *die* (Zeile 1), der die Subjekt-Nominalphrase eröffnet, und dem zugehörigen Subjektnomen *Frau* (bzw. mit Adjektiv: *eigene Frau*), das erst wesentlich später, fast am Satzende steht, nur noch gefolgt vom Gleichsetzungsnominativ *das Opfer*:

> (8) Nicht selten ist <u>die von einem Gastwirt auf die widerwärtigste Weise zu den Besoffenen zu dem alleinigen Zweck, ihnen unter allen Umständen das Geld aus den Taschen herauszuziehen und den billig-</u>

49ff. zu *Watten* und *Gehen*, oder Hans Höller, Kritik einer literarischen Form. Versuch über Thomas Bernhard, Stuttgart 1979, S. 72f. zu *Verstörung*.

[31] Thomas Bernhard, Verstörung, in: Ders., Werke, Bd. 2, hg. v. Martin Huber / Wendelin Schmidt-Dengler, Frankfurt a. M. 2003, S. 12f.

[32] Vgl. u.a. Anne Betten, Monolog statt Dialog oder Dialog im Monolog? Zur Dialogtechnik Thomas Bernhards, in: Anne Betten / Monika Dannerer (Hgg.), Dialogue Analysis IX: Dialogue in Literature and the Media. Selected Papers from the 9th IADA Conference, Salzburg 2003. Part 1: Literature, Tübingen 2005, S. 27–45.

sten Brand in ihre widerstandslosen Därme hineinzupressen, auf
verlängerte halbe und ganze Nächte, auch in ihrer ordinären Art
hilflos in das Gastzimmer kommandierte eigene Frau das Opfer.[33]

Dieser, wie psycholinguistisch nachgewiesen, äußerst schwer verständliche
linksverzweigende Konstruktionstyp prägt gerade in den 1960er Jahren neben
den hypotaktisch organisierten Nebensatzverschachtelungen den Satzbaustil
von Bernhards Texten, die ausnahmslos und ausweglos die Themen Krankheit,
Tod, Verfall umkreisen,[34] wobei die bedeutungstragenden Begriffe bzw. die in
Teilsätzen, Infinitiv- oder Partizipialkonstruktionen ausgedrückten Gedanken,
Beschreibungen etc. von den jeweiligen Klammerkonstruktionen gleichsam umzingelt, eingeschlossen werden.

Im Folgenden werde ich nun an einem Text, der aus derselben Schaffens-
periode Bernhards wie die bisherigen Beispiele stammt, die „Kerker-Mimesis"
in den Mittelpunkt der Betrachtung rücken. Der Text *Das Verbrechen eines Innsbrucker Kaufmannssohns* wurde erstmals 1965 in der *Frankfurter Allgemeinen Zeitung* abgedruckt und erschien 1967 unter dem Titel *Prosa* in einer überarbeiteten Fassung
mit einigen anderen Erzählungen, die zwischen 1963 und 1967 geschrieben worden
waren – also zwischen *Frost* (1963) und *Verstörung* (1967). Die Kürze des gewählten
Textes (14 Seiten in der Werkausgabe[35]) erlaubt es, Beispiele quer durch den ganzen
Text zu erfassen. Somit entsteht auch ein gewisser Eindruck von der Frequenz
bzw. der textprägenden Dichte der Phänomene und der Bedeutung dieses Stilmu-
sters.

Das Verbrechen, von dem im Titel die Rede ist, besteht darin – so Klug in
einer kurzen Zusammenfassung –, dass der Innsbrucker Kaufmannssohn Georg als Krüppel geboren wurde: „Seine Eltern rächen sich dafür an ihm, indem
sie ihn misshandeln. Sie verstehen sich ihrerseits als Opfer eines Unrechts, das
die Natur an ihnen verübt habe."[36] Die Geschichte wird von seinem während
des Studiums in Wien mit ihm zusammenlebenden Zimmergenossen erzählt.
Der Erzähler ist Student der Jurisprudenz, Georg Student der Pharmazie. Obwohl vom Selbstmord Georgs erst auf der letzten Seite die Rede ist, deutet der
vorangehende Text durch alles, was und wie erzählt wird, auf diese Katastrophe
hin; dasselbe gilt für den abschließenden Schuldspruch des Ich-Erzählers, der in
den letzten Sätzen dem Vater, den er nun erstmals zu Gesicht bekommt, die
Schuld am Selbstmord Georgs als „Konsequenz einer fürchterlichen Kindheit"

---

[33]   Bernhard, Verstörung (Anm. 31), S. 13.

[34]   Vgl. u.v.a. Klug, Thomas Bernhards Roman „Frost" (Anm. 15), S. 128.

[35]   Vgl. Thomas Bernhard, Das Verbrechen eines Innsbrucker Kaufmannssohns, in: Ders.,
Werke, hg. v. Martin Huber / Wendelin Schmidt-Dengler, Bd. 14, Erzählungen. Kurzprosa, hg. v.
Martin Huber / Hans Höller / Manfred Mittermayer, Frankfurt a. M. 2003, S. 62–75; im Folgenden
wird auch aus dem Kommentar von Hans Höller in Thomas Bernhard, Erzählungen, Frankfurt a. M.
2001 (Suhrkamp BasisBibliothek 23) zitiert; Kommentar Hans Höller S. 93ff., speziell zum Text *Das
Verbrechen* S. 125–133. Zur Textgeschichte S. 125f.

[36]   Klug, Thomas Bernhards Roman „Frost" (Anm. 15), S. 122.

zuschreibt.[37] Hans Höller kommentiert, dass der Erzähltext „auch ohne diesen abschließenden Schuldspruch [...] durchgehend mit einer extremen sprachlichen Überdeterminiertheit" auf diese Katastrophe hindeutet: „Georg war auf immer gefangen im ‚Kinderkerker zu Innsbruck'", „die erlittene Gewalt der Kindheit" sei seinem Körper für immer eingeschrieben gewesen, „das weitere Leben stellt nur die Wiederholung der Muster, Rollen, Szenen der Kindheitsbühne dar." Und Höller schließt: „Diese exzessive Poetik des Raums hat ihre erzählerische Logik darin, dass sie den ‚Wahnsinn der Ausweglosigkeit' [...] inszeniert, dem der Icherzähler wie sein Gegenüber verfallen sind."[38]

Aber nicht nur die Semiotik der „Raumbilder" (Höller), sondern auch die sprachlichen Strukturen, mittels derer die – durch die für Bernhard typischen Strategien der Wiederholung, Hyperbolik etc. aufs äußerste intensivierten – Wort- und Textbedeutungen syntaktisch organisiert, zueinander in Bezug gesetzt und fokussiert werden, steuern zur Wirkung auf den Rezipienten Entscheidendes bei. Wie in allen Texten Bernhards werden hier einige Formtypen besonders exzessiv verwendet, denen die Aufmerksamkeit im Folgenden gilt.

2.1 Verschiedene Strukturtypen der Klammerbildung

Zunächst seien nochmals (wie schon oben Bsp. 5, 7, 8) einige Schachtelsatztypen angeführt, die auch hier die Ausweglosigkeit der Situation des Protagonisten verdeutlichen. So zum Beispiel ein Bericht Georgs über seine „erziehungsunfähige" Mutter:

> (9) Völlig »erziehungsunfähig« habe sie, die er jetzt, nach Jahren, weil er durch viele Gebirge von ihr getrennt war, in seiner Wiener Studienzeit in einem milderen Licht zu sehen sich einbildete, sich immer gänzlich, was Georg betraf, dem stärkeren Teil der Familie, also dem Vater und den Schwestern gefügt.[39]

Der grammatische Satzkern ist: *habe sie* [...] *sich* [...] *gefügt*, alles andere sind Ausbauelemente, in die allerdings eine Fülle von Informationen hineingepackt ist. Vor allem die eingeschobenen Nebensätze, die mehrfach ineinander verschachtelt sind, erzeugen eine gewisse Verwirrung, die durchaus der Verwirrung der Mutter, die keine eigene Position einzunehmen wagte, sondern sich orientierungslos nach den anderen richtete, entsprechen mag – aber auch der veränderten Perspektive, mit der der Sohn jetzt aus der Ferne auf sie blickt.

Der schon angesprochene Schlusssatz des Textes ist zwar auch umfangreich, folgt aber ganz anderen Strukturprinzipien:

> (10) Wie sich aber meine Augen an die Finsternis gewöhnt hatten und auch die Finsternis auszunützen verstanden, und diese Schärfe mei-

---

37 Höller, Kommentar (Anm. 35), S. 126.
38 Ebd.
39 Bernhard, Das Verbrechen eines Innsbrucker Kaufmannssohns (Anm. 35), S. 65.

> ner Augen werde ich niemals vergessen, sah ich, <u>daß dieser Mensch,</u>
> der einen schwarzen Überrock mit einem ausgeschlagenen Schafspelz
> anhatte, <u>daß dieser Mensch,</u> der den Eindruck erweckte, in Eile zu sein
> und alles von Georg auf einen Haufen zusammenwarf, um es fortzu-
> schaffen, <u>daß dieser Mensch und daß alles, was mit diesem Manne in
> Zusammenhang stand,</u> an dem Unglück Georgs, an der Katastrophe die
> Schuld trug.[40]

Im Vorfeld des Satzes wird zunächst das als Prädikat folgende ‚Sehen' (in der
Satzform *sah ich*) als ein Vorgang von absoluter Schärfe und Unbestechlichkeit
ausgewiesen, und danach das Objekt dieses Sehens, *dieser Mensch* (nämlich Georgs Vater) in dreifacher Klimax mit wörtlich wiederholten Anfängen des *daß-*
Satzes, dessen Subjekt *dieser Mensch* ist, gleichsam ins Visier genommen. Dabei
rücken schrittweise seine äußere Erscheinung, sein Handeln und die Beziehung
zum Unglück seines Sohnes in den Fokus, bis am Ende wie ein Fallbeil die bis
dahin offene Satzaussage zu *dieser Mensch* folgt, die dem Vater die Schuld an dieser Katastrophe gibt. Hier sind die Satzaussagen klar zuzuordnen, alle Stilmittel
stehen im Dienst der Spannungssteigerung und des dramatischen Schlusspunk-
tes mit der Urteilsverkündigung: unschuldig – oder schuldig.

Im nächsten Beispiel folgen die Teilsätze des umfangreichen Gesamtsatz-
gefüges wiederum einem anderen Bauplan:

> (11) [...] und sie **stopften** [...] ihr ganzes Kaufmannswissen in <u>die auf dik-
> ken Beinen den ganzen Tag wie ein schweres Vieh durch das Kauf-
> mannshaus gehende Person</u> **hinein**, in <u>die dicke, blutunterlaufene,
> rustikale Irma</u>; Sommer wie Winter in Puffärmeln, **wuchs** sie [...]
> sich zu <u>einer an den Waden ständig Eiter lassenden Säule des
> Kaufmannsgeschäfts</u> **aus**.[41]

Hier wird beschrieben wie die Eltern, anstelle des „missratenen" Sohnes die
Tochter zu ihrer Geschäftserbin erzogen und malträtiert haben, indem sie ihr
ganzes Wissen in die sowieso schon zum Platzen dicke, an den Beinen Eiter
auslassende Schwester hineinstopften. Nicht nur die Prädikatssemantik drückt
das aus mit *stopften* […] *hinein* und *wuchs* […] *aus*: die beiden trennbaren Partikeln
dieser Verben umschließen diese Sätze, in denen jeweils die ganze Fülle der Information über diese Stopfprozesse enthalten ist, so dass der Eindruck einer bis zum
Platzen ausgestopften Wurst- oder Ballonform entsteht. Es sind sozusagen Stopf-
sätze. Unterstrichen (von A. B.) sind die beiden Nominalphrasen, die jeweils als
Akkusativ- bzw. Dativobjekt fungieren und in die – wie vor allem in Beispiel (8)
schon zu sehen war – zwischen Artikel und Nomen jede Menge weiterer Informationen in Form unterschiedlicher Attributstypen hineingestopft ist.

Es gibt im Text noch eine Vielzahl weiterer Beispiele, die einen ähnlichen
Ausbau der Nominalphrasen aufweisen. Je umfangreicher sie sind, desto varianten-
reicher kann wiederum ihre Binnenstruktur sein – und Bernhard scheint sich ein

---

40 Ebd., S. 75.
41 Ebd., S. 71.

Vergnügen daraus zu machen, durchzuprobieren, was man an grammatisch Möglichem alles in sie hineinstopfen kann.

In Beispiel (12) ist eine solche Nominalphrase durch Unterstreichung (A. B.) markiert; des Weiteren lässt sich an diesem Satz jedoch auch noch eine doppelte Klammerstruktur aufzeigen:

> (12) In der Frühe war sein Körper, <u>sein bis in die der Natur verbotenen Keuschheit hinein verfeinerter, wenn auch verkrüppelter Körper</u> (er hatte die Haut von todkranken Mädchen), naß, ein Fieber, das sich nicht messen ließ, schwächte ihn schon, bevor er noch aufgestanden war.[42]

Die Subjekt-Nominalphrase *sein Körper* wird durch eine rechts-versetzte, ihrerseits wiederum links vom Subjektnomen ausladend attribuierte Wiederaufnahme (*sein [...] verkrüppelter Körper*) und einen parenthetischen Kommentarsatz erweitert und zudem vom Prädikat umklammert: *war [...] naß*. Dabei erhält das prädikativ verwendete Adjektiv *naß* durch seine Kürze eine Wirkung wie ein Nagel, der in die zuvor beschriebene überempfindliche Haut eingeschlagen wird.

Dass eine solche Assoziation nicht weit hergeholt ist, bestätigt zum Beispiel ein Satz wie: „Vom Vater war er ständig als »verfassungswidrig« bezeichnet worden, mit dem Wort »verfassungswidrig« stach sein Vater immerfort auf ihn ein".[43]

Derartige Ausbauformen von Nominalphrasen scheinen gerade für diesen Text als charakteristisches Stilmittel elaboriert worden zu sein. Wenn man genauer betrachtet, welches Wortmaterial bzw. welche Satzaussagen sie enthalten und in welcher unmittelbaren Nachbarschaft sie stehen, so geht es fast nur um Krankheit, Verfall, Trübsinn, Tod als Folge von Gewalt bzw. Freiheitsberaubung. Weitere Beispiele mögen dies illustrieren (Unterstreichungen, A. B.):

> (13) Mit was für <u>einer grauen und gegen mich ungemein strengen Trübsinnigkeit</u> hatte ich auf einmal [...] vorlieb nehmen müssen![44]

> (14) <u>Eine uns tiefer, als von Natur aus statthaft, traurig machende Verbitterung</u> stieß jeden Tag in aller Frühe <u>unsere qualvollen untüchtigen Köpfe</u> zu <u>einem einzigen heillosen dumpfen Vermutungszustand</u> zusammen.[45]

> (15) [...] waren wir beide unabhängig voneinander, von <u>einem uns nach und nach traurig machenden Fieber, einer Krankheit</u> angegriffen gewesen, ich von <u>einer in meinem Unterbewußtsein genauso wie im vollen Bewußtsein sich folgerichtig von allem Außen in mich herein vollziehenden *Verstörung zur Todesreizbarkeit*</u> und [...] von dem ersten Selbstmordgedanken, Selbstmordgedankenansatz nach langer Zeit überrascht.[46]

---

[42] Ebd., S. 73f.
[43] Ebd., S. 66.
[44] Ebd., S. 69.
[45] Ebd., S. 66.
[46] Ebd., S. 69.

(16) Die Anreise junger Menschen aus der Provinz in die Hauptstadt, um
ein gefürchtetes Studium anzufangen, um ein Studium, das die meisten nicht wollen, geht fast immer unter den entsetzlichen Umstän-
den in <u>Gehirn und Verstand und Gefühl des Betroffenen und Betrogenen und auf solche Weise Gefolterten</u> vor sich. <u>Das Selbstmorddenken der sich in der Dämmerung im Zug einer Höheren
oder Hochschule oder Universität in der Hauptstadt furchtsam und
in allen Fällen immer weniger kühn als vermutet Nähernden</u> ist das
Selbstverständlichste.[47]

(17) [...] der Schande wegen, die er für <u>die ganze dauernd an ihm er-
schrockene und verbitterte Familie</u> [...] darstellte, <u>ein entsetzlich ver-
krümmter und verkrüppelter Mittelpunkt</u>, den sie unter allen Um-
ständen aus dem Haus haben wollte.[48]

(18) [...] er mußte nach Wien, und er mußte, wollte er nicht um <u>den niedrigsten aller mir bekannten Wechsel</u> kommen, in Wien, der fürchter-
lichsten aller alten Städte Europas, bleiben. <u>Eine *wie* alte und leblose
Stadt, ein *wie* großer, von ganz Europa und von der ganzen Welt al-
lein- und liegengelassener Friedhof</u> ist Wien, dachten wir, was für
<u>ein riesiger Friedhof zerbröckelnder und vermodernder Kuriositä-
ten</u>![49]

2.2 Die funktionale Beziehung zwischen Form und Inhalt am Beispiel eines frühen Prosatextes

Bevor die Strukturtypen der in diesem Text dominierenden Klammerstrukturen
noch einmal näher betrachtet werden, sei zunächst etwas zu ihrer Funktion gesagt,
d.h. dazu, wie sie den Eindruck des Eingeschlossenseins, Gefangenseins, des Ein-
gekerkertseins, von dem der Text handelt, unterstützen. Die Beispiele folgen hier
der linearen Abfolge im Text. In ihnen wird auch durch die Wortsemantik dieses
Bedeutungsfeld direkt benannt (siehe Unterstreichungen der Syntagmen und Fettsetzung der Lexeme, A. B.):

(19) [...] Geräusche, Gerüche <u>in seinem ihm nun schon jahrelang fernen
Elternhaus</u> beschrieb er immer wieder, [...] die Mutter und die Ge-
mischtwarenstille und <u>die im Finstern der hohen Gewölbe **gefangenen**</u> Vögel [...].[50]

(20) Er sprach in dem Wiener Zirkusgassenzimmer, das wir, nachdem
wir uns in einem Gasthaus in der Leopoldstadt getroffen und zu-
sammengetan hatten, gemietet hatten, oft und oft von seinem »**Kinderkerker** zu Innsbruck«, und er zuckte, wenn er <u>das für ihn immer</u>

---

47 Ebd., S. 70.
48 Ebd., S. 62.
49 Ebd., S. 72.
50 Ebd., S. 62.

schwierige Hauptwort »Ochsenziemerhieb« glaubte sagen zu müssen, vor seinem Zuhörer, vor mir, der ich jahrelang, acht Semester lang, sein einziger Zuhörer gewesen bin.[51]

Beim nächsten Beispiel ist das Thema nicht sofort lexikalisch transparent. Das *System von nur für uns sichtbaren, uns schützenden Kanälen,* in dem die Studenten ihr abgekapseltes Leben in Wien geführt haben, scheint zunächst eher positiv konnotiert zu sein. Doch diese Abkapselung schützt sie nicht wirklich. Gleich danach heißt es, dass sie dort *auch ununterbrochen eine tödliche Luft* einatmeten: Es sind auch die Kanäle der *Jugendverzweiflung,* und sie führen immer wieder in das Zimmer und die Verzweiflung über die dort studierten Bücher zurück: auch dieser geschlossene Zirkel wird nicht nur durch die Bezeichnung *Zirkusgassenzimmer,* sondern auch durch entsprechend geschlossene Satzstrukturen (*in welchem wir* [...] *saßen*) bzw. Anhäufungen alliterierender Verzweiflungswörter (*Verhunzungen, Verhimmelungen und Verspottungen*) sinnfällig gemacht:

> (21) Wir hausten jahrelang, wenn auch auf der Oberfläche der Hauptstadt, so doch <u>in einem von uns für uns geschaffenen System von nur für uns sichtbaren, uns schützenden **Kanälen**</u>; in diesen **Kanälen** aber atmeten wir auch ununterbrochen eine tödliche Luft ein; wir gingen und wir krochen fast immer nur <u>in diesen **Kanälen** unserer Jugendverzweiflung und Jugendphilosophie und Jugendwissenschaft</u> auf uns zu ... diese **Kanäle** <u>führten</u> uns <u>aus</u> unserem Zirkusgassenzimmer, in welchem wir meistens betroffen von der Urteilskraft und von dem ungeheuren Überfluß der Geschichte, von uns selber betroffen auf unseren Sesseln am Tisch saßen, über unseren Büchern, fürchterlichen Verhunzungen, Verhimmelungen und Verspottungen unserer und der ganzen geologischen Genealogie, <u>in</u> den alten uralten Körper der Stadt <u>hinein und</u> aus diesem wieder in unser Zimmer <u>zurück</u> ...[52]

Im folgenden Beispiel, das etwa in der Mitte des Gesamttextes situiert ist, häufen sich dann die Lexeme *eingeschlossen* und *Kerker* für die Beschreibung des Lebensgefühls beider Studenten:

> (22) Wir hatten jeder für sich <u>einen vor vielen, was ihn betrifft, vor unzähligen Generationen im Gebirge entstandenen Namen</u>, der, einmal links, einmal rechts des Inn, immer größer geworden war, jetzt aber, als ein Zerstörer von uns, am Ende von elterlichen Verfluchungen und Rechenkunststücken in die schamlos, wie wir mit ansehen mußten, wehleidig verkümmernde Hauptstadt hereinversetzt worden war. Jeder von uns war <u>in seinem vielsagenden Namen **eingeschlossen**</u> und konnte nicht mehr hinaus. Keiner kannte den **Kerker** des anderen, die Schuld, das Verbrechen des anderen, aber jeder *vermutete*, daß der **Kerker** des

---

51   Ebd., S. 64.
52   Ebd., S. 67.

anderen und die Schuld und das Verbrechen des anderen die eigenen
waren.[53]

Sie sind eingeschlossen in ihre Familientradition, ihre *vor vielen* [...], *vor unzähligen
Generationen im Gebirge entstandenen Namen*. Bei dieser ersten Einführung des Sub-
stantivs *Namen* findet sich zunächst nur die syntaktische Klammerstruktur. Erst
bei der späteren Wiederaufnahme heißt es dann explizit: *Jeder von uns war in seinem vielsagenden Namen eingeschlossen und konnte nicht mehr hinaus*, und weiter: jeder
in seinem *Kerker*, wechselseitig vermutend, *daß der Kerker des anderen und die Schuld
und das Verbrechen des anderen die eigenen waren*.

Mit dieser Explikation kulminiert die Kerkermetapher – wie gesagt in der
Mitte des Textes. Danach wird sie durch die schon früher eingeführte Metapher
des *Kanalsystem*[s] (Bsp. 23) sowie durch die *festverschlossene Zelle eines neuen uralten
Tages* (Bsp. 24) variiert wieder aufgegriffen:

> (23) Wir waren wie in unserem Zimmer und in unserem **Kanalsystem**, in
> unseren Selbstmordgedanken wie in einem höheren Spiel, einem der
> höheren Mathematik vergleichbaren, **eingeschlossen**.[54]

> (24) ... Sein Aufwachen war wohl auch ein solches in den Wahnsinn der
> Ausweglosigkeit hinein gewesen ... Er hatte mir auf einmal, der ich
> mich schon sicher gefühlt hatte, die Tür in meine Kinderzeit aufge-
> rissen, mit der Brutalität der Kranken, Unterdrückten, Verzweifelten
> ... Jeden Morgen wachte er in der **festverschlossenen Zelle** eines
> neuen uralten Tages auf.[55]

2.3 Der Strukturtyp der ausgebauten Nominalphrase

In den zuletzt zitierten Beispielen (19) bis (24) finden sich jeweils unterschiedliche Klammerstrukturtypen für die expliziten lexikalischen Aussagen des
Eingeschlossen-/Gefangen-/Eingekerkertseins. Ihre Bauweise soll nun noch
etwas genauer betrachtet werden.

Häufig sind Nominalphrasen, bei denen die Ausbau-Attribute voranstehen,
also zwischen Artikel oder Possessivpronomen und Nomen stehen: dies ist der
eigentliche Klammertyp. In diesem Text sind es meist attributive Partizipialkonstruktionen. Es wurde bereits an anderen Texten speziell aus dieser Werkperi-
ode Bernhards (s. Bsp. 8) gezeigt, wie umfang- und variantenreich in dieses Satz-
gliedmuster auch Relativsätze, Infinitivkonstruktionen u.a.m. eingebaut sein können. Die beiden folgenden Belege repräsentieren (ebenso wie die schon angeführ-
ten Beispiele 13 und 14) relativ überschaubare Fälle.

---

[53] Ebd., S. 68.
[54] Ebd., S. 70.
[55] Ebd., S. 72f.

(25) [...] er ist [...] nicht ein einziges Mal (weder in Innsbruck [...], noch später, während unserer Wiener Studien <u>in unserem im dritten Stock eines Zirkusgassenhauses gelegenen Zimmer</u>) *tod*krank geworden [...].[56]

(26) Georg war oft tagelang in der entferntesten von ihm so bezeichneten Höheren Phantasie [...].[57]

Wesentlich weiter ausgebaut ist das Attribut zwischen Artikel und Nomen an der zweiten markierten Stelle von Beispiel (15) (*von <u>einer</u> in meinem Unterbewußtsein genauso wie im vollen Bewußtsein sich folgerichtig von allem Außen in mich hinein vollziehenden <u>Verstörung</u> zur Todesreizbarkeit*); es wirkt nicht zuletzt deswegen stilbestimmend, weil ihm unmittelbar davor bereits dieselbe Konstruktion, wenngleich zunächst unauffälliger, vorausgeht (*von <u>einem</u> uns nach und nach traurig machenden Fieber*).

Des Weiteren finden sich vielfach rechts vom Nomen stehende Ausbaustrukturen. Häufig sind dies Genitivattribute. Im folgenden Beispiel steht ein solches zunächst in der kürzesten Form (*Atmosphäre der Hauptstadt*), ist aber kombiniert mit einem ebenfalls erweiterten Attribut links vom Subjektnomen (*in der [...] Atmosphäre*):

(27) ... Unter einem ungeheuer komplizierten Verfahren gegen uns schrumpften <u>in der für uns immer noch mehr atonischen Atmosphäre</u> der Hauptstadt auch unsere Seelen zusammen.[58]

In Beispiel (28) ist der attributive Genitiv adjektivisch weiter ausgebaut:

(28) Nachdem sie von der ärztlichen Kunst und von der medizinischen Wissenschaft überhaupt bis in <u>die Tiefe ihrer fäkalischen und viktualischen Verabscheuungswürdigkeit</u> hinein enttäuscht worden waren [...].[59]

Die gesamte Nominalphrase ist hier noch präpositional umklammert durch *bis in [...] hinein*.

Auch das schon zitierte Beispiel (16) wäre in diesem Kontext zu nennen. Auf ein kürzeres Genitivattribut (*Gefühl des Betroffenen und Betrogenen und auf solche Weise Gefolterten*) folgt im nächsten Satz ein ganz stark ausgebautes Genitivattribut (*Das Selbstmorddenken der sich [...] Nähernden*), dazwischen steht ein halber Roman, der wiederum nach dem Prinzip der linken Klammer zwischen Artikel und Nomen (*der sich [...] Nähernden*) eingelagert ist. Im nächsten Beispiel folgt auf eine linke Klammer (*ein furchtbares [...] Erwachsenenhaus*) eine rechts vom Bezugsnomen *Großmaulsäuglinge* stehende attributive Präpositionalphrase (*mit dem Riecher*), die ihrerseits nochmals durch zwei Präpositionalphrasen erweitert wird:

---

56 Ebd., S. 63.
57 Ebd., S. 66.
58 Ebd., S. 68.
59 Ebd., S. 62f.

(29) Sein Elternhaus war niemals ein Haus der Kinder gewesen [...], sondern
ein furchtbares, noch dazu feuchtes und riesiges Erwachsenenhaus, in
welchem niemals Kinder, sondern immer gleich grauenhafte Rechner
auf die Welt gekommen sind, Großmaulsäuglinge mit dem Riecher für
das Geschäft und für Unterdrückung der Nächstenliebe.[60]

Häufig sind schließlich auch rechtsstehende Erweiterungen der Nominalphrase
durch weiterführende Relativsätze. Hier allerdings wird deutlich, dass rechts
stehende Attributstrukturen, u.a. in Form von Relativsätzen und mit *dass* oder
anderen Konjunktionen eingeleiteten Nebensätzen, wesentlich leichter zu verstehen sind als linksverzweigende („eingeschachtelte") Strukturen – auch wenn
alle Ausbauglieder eines Nomens sind. Wladimir Admoni hat diesen Struktur-
typ einmal anschaulich, im Gegensatz zur Nebensatz-Verschachtelung, „abper-
lend" genannt:[61]

(30) [...] bekommen haben sie [...] ein Geschöpf, das, von ihnen aus gesehen, so ein nutzloses immer noch tiefer und tiefer denkendes Tier
gewesen ist [...].[62]

Zum Abschluss seien noch zwei längere Sätze/Satzgefüge präsentiert, in denen
verschiedene Techniken, die hier behandelt wurden, kombiniert sind:

In Beispiel (31) folgt auf ein links stehendes, eingeklammertes Attribut (unterstrichen) eine Schachtelsatzkonstruktion (*hatten sie beschlossen, sich seiner* [...] *zu
entledigen*):

(31) Diese Entwicklung Georgs verbitterte sie, vor allem, weil sie schon in
dem Augenblick, in dem er von seiner brüllenden Mutter auf einen
Eckstein des Waschküchenbodens geworfen worden war, den Ent-
schluß gefaßt hatten, sich für die entsetzliche Überraschung der Geburt
eines zuerst riesigen, feuchten und fetten, dann aber, wenn auch immer
größeren, so doch immer zarteren und gesünderen unansehnlichen
»Krüppelsohnes« (so rief ihn der Vater) auf ihre Weise zu rächen, sich
zu entschädigen für ein zum Himmel schreiendes Unrecht; einer Ver-
schwörung gleich, hatten sie beschlossen, sich seiner, Georgs, noch bevor er, wie sie grübelten, ihnen einen möglicherweise tödlichen Schaden
durch seine bloße Existenz zufügen konnte, und ohne mit dem Gesetz
in Konflikt zu kommen, zu entledigen [...].[63]

---

60   Ebd., S. 62.
61   Wladimir G. Admoni, Zur Ausbildung der Norm der deutschen Literatursprache im Bereich
des neuhochdeutschen Satzgefüges (1470–1730). Ein Beitrag zur Geschichte des Gestaltungssystems
der deutschen Sprache, Berlin-Ost 1980, S. 35. Mit einer Besprechung von Admonis Typ des „abper-
lende[n]" Satzgefüges, „in dem der Nebensatz bzw. die Nebensätze nach dem Hauptsatz", also „post-
positiv", stehen, im Vergleich zu seinen weiteren „Kompositionstypen" (geschlossenes, zentriertes und
gestrecktes Satzgefüge) s. Anne Betten, Grundzüge der Prosasyntax. Stilprägende Entwicklungen vom
Althochdeutschen zum Neuhochdeutschen, Tübingen 1987, S. 159f.
62   Bernhard, Das Verbrechen eines Innsbrucker Kaufmannssohns (Anm. 35), S. 64.
63   Ebd., S. 63.

Beim nächsten Beispiel ist interessant, wie umfangreich beim ersten Satz das Subjekt ausgebaut ist (mit viermaliger Wiederholung von *ihm viel zu*, nämlich *große, riesige, hohe, schwere* mit folgenden Substantivketten): Das Satzsubjekt wächst sich gleichsam zu einem riesigen Wasserkopf aus, danach folgt der Restsatz mit drei Wörtern: *bildeten seine Kindheit.* Der folgende Satz weist hingegen (nicht ganz so extrem) einen spiegelbildlichen Bau mit einer großen attributiven Klammerstruktur im Nachfeld (unterstrichen) auf:

> (32) Ihm viel zu große, ihm viel zu riesige Keller- und Vorhaus- und Stockgewölbe, ihm viel zu hohe Steinstufen, zu schwere Falltüren, zu weite Röcke und Hosen und Hemden (seines Vaters abgetragene Röcke und Hosen und Hemden), zu schrille Vaterpfiffe, Mutterschreie, das Kichern der Schwestern, Sprünge von Ratten, Hundsgekläff, Kälte und Hunger, bornierte Einsamkeit, ihm viel zu schwere Schultaschen, Brotlaibe, Kukuruzsäcke, Mehlsäcke, Zuckersäcke, Kartoffelsäcke, Schaufeln und stählerne Radelböcke, unverständliche Anordnungen, Aufgaben, Drohungen und Befehle, Strafen und Züchtigungen, Hiebe und Schläge bildeten seine Kindheit. Er war, nachdem er schon jahrelang von zu Hause fort gewesen war, noch immer gepeinigt von <u>den von ihm in den Keller hinunter und wieder aus dem Keller heraufgeschleppten (und von ihm unter was für Schmerzen geschleppten) geselchten Schweinshälften.</u>[64]

3. Plädoyer für eine genaue Betrachtung der sprachlichen Form

Die hier beschriebenen klammerförmigen Strukturen lassen sich als typische „Bernhard-Sätze" in all seinen Texten finden, doch kaum mehr so gehäuft wie in der frühen Prosa. Beim Vergleich zeigt sich, dass selbst innerhalb dieses einen Strukturtyps in jedem Werk bestimmte Formen dominieren, ja manchmal wie unter einer grammatischen Obsession in allen nur möglichen Varianten durchexerziert werden. Auf spätere Entwicklungen in Bernhards Satzbaustil kann hier (über die sparsamen Anmerkungen in Abschnitt 1 hinaus) nicht eingegangen werden. Doch es sei zumindest noch ergänzend erwähnt, dass vom sog. Parlando-Stil, einer zunächst eher in den Dramen, aber auch in der späteren Prosa praktizierten, sich punkt- und absatzlos über oft viele Seiten ergießenden, eher reihenden Form, oder den schon erwähnten syntaktischen Parallelismen oder den scheinbar um absolute Logik bemühten, mit argumentativen Partikeln bzw. Konjunktionen eingeleiteten Hypotaxen bis hin zur kunstvollen Variation der Satzlängen (beispielsweise in *Beton*, 1982) fast alle syntaktischen Möglichkeiten von Bernhard erprobt wurden und in einem ausgeklügelten Zusammenhang zum Thema des jeweiligen Textes

---

[64] Ebd., S. 64f.

stehen.[65] Um diesen Zusammenhang herauszufinden, bedarf es zunächst einer sehr genauen Betrachtung der sprachlichen Form.

In Schmidt-Denglers erweiterter Auflage des *Übertreibungskünstlers* findet sich am Ende der Originalbeitrag „Zurück zum Text. Vorschläge für die Lektüre von *Frost*."[66] Darin bemerkt er, dass die neuere Literaturwissenschaft „die Auseinandersetzung mit dem Primärtext scheut"[67] und plädiert für eine erneute Prüfung (zumal nach dem Tod Thomas Bernhards), „welche ‚Armaturen' uns dieses Werk selbst an die Hand gibt, deren wir uns bei der Lektüre bedienen können."[68] Ihm falle auf, dass „zahlreiche Details [...] sehr augenfällig analysiert und manchmal sogar mit einer zentralen Funktion ausgestattet werden"; es falle aber auch auf, „daß über Bernhards Sprache seltener nachgedacht wird."[69] Schmidt-Dengler zeigt an *Frost* – was „auch für andere Werke mutatis mutandis angewendet werden" könnte – „wie die Bernhard'sche Zentralfigur ihr eigenes poetisches Prinzip entwickelt"[70]: „Der Maler entwirft in *Frost* seine eigene Sprache, und die ist anders als die Sprache der Zentralfiguren in seinen anderen Texten."[71] Daraus folgert er:

> So verdienstvoll und lehrreich auch die Vergleiche mit verwandten Begriffen und Begriffsbildungen, etwa bei Pascal, Schopenhauer, Kierkegaard und Wittgenstein, auch sein mögen, so ist es doch an der Zeit, die von Text zu Text neu ausgegebenen und unterschiedlichen Spielregeln im Bereich der Semantik wie auch der Syntax zu überprüfen [...][72]

Ob Wendelin Schmidt-Dengler die vorliegenden Ausführungen als kleinen Beitrag in die geforderte Analyse-Richtung betrachtet hätte, weiß ich nicht. Aber ich möchte sie ihm als Erwiderung auf seine persönliche Widmung in ein zur Jahreswende 1997/98 erhaltenes Exemplar des *Übertreibungskünstlers* mit dem Wortlaut „Für Anne Betten, die als Sprachwissenschaftlerin die Texte <u>liest</u>" posthum widmen!

---

[65]   Vgl. fast alle Arbeiten von Wendelin Schmidt-Dengler zu Bernhard, sowie mit vielen Details auch Eyckeler, Reflexionspoesie (Anm. 17), Betten, Thomas Bernhards Syntax (Anm. 6) oder auch Martina Ochs, *Eine Arbeit über meinen Stil / sehr interessant*. Zum Sprechverhalten in Thomas Bernhards Theaterstücken, Frankfurt a. M. / Berlin / Bern u.a. 2006.

[66]   Schmidt-Dengler, Der Übertreibungskünstler (Anm. 19), S. 176–195.

[67]   Ebd., S. 177.

[68]   Ebd., S. 179.

[69]   Ebd., S. 183.

[70]   Ebd., S. 193.

[71]   Ebd.

[72]   Ebd.

Hans Höller

Wie die Form der Sprache
das Denken des Lesers ermöglicht.
Der analytische Charakter von Bernhards Sprache

1. Die bösen Jäger und die guten Gärtner

Peter Handke sah das spätere Werk Thomas Bernhards als Verrat an der Erzählung als der „freiesten Form" der Literatur. Die Gegenüberstellung der bösen Jäger und der guten Gärtner in *Auslöschung. Ein Zerfall* erschien ihm symptomatisch für ein zu schematischer Rhetorik und zwanghaftem Witz heruntergekommenes Erzählen. Nur in der Raumpoetik von Bernhards letztem Roman meinte er eine seinem eigenen Erzählen verwandte Aufmerksamkeit für die Besonderheit von Räumen und Landschaften zu finden.[1]

Die Handke-Bernhard-Kontroverse kann hier nicht genauer dargestellt werden, aber Handkes pointiertes missreading eignet sich als Rahmen für meine sprachanalytische Fragestellung. Handke hatte 1967 mit seiner Rezension von Bernhards Roman *Verstörung* eine legendäre sprachanalytische Lektüre geliefert. Hat sich, wie Handke meint, danach die sprachanalytische Dimension in Bernhards Werk erschöpft? Oder, und dieser Frage möchte ich an einigen Beispielen nachgehen, zeigen sich andere Möglichkeiten eines analytischen – denkenden – Erzählens in Bernhards späterem Werk? Meine These ist, dass sich, trotz der unübersehbaren Veränderungen in Bernhards späteren Büchern, die sprachanalytischen Verfahren als ein roter Faden durch das ganze Werk verfolgen lassen. Wenigstens einige Beispiele dafür sollen hier dargestellt werden.

2. „Auflösung aller Begriffe" – *Frost*

Handke hat seine Lektüre von Bernhards *Verstörung* als ein Abenteuer beschrieben. „Ich las und las und las ...",[2] das ist die berühmte Schlusswendung seiner Rezension. Sie spielt auf den letzten Satz in Bernhards Erzählung *Die Mütze* an und betont dadurch den literarischen Charakter von Handkes Erzählung seines Lektüreabenteuers. „Alle haben sie eine solche Mütze auf, dachte ich, alle," heißt es in Bernhards *Die Mütze*, „während ich schrieb und schrieb und schrieb ...".[3]

---

[1] Sigrid Löffler, Der Mönch auf dem Berge, in: *Der Spiegel*, 17.11.1986.

[2] Peter Handke, Als ich „Verstörung" von Thomas Bernhard las, in: Ders., Meine Ortstafeln, meine Zeittafeln, Frankfurt a. M. 2007, S. 283–288, hier S. 288.

[3] Thomas Bernhard, Frost, in: Ders., Werke, Bd. 1, hg. v. Martin Huber / Wendelin Schmidt-Dengler, Frankfurt a. M. 2003, S. 34.

Handke beschreibt, wie er erkannte, dass sich der Ich-Zerfall im Monolog des Fürsten Saurau in der Form seiner Rede zeigt, dass für den Fürsten sogar die Ortsnamen zu Zeichen für seine Verzweiflung werden. Er bemerkte, dass die Wiederholungen, Wortumstellungen und endlosen Verallgemeinerungen in der Rede des Fürsten diesem „wie zur Lebensrettung" dienen und dass die Sprachformen die „hellhörige Verfinsterung" des Sprechenden zeigen. Handke konnte darin die Zustandbeschreibung der erzählten Figur wie die dekonstruktive literarische Methode des Textes erkennen. Indem „der Fürst die eigenen Satzmodelle immerfort umkehrte", „machte" er, „sprechend, die Auflösung aller Begriffe" möglich.[4] „Auflösung aller Begriffe", das war für Handke das Wort, das seine eigene Intention eines begriffsauflösenden Schreibens auf eine prägnante Formel brachte.

Handkes Beschreibung der Sprache des Fürsten zeigt aber auch, wie der Autor als Leser in die Haltung eines Arztes hinüberwechselt, der die sprachlichen „Zeichen" eines Krankheitsbildes studiert: „Der Fürst sprach nicht in Metaphern, sondern in Zeichen. […] Die Namen für die Dinge und Vorgänge, so erkannte ich, waren nur Zeichen für seine Zustände".[5] Dass Handke die Spracheigentümlichkeiten der Schizophrenie aus dem Text herausliest, folgt – Ende der sechziger Jahre – der breiten künstlerischen und wissenschaftlichen Auseinandersetzung mit der Schizophrenie. Indem er in diesen Sprachformen zugleich die entautomatisierenden – ‚verfremdenden' – ‚Verfahren' der modernen Literatur in den Blick rückt, folgt er auch der sprachthematisierenden Einstellung im Kontext des weltweiten Linguistic turns. Der Dreiundzwanzigjährige hatte sogar Mitte der sechziger Jahre eines der neu aufgelegten Bücher der Russischen Formalisten für den Rundfunk besprochen, und eben die Formalisten waren es, die „Verfahren", „Konstruktionssprache" und „Verfremdung" am Beginn des zwanzigsten Jahrhunderts zum Mittelpunkt ihres literaturtheoretischen Interesses erklärt hatten.

Der Fürst, notiert Handke in seiner Bernhard-Rezension, „unterstrich gleichsam jedes Wort" und er „geriet von einer Sprechweise in die andre, von einer philosophischen etwa in eine juristische". „Dann gebrauchte er [...] auf einmal Zeitungswendungen", er „sprach in fremden Sprechweisen, die aber insgesamt seine eigne Sprechweise waren: selbst die fremden Sprechzustände waren Verstörungszeichen".[6]

Dieses denkende Lesen lässt sich als Effekt der sprachthematisierenden Rede-Inszenierung in *Verstörung* verstehen. Es verbindet die Aufmerksamkeit für grammatische Konstruktionen und für die innere Aufspaltung der Sprache in Zeichen und Redeweisen mit einer ungewöhnlichen Einfühlung in das kranke Ich, wie sie damals kaum in anderen Bernhard-Rezensionen begegnet. In Handkes Rezension finden der Blick für die sprachliche Konstruktion und die empathische Beteiligung des lesenden Ich jene Balance, die der junge Famulant

---

4   Handke, Als ich „Verstörung" von Thomas Bernhard las (Anm. 2), S. 284f.
5   Ebd., S. 285.
6   Ebd., S. 286.

in Bernhards erstem Roman, *Frost* (1963), nicht herstellen konnte, als er die Sprache des kranken Malers Strauch studierte. Im Roman reflektierte der Medizinstudent in seinen Briefen an den Dozenten, wie schwer es ihm fällt, eine Balance zwischen existenzieller Beteiligung und analytischer Distanz zu halten, eine Anforderung, deren Scheitern er genau nachzeichnete.

Handkes Lektüreerzählung aber bleibt noch in der Beschreibung des ganz an den Text hingegebenen Lesens souverän, weil er nirgends das Bewusstsein der Konstruktion und der sprachlichen Mittel verliert. Das „Ich las und las und las ..." gilt der Faszination an Bernhards sprachlich-literarischer Krankheitsbeschreibung, und zugleich weiß sich der Satz als leicht verändertes Bernhard-Zitat aus der Erzählung *Die Mütze*: „Der Fürst war ganz gegen die Wirklichkeit konstruiert. Er erfror von innen heraus. Ich las und las und las ...".[7]

3. „Unsere Betrachtung ist daher eine grammatische [...] ein ‚Analysieren' unserer Ausdrucksformen" (Ludwig Wittgenstein)

Bernhards Polemiken gegen das dumme Erzählerische, sein literarisches Selbstverständnis als „*Geschichtenzerstörer*", sein Insistieren auf dem „Widerstand" als Triebkraft des Schreibens oder seine Betonung der Künstlichkeit – „in meinen Büchern ist alles *künstlich*" – zeigen ex negativo die Verteidigung anderer, kritischer Narrative.[8] Man findet dieses sprachkritische Erzählen bereits in den Büchern am Ende der fünfziger Jahre. „Vaterland, *Unsinn*, / Traditionen gebrauchen fortwährend dieselben Wörter, Redewendungen, Auftrumpfen", mit dieser antitraditionalistischen Haltung, die sich vehement vom organischen Werk absetzt und sich kritisch auf dessen Sprache bezieht, beginnt der Prosaband *In der Höhe. Rettungsversuch, Unsinn*, eine Lebens-Bilanz des jungen Bernhard, die der Autor aber erst am Ende seines Lebens zur Publikation freigab.[9] Die Wut richtet sich hier gegen die stereotypen lexikalischen und idiomatischen Ausdrucksformen, mit den Worten aus Ludwig Wittgensteins *Philosophischen Untersuchungen*: gegen die „Verhexung unsres Verstandes durch die Mittel unserer Sprache".[10]

In *Frost* wird dann ein wissenschaftliches Programm formuliert, das medizinische Anamnese mit sprachlicher ‚Ursachenforschung' verschränkt, wenn der Auftrag des Famulanten darin besteht, einen kranken, alten Menschen, den Maler Strauch, zu beobachten und besonders auf dessen Sprache zu achten, auf Sprache in einem umfassenden Sinn, verstanden als „Lebensform" im Sinne Wittgensteins: „Beschreibung seiner Verhaltensweisen, [...]; Auskunft über seine An-

---

7   Ebd., S. 288.

8   Thomas Bernhard, Drei Tage, in: Ders., Der Italiener, Salzburg 1971, S. 144–161, hier S. 149–152.

9   Thomas Bernhard, In der Höhe. Rettungsversuch, Unsinn, in: Ders., Werke, Bd. 11, Erzählungen I, hg. v. Martin Huber / Wendelin Schmidt-Dengler, Frankfurt a. M. 2004, S. 7–108, hier S. 9.

10   Ludwig Wittgenstein, Philosophische Untersuchungen, Frankfurt a. M. 1967, S. 66.

sichten, Absichten, Äußerungen, Urteile. Einen Bericht über seinen Gang. Über
seine Art, zu gestikulieren, aufzubrausen, ‚Menschen abzuwehren'. Über die
Handhabung seines Stockes".[11] In Bernhards Büchern wird dieses Modell der
Sprachbeobachtung in immer neuen narrativen Varianten weiter geführt. Oft
spricht einer und einer hört zu, oder der Denkende und Sprechende scheint
selber sein Denken und Sprechen abzuhören, das im wiederholten „dachte
ich", „ich dachte" usw. zum Gegenstand des Erzählens wird. So vermittelt auch
der Monolog eine sprachkritische Redeeinstellung, jene Beobachtung des
Sprachgebrauchs, die Ludwig Wittgenstein dem Philosophen empfohlen hatte:
„Unsere Betrachtung ist daher eine grammatische", heißt es im 90. Paragraphen
der *Philosophischen Untersuchungen*, wo er Philosophieren als „‚Analysieren' unserer Ausdrucksformen" versteht.[12]

4. Ursachenforschung

Die Textur von Bernhards Sprache führt nicht nur die „Verhexungen unsres
Verstandes durch die Mittel unserer Sprache" vor,[13] sie ist „Ursachenforschung" (Bernhard) auch in dem Sinn, dass sie auf das Verdrängte zielt, auf
eine „Erschütterung", wie es in *Ist es eine Komödie, ist es eine Tragödie?* heißt,
auf einen „Zwischenfall, der lange Zeit zurückliegt".[14]

Bernhards sprachliche Kunst liegt darin, wie er dem oft nicht von der
Stelle kommenden Erzählen einer traumatischen Fixierung an etwas Ver-
gangenes eine musikalisch-philosophische Sprachform verleiht, wie die Rede, die sich nur den grammatischen und lexikalischen Assoziationen zu
überlassen scheint, den schwer fassbaren lebensgeschichtlichen Ursachen
auf die Spur kommt.

Einmal hat sich Bernhard selbst einem solchen assoziativen Modell der
Ursachenforschung ausgesetzt, als er mit unbeirrbarem Eigensinn dem Regisseur Ferry Radax diese Methode der Ursachenforschung für ein Filmpor-
trät zu seiner Person und zu seinem Werk aufzwang:

> die ganze Zeit zu sagen (oder nicht zu sagen), was ihr gerade einfällt,
> ohne sich darum zu kümmern (und kümmern zu müssen), *warum* sie,
> was sie sagt, sagt und nicht darum, *wie* sie, was sie sagt, sagt.[15]

---

[11]   Bernhard, Frost (Anm. 3), S. 12.

[12]   Wittgenstein, Philosophische Untersuchungen (Anm. 10), S. 61.

[13]   Ebd., S. 66.

[14]   Thomas Bernhard, Ist es eine Komödie, ist es eine Tragödie? in: Ders., Werke, hg. v.
Martin Huber / Wendelin Schmidt-Dengler, Bd. 14, Erzählungen, Kurzprosa, hg. v. Martin Huber / Hans Höller / Manfred Mittermayer, Frankfurt a. M. 2003, S. 35-42, hier S. 40.

[15]   Thomas Bernhard, Notiz, in: Ders., Werke, Bd. 11, Erzählungen I, hg. v. Martin Huber /
Wendelin Schmidt-Dengler, Frankfurt a. M. 2004, S. 259f, hier S. 259.

Die Leistung des Regisseurs habe nur darin bestanden, so rekapitulierte Radax später ironisch mit Bernhards Worten die Geschichte der Aufnahmen für das Porträt von *Drei Tage*, „alles wegzulassen, was er [Bernhard] später gestrichen hätte".[16] Im Verlauf der Aufnahmen ließ Radax die Kamera dem Sprechenden immer näher rücken, sie zwingt uns damit, wie Hugo von Hofmannsthals Lord Chandos sagen würde, „alle Dinge, die in einem solchen Gespräch vorkamen, in einer unheimlichen Nähe zu sehen".[17]

5. Denkende Autobiographie

Werkgeschichtlich spielt *Drei Tage* in Bernhards Autobiographic turn eine wichtige Rolle. Der Monolog weist schon auf die autobiographischen Erzählungen voraus, die mit dem bezeichnenden Titel *Die Ursache. Eine Andeutung* (1975) einsetzen. *Drei Tage* ist außerdem die genaueste poetologische Selbstreflexion Bernhards überhaupt, ein Experiment, dem er sich vor der Filmkamera aussetzte, um im bewusst/unbewussten monologischen Sprechen dem Zusammenhang zwischen den Traumen seiner Kindheit und der Form seines Schreibens auf die Spur zu kommen. Die bereits erwähnten thematischen Wörter „Widerstand", *„Geschichtenzerstörer"*, *„künstlich"* kommen in diesem Monolog vor. Gleich der erste Satz zeigt, wie der Sprecher eine assoziative analytische Verbindung zwischen dem lebensgeschichtlichen Ereignis und der charakteristischen literarischen Idiomatik des Werks herzustellen imstande ist. Die Erinnerung an den Schulweg, der am Schlachthaus einer Fleischhauerei vorbeiführte, hält einen der Schocks der Kindheit fest, aber das individuelle Ereignis ist bereits durch das literarische Werk in den thematischen Zusammenhang der antiorganischen, zerstückelnden oder zergliedernden Moderne gerückt worden. So gibt das Werk bereits die Apparatur der Erinnerung vor, der Erinnerung geworden und der Blick des Schülers durch die offene Schlachthaustür wird von der Literatur geleitet. Das „einzige grundphilosophische Schulzimmer" hat der Maler Strauch in *Frost* das Schlachthaus genannt, es sei „*das* Schulzimmer und *der* Hörsaal".[18] So bewegt sich noch das scheinbar unmittelbarste Assoziieren auch in den Bahnen des kulturellen Gedächtnisses, für das das Schlachthaus der exemplarische Anschauungsraum einer Moderne ist, deren Grunderfahrung in der Trennung und Zerrissenheit des Ich und der Gesellschaft liegt. Schon Friedrich Schiller hatte im zu Ende gehenden 18. Jahrhundert die zergliedernde, den organischen Zusammenhang zerstückelnde moderne Vernunft als Grundprinzip der Moderne gedeutet. Der „Zustand äußerster Irritation",[19] in welchem sich der Autor vor der Filmkamera befunden habe,

---

16   Ferry Radax, Thomas Bernhard und der Film, in: Alfred Pittertschatscher / Johann Lachinger (Hgg.): Literarisches Kolloquium Linz 1984. Thomas Bernhard. Materialien, Linz 1985, S. 210.
17   Hugo v. Hofmannsthal, Ein Brief, in: Ders., Werke, hg. v. Herbert Steiner, Bd. 2, Erzählungen, Frankfurt a. M. 1957, S. 342.
18   Bernhard, Frost (Anm. 3), S. 271.
19   Bernhard, Notiz (Anm. 15), S. 259.

führt ihn auf die Verbindungslinien zwischen frühen, traumatischen Prägungen und den literarischen Bildern und sprachlichen Zergliederungsverfahren seines Werks, und noch in der „äußerste[n] Irritation" beobachtet sich das Ich selber, bewahrt es sich in der Sprache den kritischen Verstand, ist es in der Lage, die disparaten Schocks der Kindheit in ein literarisches Bezugssystem zu integrieren.

6. Topologien des Denkens

In *Korrektur* (1975) werden die Dispositive des Denkens zum Gegenstand des Erzählens. Das erste Kapitel heißt „Die höllersche Dachkammer", das zweite: „Sichten und Ordnen". Das Erzählen besteht zu einem großen Teil aus der Wiedergabe der vom Erzähler in der Dachkammer gesichteten und geordneten Zettel aus Roithamers Nachlass. „Die höllersche Dachkammer" ist im Roman, der von zwei vieldeutigen philosophischen Gebäuden handelt – dem Höllerhaus an der Aurachengstelle und dem Kegelbauwerk im Kobernaußerwald – der vieldeutigste Ort. Der als Denk- und Geisteskammer apostrophierte Raum wird einerseits als abstrakt und naturfern dargestellt, er kann aber auch die Aura eines magischen Wesens annehmen und sogar für die Person Roithamers selbst stehen und zum Raum einer topologischen Bestandsaufnahme von Roithamers Denken werden. Wie bei anderen Protagonisten im Werk Bernhards haben die Bücher von Montaigne, Novalis, Schopenhauer, und natürlich vor allem von Ludwig Wittgenstein, ihren Platz in der Dachkammer als *„Denk*kammer". Die außergewöhnliche Präsenz des Sprachphilosophen Ludwig Wittgenstein zeigt sich in *Korrektur* nicht nur im Sujet, dem an Wittgenstein erinnernden Hausbau für die Schwester, sondern auch in Anspielungen auf Formulierungen des *Tractatus logico-philosophicus*. Dass Hegels Werk in der Dachkammer zu finden ist, gehört zu den seltenen Nennungen dieses Philosophen bei Bernhard, aber noch ungewöhnlicher ist der Stellenwert, der dem Philosophen Ernst Bloch eingeräumt wird, was nicht nur die große Präsenz des Philosophen der utopischen Hoffnung Anfang der siebziger Jahre dokumentiert, sondern auch die thematische Verbindung zur Utopie-Problematik im Roman herstellt.

Die Dachkammer als *„Denk*kammer" stellt in Bernhards Roman noch in einem anderen – kritischen – Sinn eine Topographie des Denkens dar, indem sie nämlich nicht nur die Gegenstände und Bezugspunkte von Roithamers Denken enthält, sondern selbst wie eine raumhafte Phänomenologie des Geistes beschrieben wird. Der Erzähler, der in Roithamers „Ideen und Gedankenkammer"[20] eingezogen ist, sieht sich gezwungen, sich „nach und nach mit den hier herrschenden Denkvorschriften vertraut zu machen, sie zu studieren, um in diesen Denkvorschriften denken zu können". Die Intention des geist- und denk-

---

20   Thomas Bernhard, Korrektur, in: Ders., Werke, Bd.4, hg. v. Martin Huber / Wendelin Schmidt-Dengler, Frankfurt a. M. 2005, S. 57.

gläubigen Erzählers, „in der höllersche[n] Dachkammer [...] sich diesen Vorschriften anzuvertrauen und zu unterwerfen und vorwärts zu kommen in diesen Denkvorschriften",[21] verweist auf die autoritären Ordnungen und Praktiken des Denkens, auf die Ausschließungen und Wertsetzungen, die blinden Stellen und Verdrängungen. „Der hier Eingetretene ist gezwungen, [...] von diesem Augenblick an nurmehr das in der höllerschen Dachkammer zulässige Denken zu denken, [...] es mußte *das Denken der höllerschen Dachkammer* sein".[22]

Die blinde Rationalität und die Gewalt des ausschließenden Denkens, dem auch der Erzähler in seiner Angleichung an das Denken seines Freundes Roithamer verfallen ist, zeigt sich nicht nur in der strengen, freundlosen Kegelarchitektur, die Roithamer geplant hat, sondern mehr noch in der Sprache seiner Schriften zum Kegelbau. An ihr wird sichtbar, wie er die Schwester zum „Objekt" seiner Forschung machte – „Das konsequenten Studium des einen Objekts (meiner Schwester), die konsequente Bauweise des andern Objekts (des Kegels)"[23] – , wie er ihren eigenen Glücksanspruch überging – „Eine vollkommene Konstruktion muß einen Menschen, für den sie konstruiert ist, *glücklich machen*"[24] – und wie er in seinem wissenschaftlich-künstlerischen Projekt ihren Tod einkalkulierte – „ein solches niedagewesenes Bauwerk wie den Kegel bauen für einen Menschen wie meine Schwester" ist, „wie jeder weiß", „im Grunde ein tödlicher Prozeß".[25] Die Sprache von Bernhards Roman legt die tödliche Seite dieses Denkens offen und sie verlangt vom Lesenden, den Text als „Archäologie" der Dispositive einer tödlichen instrumentellen Rationalität zu entziffern.

Das Irritierende dieser Vernunftkritik, wie sie erzählerisch an der Sprache Roithamers vorgeführt wird, liegt darin, dass in ein und demselben Geistesmenschen die Blindheit für die Folgen der eigenen Wissenschaft neben einer großen Empathie mit den sozial Deklassierten und Ausgestoßenen – den Haftentlassenen – stehen kann, oder dass die rücksichtslose wissenschaftliche Unterwerfung des Subjekts durch das Kegelprojekt eine geradezu konträr dazu verlaufende mystisch kontemplative Hinneigung zu Naturphänomenen und Erinnerungsgegenständen nicht ausschließt. In der Tischlade hat Roithamer eine gelbe Papierrose als Erinnerung an einen glücklichen Tag aufbewahrt, eine Erinnerung, die sich von jeder instrumentellen Verfügung über das Objekt befreit zu haben scheint: „In Anschauung der gelben Papierrose, nichts sonst (3. Juni)", ist eine Eintragung in Roithamers nachgelassenen Schriften, die der Erzähler als Nachlassverwalter Roithamers findet.[26]

---

21 Ebd., S. 22.
22 Ebd.
23 Ebd., S. 190.
24 Ebd., S. 196.
25 Ebd., S. 191.
26 Ebd., S. 317.

7.   „Auflösung aller Begriffe" II – *Korrektur*

Die kritische erzählerische Auseinandersetzung mit einem Denken, das zum
Tod führt, zeigt sich am eindringlichsten an der *Korrektur*-Thematik. Dieses
thematische Zentrum des Romans, das sich mit dem Werkmotiv der „Auslöschung" berührt, gehört zu den irritierendsten und aufregendsten Passagen
im Werk Thomas Bernhards überhaupt. Roithamer entdeckt erst nach dem
Tod seiner Schwester, was der Leser längst an seinen rabiaten, ständig sich wi-
dersprechenden Anklagen vor allem gegen seine Herkunftsfamilie und seine
Mutter ablesen konnte: dass er in seinem Denken und in seiner Wahrnehmung
die ihm am nächsten stehenden Menschen am falschesten gesehen hat. Zum
Begräbnis der Schwester aus England angereist, kommen ihm die Brüder entgegen, und nun sieht er sie plötzlich anders. Er habe mit dem einen Blick „den
Beweis gehabt" – „daß alles, das ich beschrieben habe, falsch ist." Schon auf
dem „Viktoriabahnhof" in London war ihm, bevor er im Schlafwagen mit
der Korrektur beginnt, klar geworden: „Daß alle nicht seien, was sie sind,
daß alles nicht ist, was es sei, so Roithamer."[27] Dass „alles falsch ist", was er
dachte, das zeigt ihm die „Tatsache des Begräbnisses" seiner Schwester. Ein
immer weiter gehender Korrekturprozess setzt ein, selbst im bereits korri-
gierten Manuskript findet er noch immer die destruktiven Züge eines Denkens, die ihm so lange verborgen geblieben waren, weil sie eben in seinem
Denken selbst lagen. „Ein *Bild* hielt uns gefangen", heißt es bei Wittgenstein, und „heraus konnten wir nicht, denn es lag in unsrer Sprache, und sie
schien es uns nur unerbittlich zu wiederholen".[28] Und jetzt erst öffnet sich
Roithamer der Einsicht in die traumatischen Folgen der „Wirkung des Kegels" auf die Schwester: „Was folgte, war Entsetzensfolge, so Roithamer,
nichts sonst, Absterben, Einschließen in die Todeskrankheit, nichts sonst,
alles hatte von diesem Augenblick an in ihren sicheren Tod geführt (3.
Mai)".[29]

Die logische Ordnung der Sprache beginnt gegen Ende der Aufzeichnungen zu zerfallen und die Begriffe lösen sich auf. Ein krankes schreiben-
des Ich registriert die Symptome seiner Zerrüttung: „Korrektur der Korrektur der Korrektur der Korrektur, so Roithamer. Anzeichen von Verrückt-
heit, Schlaflosigkeit, Lebensüberdruß." Keine „Möglichkeit" mehr, „aus der
höllerschen Dachkammer hinauszugehn (7. Mai)",[30] es sei denn im Tod –
eine Selbst-Auslöschung, die den letzten und größten Roman vorwegnimmt,
aber eigentlich von den ersten größeren Prosaarbeiten an, denkt man nur an
die Erzählung *Der Schweinehüter*, ein Gravitationszentrum von Bernhards
Schreiben bildet.

---

27   Bernhard, Korrektur (Anm. 20), S. 312.
28   Wittgenstein, Philosophische Untersuchungen (Anm. 10), S. 67.
29   Bernhard, Korrektur (Anm. 20), S. 313f.
30   Ebd., S. 317.

8.   „Auflösung aller Begriffe" III – Lichtung

Die letzte Eintragung Roithamers, die der Nachlassverwalter und Erzähler findet, ist mit 7. Juni datiert. Sie lautet: „Das Ende ist kein Vorgang. Lichtung".[31]

Das rätselhafte Schlusswort des Romans streift an einen zentralen philosophisch-ästhetischen Begriff Martin Heideggers, das Wort „Lichtung" wird aber auch durch die erzählerische Aufmerksamkeit für Lichtverhältnisse und Spiegelungen vorbereitet. Am Höllerhaus habe Roithamer „der ganze merkwürdige ganz eng mit den Lichtverhältnissen in dem Aurachtale zusammenhängende Zustand" angezogen,[32] und der Erzähler erinnert den Höller an den gemeinsamen Schulweg mit Roithamer und „an Spiegelungen in der Luft, an Reflexe im Gras und an der Uferböschung vor allem bei der Aurachengstelle".[33]

Das letzte Wort, „Lichtung", das mit dieser mystischen Bedeutungsschicht im Roman korrespondiert, verweist auf eine andere Wahrheit als die der rationalen Kegelkonstruktion, mit der Roithamer alle Rätsel des Lebens wissenschaftlich beseitigen wollte. „Wir fühlen, daß selbst, wenn alle möglichen wissenschaftlichen Fragen beantwortet sind, unsere Lebensprobleme noch gar nicht berührt sind", liest man in 6.521 von Ludwig Wittgensteins *Tractatus logico-philosophicus*. Im darauf folgenden Paragraphen 6.522 steht: „Es gibt allerdings Unaussprechliches. Dies *zeigt* sich, es ist das Mystische".[34]

Die Nähe zu Wittgensteins *Tractatus*, aber auch zu Heideggers Deutung des Kunstwerks als „lichtende Mitte" und „Lichtung, in die das Seiende hereinsteht",[35] stützen eine Lesart des Romans, derzufolge die entscheidende Selbstkorrektur des Geistes darin läge, sich zu öffnen für die vieldeutige Wahrheit der anderen Menschen und der Natur. Der an den Satz in 6.4311 des *Tractatus* – „Der Tod ist kein Ereignis des Lebens" – anstreifende Roman-Schluss ist nur ein Teil der nicht auf einen Nenner zu bringenden Wittgenstein-Beziehungen, die der Autor schon in einem Exposé zu *Korrektur* angesprochen hat. „Wer ist Roithamer, Mathematiker, Physiker? Die Antwort ist: er ist nicht Wittgenstein, aber er ist Wittgenstein".[36] Vielleicht darf man diese rätselhafte Antwort so verstehen, dass der Roman nicht als verschlüsselte Wittgenstein-Biographie gelesen werden will. Roithamer ist kein verkleideter Wittgenstein, der Roman weiß sich dem Philosophen vielmehr verbunden in der Intention des *Tractatus*, die logischen Sätze zu „überwinden", um „die Welt richtig" sehen und denken zu können.[37] Damit rettet

---

[31]   Ebd., S. 318.

[32]   Ebd., S. 12.

[33]   Ebd., S. 126.

[34]   Ludwig Wittgenstein, Tractatus logico-philosophicus. Logisch-philosophische Abhandlung, 7. Aufl., Franfurt a. M. 1969, S. 115.

[35]   Zit. n. Bernhard Judex, „,Tausende von Umwegen". Thomas Bernhards Roman „Korrektur" im Lichte der Philosophie Martin Heideggers und Rekonstruktion seiner Entstehung aus dem Nachlass, in: Sprachkunst 35 (2004) S. 269–285, hier S. 285.

[36]   Bernhard, Korrektur (Anm. 20), S. 338.

[37]   Wittgenstein, Tractatus logico-philosophicus (Anm. 34), S. 115.

Bernhard in Wittgenstein das sprach- und philosophiekritische Denken der klassischen österreichischen Moderne, und zwar dadurch, dass sich das kritische nachdenkliche Erzählen im Roman von Roithamers geistversessenem, von der mathematischen Rationalität ‚verhextem' Denken befreit.

Das letzte Wort, „Lichtung", das seine starke mystische Strahlkraft auch aufgrund seiner Position am Romanschluss erhält, stellt unabweisbar eine assoziative Beziehung zu Heideggers Ontologie des Kunstwerks her. Auch wenn Heidegger nirgends im Roman vorkommt und in Roithamers „*Denk*kammer" nichts von ihm erhalten ist, verleiht seine Deutung des Kunstwerks als ‚Welt' und als ‚Offenes' – „das Seiende", das in die „Lichtung" „hereinsteht"[38] – gerade den ganz persönlichen Erinnerungen und Assoziationen des mystischen Worts an dieser exponierten Romanstelle eine allgemeinere existenzielle Wahrheit.

Die Freunde, erinnert sich der Erzähler einmal, hatten sich in der Jugend oft zufällig genau am Schnittpunkt ihres Schulwegs auf der Lichtung getroffen, wo Roithamer dann mit seinem Selbstmord den Weg ins Freie ging. Wenn sie sich auf der „Waldlichtung" trafen, haben sie sich „immer über den Zufall, darüber und über alles Mögliche unterhalten". Die Lichtung, „die vielbedeutend in unserem Leben gewesen war und auch heute noch vielbedeutend in meinem Leben ist", erscheint in diesen Formulierungen wie ein Gleichnis des Vielbedeutenden, Offenen, Nicht ganz Festzulegenden, das die Wahrheit der Literatur ist. Wie etwas Vergessenes klingt in diesem letzten Wort des Romans der Titel eines literarischen Prosatextes von Roithamer mit dem Titel „*Die Lichtung*" an, zu dem ihn „die Beschäftigung mit Stifter und insbesondere mit dem Kalkstein" angeregt hatte. So erhält der Selbstmord, der Bernhard nie zu beschäftigen aufgehört hat, an dieser Stelle etwas Offenes, Freies, mit dem Kunstwerk in Beziehung Stehendes. Jene „verlorengangen[e]" literarische Arbeit Roithamers, sein Prosastück, „*Die Lichtung* überschrieben", „wäre jetzt", bemerkt der Erzähler, „nach dem Selbstmord Roithamers in der Lichtung, von größter Wichtigkeit".[39]

---

[38]   Zit. n. Judex, „Tausende von Umwegen" (Anm. 35), S. 285.
[39]   Bernhard, Korrektur (Anm. 20), S. 74.

Stefan Krammer

Figurationen der Macht.
Rhetorische Strategien in Thomas Bernhards Dramen

„Die Macht der Macht scheint im Wesentlichen auf dem Umstand zu beruhen, daß man nicht genau weiß, um was es sich eigentlich handele."[1] Mit dieser Einschätzung beschreibt Niklas Luhmann ein soziales Phänomen, das ungreifbar und in seiner diffusen Weise doch allgegenwärtig zu sein scheint. Mit der Klangfigur des nominalen Polyptotons unterstreicht Luhmann diesen Befund auch auf stilistischer Ebene: Es ist die opake Begrifflichkeit der Macht selbst, welche diese gleichsam mächtig erscheinen lässt. Die vermeintliche „Evidenz des Phänomens" verstärkt geradezu die „Unklarheit des Begriffes".[2] Doch wie ist die Macht der Macht überhaupt einzuschätzen, wenn wir nicht einmal wissen, wie wir den Begriff für sich allein genommen zu verstehen haben? Wovon reden wir eigentlich, wenn wir von Macht reden? Max Weber gibt darauf eine der möglichen Antworten,[3] wenn er Macht als jede Chance beschreibt, „innerhalb einer sozialen Beziehung den eigenen Willen auch gegen Widerstreben durchzusetzen, gleichviel worauf diese Chance besteht".[4] Doch auch für ihn bleibt der Begriff „soziologisch amorph",[5] denn alle nur denkbaren Qualitäten eines Menschen und alle nur denkbaren Konstellationen können jemanden in die Lage versetzen, seinen Willen in einer gegebenen Situation durchzusetzen. Insofern plädiert er auch in einer Engführung für den präziseren Begriff der Herrschaft, den er als Chance definiert, „für einen Befehl bestimmten Inhalts bei angebbaren Personen Gehorsam zu finden".[6] Herrschaft setzt also immer eine konkrete Ordnung voraus, in der die betreffenden Akteure, seien es nun die Herrschenden oder die Beherrschten, auch lokalisiert werden können. Und diese Ordnung bündelt nicht nur die Macht, sondern an ihr wird diese auch manifest. Wesentlich ist dabei aber, dass Macht keine an sich bestehende Realität bezeichnet, die dieser Ordnung eingeschrieben ist, sondern immer nur in

---

[1] Niklas Luhmann, Klassische Theorie der Macht. Kritik ihrer Prämissen, in: Zeitschrift für Politik 16 (1969) S. 149–170, hier S. 149.

[2] Ebd.

[3] Eine konzise Zusammenschau unterschiedlicher Macht-Diskurse von der Antike bis zur Gegenwart liefert etwa Wilhelm Berger, Macht, Wien 2009. Hier finden sich auch vertiefende Ausführungen über die Vieldeutigkeit der mit Macht bezeichneten Phänomene wie über den überlappenden Wortgebrauch von Macht, Herrschaft und Gewalt.

[4] Max Weber, Wirtschaft und Gesellschaft. Grundriss der verstehenden Soziologie, Frankfurt a. M. 2008, S. 38.

[5] Ebd.

[6] Ebd.

seiner Ausübung, oder wie das Michel Foucault sagt, „*in actu*"[7] existiert. Macht beschreibt also das Handeln von Menschen, und zwar in der wechselseitigen Bezugnahme aufeinander, und ist dadurch gekennzeichnet, dass sie unterschiedlichste Handlungsweisen zwischen Individuen oder Gruppen ins Spiel bringt. Foucault spricht dabei von einem „Ensemble von Handlungen, die sich gegenseitig hervorrufen und beantworten".[8] Die Metaphorik, auf die hier Foucault zurückgreift, legt bereits die Spur zu einem wesentlichen Indikator von Macht: nämlich Kommunikation. Indem wir kommunizieren, also mittels Sprache oder sonstigen Zeichen Informationen übermitteln, wirken wir auf bestimmte Weise auf andere ein. Ja im Sprechakt selbst vollziehen wir Handlungen, die immer auch Macht demonstrieren, sich mächtig aufführen. Kommunikation impliziert aber nicht nur zielgerichtetes Handeln, sondern erzeugt allein schon dadurch Macht, indem das Informationsfeld und dadurch das Wissen der anderen verändert werden. Die Machtverhältnisse werden also „in sehr bedeutendem Umfang durch die Produktion und den Austausch von Zeichen ausgeübt; sie sind auch kaum vom zielgerichteten Handeln zu trennen, seien es nun Handlungen, die die Ausübung der Macht befördern (wie die Dressurtechniken, die Herrschaftsverfahren, die Weisen, Gehorsam zu erwirken) oder solche, die, um zum Zuge zu kommen, auf Machtverhältnisse angewiesen sind (wie in der Arbeitsteilung und in der Hierarchie der Aufgabe)".[9]

Macht gehört zu den wesentlichen tiefenstrukturellen Komponenten von Rhetorik.[10] Um die Mechanismen zu entschlüsseln, die in Machtverhältnissen zum Einsatz kommen, gilt es u.a. nach den kommunikativen Strategien zu fragen, die aufgeboten werden, um Macht zu demonstrieren bzw. diese aufrecht zu erhalten. Es geht im Folgenden also darum, die Figurationen der Macht im literarischen Text auf sprachlicher Ebene aufzuspüren. Einer mehr oder minder diffusen Auffassung von Macht soll dadurch begegnet werden, dass Machtverhältnisse in ihrer kommunikativen Ausformung erfasst und mittels rhetorischer Kategorien beschrieben werden. Eine derartige Analyse setzt eine konkrete Situation voraus, in der Macht zwischen unterschiedlichen Akteuren verhandelt wird. Zu berücksichtigen ist dabei, dass oft bereits vor der eigentlichen Handlung die Rollen verteilt, die Spielregeln fixiert, die Trümpfe vergeben sind. Die Asymmetrie der Situation schlägt sich dann bis in die Feinstruktur der Interaktion durch, bis in die Verteilung der Sprecherrollen und Redeweisen, die Besetzung der Themen und der dramaturgischen Scripts.[11]

---

7   Michel Foucault, Botschaften der Macht: Der Foucault-Reader, Diskurs und Medien, hg. v. Jan Engelmann, Stuttgart 1999, S. 191.

8   Ebd., S. 188.

9   Foucault, Botschaften der Macht (Anm. 7), S. 189.

10   Vgl. Joachim Knape, Gewalt, Sprache und Rhetorik, in: Julia Dietrich / Uta Müller-Koch (Hgg.), Ethik und Ästhetik der Gewalt, Paderborn 2006, S. 57-78.

11   Vgl. Wolfgang Sofsky und Rainer Paris, Figurationen sozialer Macht. Autorität – Stellvertretung – Koalition, Opladen 1991, S. 13.

Im Folgenden soll nun die Literatur danach befragt werden, was sie über Macht und Machtverhältnisse weiß. Als Referenztexte werden dabei Thomas Bernhards Theaterstücke herangezogen, in denen auf dramatische Weise konkrete Situationen verdichtet sind, in denen einzelne Protagonisten Macht über andere ausüben. Im Zentrum meiner Überlegungen stehen jene rhetorischen Praktiken, derer sich die Figuren bedienen, um im Kräftemessen um Macht und Ohnmacht als Sieger hervorzugehen. Die Analyse erstreckt sich auf verschiedenen Ebenen: zum einen werden die in der dramatischen Rede verwendeten sprachlichen Figuren und Tropen in Hinblick auf ihre Wirkungsmacht untersucht, zum anderen werden Kommunikationsszenarien, die zwischen den Figuren ablaufen, als ritualisierte Machtspiele betrachtet. In diesem Sinne soll Bernhards Rhetorik syntaktisch, semantisch und auch pragmatisch erfasst werden, etwa entlang folgender Fragestellungen: Welche sprachlichen Figuren und Tropen eignen sich besonders für eine machtvolle Rhetorik? Welche Bedeutungen generieren die Machtwörter, die von den Protagonisten gesprochen werden? Wer hat in den Texten eigentlich das Sagen und woran kann dies rhetorisch festgemacht werden?

In Thomas Bernhards literarischen Texten scheint die Rede der Figuren kein Innehalten zu kennen, in der permanenten Wiederholung zieht sie ihre perpetuierenden Kreise. Doch wenn die Figuren endlos sprechen, wird unausgesprochen deutlich, wovon die Rede ablenkt. Denn die Sprache schweigt sich mächtig aus, durch ihre übersteigerte Präsenz an Worten verwirklicht sie geradezu ihre widerhallende Negation: Schweigen. Wie ich schon in anderen Arbeiten zu Bernhard gezeigt habe, wird in seinen Theaterstücken dieses Schweigen nun konkret auf die Bühne gestellt.[12] Denn neben jenen Protagonisten, die durch manisches Sprechen ihre eigene Welt ständig verbalisieren, finden sich immer auch schweigende Figuren, die der Gewalt der Rede jene der sprachlosen Präsenz entgegenstellen. Durch die stummen Rollen ist das Verschwiegene stets gegenwärtig, ihm wird ein Körper verliehen, der nun selbst zu sprechen beginnt: etwa durch Gestik, Mimik und Proxemik.[13]

In Bernhards Stücken werden Machtverhältnisse also nicht nur auf verbaler, sondern auch auf nonverbaler Ebene ausgetragen. Die Sprache wird dabei zum Machtinstrument, die Relation zwischen Reden und Schweigen zu einem wichtigen Gradmesser für die in den Stücken eingeschriebenen Beziehungsstrukturen. Die Sprachdominanz allein gibt allerdings noch keine Auskunft darüber, wer hier eigentlich das Sagen hat. Denn die Figuren entwickeln recht unterschiedliche Strategien, um die Macht an sich zu reißen. Wer redet und dabei die anderen nicht zu Wort kommen lässt, nimmt das Vorrecht auf Sprechakte ganz allein für sich selbst in Anspruch. Und dieses Privileg haben nur we-

---

12 Vgl. insbes. Stefan Krammer, „redet nicht von Schweigen ..." Zu einer Semiotik des Schweigens im dramatischen Werk Thomas Bernhards, Würzburg 2003.

13 Ausführungen zu unterschiedlichen performativen Zeichen vgl. etwa Erika Fischer-Lichte, Ästhetik des Performativen, Frankfurt a. M. 2004 und Hans-Thies Lehmann, Postdramatisches Theater, Frankfurt a. M. 1999.

nige Figuren in Bernhards Stücken. Sich uneingeschränkt äußern zu dürfen, ist gleichsam Ausdruck von Dominanz und Herrschaft wie auch Sinnbild für den Besitz und das Ausüben von Macht über andere Figuren.[14] Diese sind dann meist auf ihre Körpersprache angewiesen, wenn sie gegen die Wortgewalt ihrer redenden Gegenspieler ankämpfen wollen. Durch ihre verbale Abstinenz und körperliche Präsenz führen sie allerdings den redenden Figuren permanent vor Augen, wie sehr diese, die nur noch im verzweifelten Sprechen zu existieren scheinen, zum Opfer ihrer eigenen Sprache geworden sind. Das mehr oder minder bewusst gesetzte Schweigen gewinnt dadurch an Signifikanz und stellt scheinbar klare Machtverhältnisse in Frage. Dem Schweigen kann nicht widersprochen werden, deshalb kann es auch als wirkungsvolles Mittel des Widerstands eingesetzt werden und ist besonders tauglich für einen subtilen Umgang mit Machtverhältnissen. Allerdings dreht das Schweigen diese nicht einfach um, sondern führt sie über in eine Unentscheidbarkeit, welche die scheinbar gefestigten Hierarchien zuallererst in Zweifel zieht und sie dadurch schon ins Wanken bringt: Ist es Macht? Ist es Ohnmacht?

Um darüber Einsichten zu erlangen, gilt es die Auseinanderlegung der Relation von unterschiedlichen Kräften in der Figurenkonstellation in den Blick zu nehmen. Bei meiner Analyse der Machtfigurationen in Thomas Bernhards Dramen muss insofern die Aufmerksamkeit sowohl auf jene Protagonisten gerichtet werden, die durch ihr fortwährendes Reden und durch ihre „lustvoll zelebrierten sadistischen (Wort)Rituale"[15] den eigenen Willen auch gegen Widerstreben durchzusetzen versuchen, als auch auf jene Figuren, die den verbalen Tyranneien ausgeliefert sind und dabei verschiedene Strategien des Aufbegehrens entwickeln. Das Verhältnis der Figuren ist keineswegs als dichotomisch zu verstehen, das eindeutige Zuweisungen zwischen Beherrschten und Herrschenden trifft, vielmehr ist diesem immer auch der Widerstand immanent, ganz im Sinne Foucaults, der davon ausgeht, dass es „kein Machtverhältnis ohne Widerstand, ohne Ausweg oder Flucht, ohne eventuelle Umkehrung"[16] gibt. Demnach ist auch Ulrich Dronske zu widersprechen, der der Sprache in Bernhards Stücken keine kommunikative Funktion zuschreibt und sie als „reine Verkündigung"[17] betrachtet. Denn gerade in der machtvollen Konfrontation zwischen den Figuren wird meines Erachtens die Sprache zum Medium des Austausches und der Auseinandersetzung.

Anhand von Bernhards 1984 bei Suhrkamp erschienenem Stück *Der Theatermacher* soll nun den rhetorischen Praktiken nachgespürt werden, die im Text zum Einsatz kommen, um in der Analyse die unterschiedlichen Figurationen

---

14   Vgl. Michael Billenkamp, Thomas Bernhard. Narrativik und poetologische Praxis, Heidelberg 2008, S. 331.

15   Bernhard Sorg, Thomas Bernhard, 2. Aufl., München 1992, S. 152.

16   Foucault, Botschaften der Macht (Anm. 7), S. 200.

17   Ulrich Dronske, Sprach-Dramen. Zu den Theaterstücken Thomas Bernhards, in: Alexander Honold / Markus Joch (Hgg.), Thomas Bernhard. Die Zurichtung des Menschen, Würzburg 1999, S. 115–122, hier S. 118.

der Macht sichtbar zu machen.[18] Im *Theatermacher* ist es Bruscon, der fast das ganze Stück hindurch spricht und als wortgewaltiger Patriarch seine Familie tyrannisiert. Macht demonstriert er neben dem Wirten insbesondere an seiner Ehefrau und seinen beiden Kindern. Das väterliche Oberhaupt hat nicht nur in familiären Angelegenheiten das Sagen, sondern bestimmt alles, was mit dem Theater, seinem Welt-Theater, zu tun hat. Wie er als Theatermacher und Regisseur Figuren in Bewegung setzt und über deren Sprechakte bestimmt, so verfährt er auch mit den ihn umgebenden Personen. Wer in dieser seiner Welt vorkommen darf, darüber erscheidet ganz alleine er.

Die Auftritte der Figuren vermag er zwar nicht zur Gänze zu kontrollieren, allerdings bleibt ihm zumindest die Möglichkeit, diese so lange zu ignorieren, bis er sie in seinem Wahrnehmungshorizont aufnehmen möchte. Als etwa in der ersten Szene Bruscons Ehefrau zum Essen kommt, nimmt er davon zunächst keine Notiz, bis ihn die Tochter darauf aufmerksam macht:

> SARAH *zu Bruscon*
> Mutter ist da
> BRUSCON
> Was hast du gesagt
> SARAH
> Mutter ist da
> die Mutter ist da
> BRUSCON
> Wo ist sie
> SARAH
> Da
> BRUSCON
> Da da
> [...]
> ich sehe sie nicht
> SARAH
> Da ist die Mutter
> da
> BRUSCON *blickt auf*
> Achja du (S. 60/61)

Die alleinige Präsenz der Mutter genügt nicht, damit sie Bruscon wahrnimmt, erst die verbale Ankündigung führt sie als Figur ein. Die Tochter verleiht hier der Mutter ihre Stimme. Doch Bruscon will zunächst nichts davon wissen, ihm ist gleichsam Hören und Sehen vergangen. In der Szene wird deutlich, inwiefern im und durch das Sprechen über eine Person In- und Exklusion verhandelt werden und inwiefern diese Person überhaupt erst durch Anrufung hervorgebracht wird.

---

[18] Vgl. Thomas Bernhard, Der Theatermacher, in: Ders., Stücke 4, Frankfurt a. M. 1988, S. 7–116. Im Folgenden wird die entsprechende Seitenzahl direkt nach dem Zitat angegeben.

Denn durch eine derartige Interpellation[19] erlangt sie Handlungsvermögen und wird gerade in jene Machtbeziehungen einbezogen, gegen die sie eigentlich ankämpft. Der deiktische Ausdruck „da" wird durch einen stilistischen Wechsel in das Personalpronomen „du" überführt, durch das schließlich erst die interpellative Nennung erfolgt, und zwar in performativer Weise. Die vollkommene Integration, ja Einverleibung der Mutter in die Sprachwelt ihres Mannes wird durch einen Befehl vollzogen, der sich an die ganze Familie richtet. Hier erweist sich die Mutter noch als widerspenstig. Sie fühlt sich nicht angesprochen, wehrt sich gegen jegliche Form der Vereinnahmung, wenn sie zunächst nicht befolgt, was ihr Gatte fordert. Sie reagiert erst auf die direkt an sie gerichtete Wiederholung des Befehls, den Bruscon im herrschenden Tonfall erteilt: „So setzt euch doch / setzt euch doch [...] / *die Mutter anherrschend* / So setz dich doch" (S. 61). Die Geminatio unterstreicht den emphatisch-affektiven Charakter der Aufforderung. Eindringlich wirkt diese nicht nur durch die Zuspitzung des kollektiven Direktivs auf ein Individuum, sondern auch durch die Dramatisierung auf paralinguistischer Ebene.

Auch am Ende des dritten Aktes nimmt Bruscon den Auftritt seiner Frau und seiner beiden Kinder nicht wahr, wie aus der Regieanweisung hervorgeht: „BRUSCON *der von ihnen keine Notiz nimmt, zu Boden schauend*" (S. 104). Und wieder erfolgt die Anrufung der Personen über eine Interpellation, die diese als das benennt, was sie für Bruscon darstellen, nämlich „Darsteller / Hauptdarsteller" (S. 105). Verkleidet und maskiert, wie sie in Erscheinung treten, sind sie auch als solche wahrzunehmen. Bruscon nimmt aber nun einen Rollenwechsel vor, entlarvt die Figuren in ihrer Kreatürlichkeit. Mit einem Kalauer macht sich Bruscon über seine Frau lustig: „Der einzige Reiz an dir / ist der Hustenreiz" (S. 105). Diese Traductio entbehrt einer gewissen Komik nicht, setzt sie doch ein Spiel mit Bedeutungsnuancen in Gang, das auf der semantischen Differenz ein und desselben Wortes aufgebaut ist. Die unterschiedlichen Reiz-Wörter reduzieren die Frau auf eine Körperlichkeit, die sich in einer weiblichen Anzüglichkeit wie auch einer pathologischen Konstitution beschreiben lässt. Der Witz geht auf Kosten der Frau, sie soll vor ihren Kindern bloßgestellt und dadurch der Lächerlichkeit preisgegeben werden. Doch wer am Ende lachen wird, das bleibt hier noch offen.

Im Gegensatz zu den Auftritten kann Bruscon die Abgänge der ihn umgebenden Figuren verbal steuern. Wer in seiner Welt nicht vorkommen soll, den schickt er einfach weg.

> Was sitzt ihr da
> ich brauche euch nicht
> jetzt nicht
> ich will allein sein
> also verschwindet (S. 101)

---

19   Vgl. dazu Louis Althusser, Ideologie und ideologische Staatsapparate (Anmerkungen für eine Untersuchung), in: Ders., Ideologie und ideologische Staatsapparate. Aufsätze zur marxistischen Theorie, Hamburg 1977, S. 108–153.

Mit dem Befehl entledigt er sich der Figuren, ist wieder auf sich allein gestellt und kann so seinen Wortkaskaden in unkontrollierter Weise freien Lauf lassen. Wenn er im Gegensatz dazu zunächst seinen Sohn wegschickt „Geh schon" (S. 75), und etwas später dann seine Tochter „Also verschwinde" (S. 77), dann hat das den Grund, dass Bruscon mit einzelnen Familienmitgliedern allein sein möchte. Dabei verfolgt er das Ziel, bei seinem Gegenüber durch Schmeicheleien Vertrauen zu gewinnen. Wenn er zunächst Sarah und dann Ferruccio versichert, wie schön es ist, „mit dir allein zu sein" (S. 75, S. 77), dann wird in der Wiederholung der Szene evident, wie sehr Bruscon um die Gunst seiner Kinder buhlt und an einer Komplizenschaft (egal nun mit welchem seiner Kinder) interessiert ist. Er fürchtet auch nichts mehr, als einen Komplott gegen ihn, wenn er etwa Sarah vorwirft: „[D]u steckst mit deiner Mutter / unter einer Decke" (S. 77). In diesem Zusammenhang wird sie auch als „die größte Schwachstelle" (S. 77) metaphorisiert. Auch wenn hier auf ihr mangelndes Talent in der Schauspielkunst verwiesen wird, bleibt doch kein Zweifel darüber, dass Bruscon in der Tochter eine Gefahr ortet, die sein Machtgefüge ins Wanken bringen könnte. Folglich verbündet er sich in männlicher Solidarität mit seinem Sohn, um in der gemeinsamen Komplizenschaft (ganz im Sinne von hegemonialer Männlichkeit, wie sie etwa Robert Connell[20] beschreibt) die Bastion gegenüber den Frauen aufrecht zu halten.

Die Befehle, die Bruscon erteilt, betreffen aber nicht nur Auftritte und Abgänge, sondern bestimmen die gesamte Interaktion mit anderen Personen und erweisen sich in diesem Sinne auch als konstitutiv für seine Wirkungsmacht. In performativer Weise setzt er seine illokutionären Sprechakte ein, um andere durch implizite oder explizite Aufforderung in Bewegung zu setzen. Die Wiederholung des Direktivs in unterschiedlichen Variationen betont die Expressivität des Geforderten: „Komm her / du sollst herkommen / Dein Vater befiehlt dir / herzukommen" (S. 65). Mit dem Stilmittel des verbalen Polyptotons werden hier die unterschiedlichen Befehlsformen durchkonjugiert. Die Steigerung im Dreischritt zielt auf das Gelingen des performativen Aktes ab. Vorherrschend sind es imperative Setzungen, die eine unmittelbare Umsetzung erfordern, aber auch mittels interrogativer Äußerungen werden Entscheidungen für eine bestimmte Handlung vorgegeben. Wenn etwa Bruscon seine Tochter fragt: „Siehst du denn nicht / daß ich schweißgebadet bin / siehst du es denn nicht mein Kind" (S. 51), dann fordert Bruscon seine Tochter indirekt auf, den Schweiß von seiner Stirn zu wischen. Die Frage bedingt nicht nur eine Reaktion, sondern wirkt umso mächtiger, als sie zugleich das schlechte Gewissen der Tochter schürt, nicht von selbst diesen Umstand bemerkt und dementsprechend gehandelt zu haben. Rhetorisch sind auch die Fragen zu verstehen, die Bruscon an den Wirten stellt:

---

20   Vgl. Robert Connell, Der gemachte Mann. Konstruktion und Krise von Männlichkeiten, Wiesbaden 2006.

Was stehen Sie denn hier herum
was starren Sie mich denn an
was glauben sie denn
wer Sie sind (S. 53)

Die Eindringlichkeit, mit der hier die Fragen unter Verwendung von Anaphern gestellt werden, unterstreicht Bruscons Vormachtsstellung gegenüber dem Wirten. Nicht nur, dass die Fragen in ihrer Offenheit die Bedeutungslosigkeit des Wirtes demonstrieren, sie suggerieren zugleich auch, dass dieser in der Welt des Theatermachers nichts verloren hat. Der Wirt wird also aus seinem eigenen Wirtshaus verwiesen, das Bruscon zu seinem Theater erklärt hat. Als hätte er ein fremdes Revier übernommen, stellt er den alleinigen Anspruch an diesen Raum, den er nun zu bespielen hat.

Ebenso verlangt auch die von Bruscon im herrschenden Tonfall gestellte Frage „Waren Sie schon / beim Feuerwehrhauptmann / das Notlicht betreffend" (S. 16) keine Antwort, sondern vielmehr eine Aktion. Ein Versäumnis von Seiten des Wirtes wird hier suggeriert und benutzt, um die eigene Machtposition hervorzuheben. Hier wird auch einer unter dem Vorwand der Arbeitsteilung für etwas instrumentalisiert, das gar nicht seine Aufgabe ist. Aus der Befürchtung heraus, dass der Feuerwehrhauptmann nicht erlauben wird, das Notlicht bei der Vorstellung auszuschalten, delegiert Bruscon den Auftrag lieber an einen Stellvertreter und lässt ihn in seinem Namen sprechen: „Sagen Sie dem Feuerwehrhauptmann / ich bin Bruscon / der Staatsschauspieler Bruscon" (S. 16). In hyperbolischer Weise beschreibt er alle Feuerwehrhauptleute als „sogenannte Machtmenschen" (S. 25), die allesamt „an den Hebeln der Macht sitzen" (S. 41). Verbal wird er diese zwar diffamieren, indem er sie im Gegensatz zu seiner Großartigkeit der Lächerlichkeit preisgibt, die direkte Konfrontation scheut er aber dennoch.

Um sein Selbstwertgefühl zu stärken, hat der Theatermacher unterschiedliche Rituale einstudiert, die er nach Belieben zur Aufführung bringt. In einem Frage-Antwort-Spiel, bei dem er etwa die Tochter mit Nachdruck fragt, was ihr Vater sei, möchte er folgende Antwort hören: „Der größte Schauspieler / aller Zeiten" (S. 65). Auch wenn er die Replik erzwingen muss, zumal mit dem Kommissiv der Drohung, scheint das Ritual in seiner Iterabilität und Zitathaftigkeit[21] ein probates Mittel zu sein, sich seiner superlativen Stellung gewahr zu werden. Wichtig ist dabei aber, dass diese im wiederholten Sprechakt immer wieder von Neuem bestätigt wird. Im Ritual kann hier der Sprechakt beliebig aufgerufen und auch zitiert werden. Und gerade in dieser zitathaften Praxis erweist sich die Sprache performativ besonders mächtig.

Davon macht Bruscon auch dann Gebrauch, wenn es darum geht, seine Gegenspieler zu diffamieren. Angriff seiner Beschimpfungen ist insbesondere seine Frau, die er vor allem in Bezug auf ihre Herkunft diskriminiert. In einer

---

[21] Vgl. Jacques Derrida, Signatur Ereignis Kontext, in: Ders., Randgänge der Philosophie, Wien 1988, S. 291–314.

sozialen Differenzierung schreibt es sich selbst in den Stammbaum einer Schauspielerdynastie ein, während er seine Frau als „Proletarierin" (S. 58, 114), als „Maurerpolierstochter" (S. 114) abstempelt. Seine Scheltenrede gegen das Proletariat (S. 67) unterreicht dabei noch seine herabwürdigende Haltung gegenüber seiner Frau. Weitere Opfer seiner verbalen Diffamierungen sind auch seine Kinder, die er pejorativ in wiederholter Weise als „Dilettanten" und „Antitalente" (S. 49) beschreibt, als „Krüppel" oder Dummköpfe (S. 50), die „keine Ahnung […] / von Phantasie / keine Ahnung von Geist / keine Ahnung vom Schöpferischen" (S. 55) haben. In einem Sprachspiel beschreibt er etwa seinen Sohn auch als „Vorhangzieher / Drahtzieher der Dummheit" (S. 85). Der Wortwitz ist hier nicht von der Hand zu weisen, der dadurch entsteht, dass disparate Sinnbereiche in hyperbolischer Metaphorik zusammengefügt werden. In seinen Schimpftiraden finden sich merkwürdig schiefe Metaphern, die durch Übertreibung ihre komische Wirkung nicht verfehlen. Willi Huntemann betont, dass die Hyperbel als rhetorische Figur an sich noch nicht komisch ist, „sie wird es erst als Stilmittel von Bernhards Rhetorik des Schimpfens und Schmähens, deren kennzeichnendstes Merkmal der Superlativ ist".[22] Die Übertreibung eignet sich dabei nicht nur dazu, andere in pointierter Weise abzuwerten, sondern die eigene Erhabenheit in besonderem Maße hervorzustreichen. In diesem Sinne ist auch Bruscons Verwendung des „wir" als unausgewiesene Verallgemeinerung zu lesen, wo es sich zunächst nur um seine eigenen Erfahrung handelt. Da inszeniert sich einer in seinem Größenwahn als *totum pro parte*, als Zeichen für seinen imaginierten Allmachtsanspruch.

Übertrieben sind dann auch die Schikanen, wenn Bruscon Gegenstände an einen bestimmten, mit deiktischen Ausdrücken aber nur unpräzise bezeichneten Ort platzieren lässt. Beispiele hierfür sind die Szene mit dem Wäschekorb, der vom Wirt und der Wirtin hereingetragen wird (S. 70), und jene mit der Maskenkiste, die nach den ungenauen Anweisungen Bruscons von seinen Kindern abgestellt werden soll:

BRUSCON
Da kommt die Maskenkiste hin
Dahin
Sie tragen die Maskenkiste dahin, wo Bruscon sie hingestellt haben will
BRUSCON
Dahin habe ich gesagt
zeigt es mit dem Stock
Dahin
Doch nicht dahin
die Maskenkiste wird aufgehoben und wieder hingestellt
BRUSCON
Dahin
dahin die Kiste

22 Willi Huntemann, Artistik und Rollenspiel. Das System Thomas Bernhard, Würzburg 1990, S. 208.

die Maskenkiste dahin
dahin
dahin wo ich gesagt habe (S. 50)

Wesentlich ist bei all diesen verbalen Verunglimpfungen und Schikanen, dass
Bruscon „keine Widerrede / und keine Gehorsamsverweigerung" (S. 65) duldet. Das eigentliche Problem liegt aber gerade in der Pflichterfüllung dieser
Forderung, denn die Widerspruchslosigkeit der ihn umgebenden Figuren wird
letztlich zur quälenden Anklage gegen ihn. Je penetranter sich Bruscon als Ty-
rann verdingt, desto augenfälliger ist sein peinliches Scheitern. Gegen das
Schweigen der Mutter, das nur durch ihr Husten skandiert wird, weiß sich letztlich der Theatermacher nicht anders zu helfen, als sie körperlich zu verunstal-
ten. Er entstellt ihr Gesicht, indem er es schwarz schminkt, und richtet sie mehr
oder minder gewaltsam zu, wenn er ihr die Haare streng nach hinten kämmt.
Agathe lässt in offenbar widerstandsloser Passivität über ihren Körper verfügen
und übernimmt dadurch die ihr aufgezwungene Opferrolle. Wie mächtig Bruscon hier auch erscheinen mag, zeugt der Akt doch von seiner Hilflosigkeit.
Dort, wo die Worte nicht mehr wirken, misslingt der Sprechakt. Und genau
dann muss er aktiv werden und selbst Handlungen setzen. Die verbale Diffamierung geht in eine körperliche Demütigung über, allein zu dem Zwecke, seine Frau bloßzustellen. Später wird er dann ihre Aufmachung verspotten: „Wie
du aussiehst / Eine Schande für das Theater / eine Schande für das weibliche
Geschlecht" (S. 114). Seine Frau wehrt ihn und diese verbalen Angriffe zunächst mit der rechten Hand ab, bricht dann aber plötzlich in lautes Lachen
aus. Sie kann seine tyrannischen Verbalattentate nur lächerlich finden und demonstriert mit ihrem haltlosen Gelächter ihre Überlegenheit. Dagegen ist Bruscon machtlos, seine Macht ist gleichsam in Ohnmacht gefallen. Agathes Lachen
gibt die ganze Vorstellung ihres Mannes der Lächerlichkeit preis, entlarvt die
Welt des Theatermachers als Scheinwelt und bringt diese zum Einstürzen, indem die ihr eingeschriebenen Widersprüche aufgedeckt werden. Ihr Lachen ist
schließlich auch die Ankündigung für die Katastrophe am Ende des Stückes –
das „Rad der Geschichte" kann wieder einmal nicht aufgeführt werden. Wo
kein Publikum, dort kann auch kein Stück stattfinden: „Der Saal ist leer / leer
ist der Saal / vollkommen leer" (S. 115). Mit der Epánodos vergewissert sich
Bruscon gleichsam des Gesagten in reflexiver und auch emphatischer Weise.
Da nützt es ihm auch nichts mehr, wenn er sich in die Reihe großer Männer
einschreibt: „Shakespeare / Goethe / Bruscon / das ist die Wahrheit" (S. 115).
Die Klimax als Mittel der Ausdrucksverstärkung unterstreicht in ihrer dynami-
sierenden Eindringlichkeit seinen eigenen Größenwahn. Doch im Kostüm des
Napoleons ist ihm der Untergang schon auf den Leib geschneidert. Waterloo
ist geschlagen, die Schlacht ist verloren, auch im Kampf der Geschlechter.

Mireille Tabah zeigt in ihrer Arbeit zur Geschlechterdifferenz bei Thomas
Bernhard, inwiefern Bernhards männliche Figuren zumeist das Weibliche als
bedrohliche Verkörperung des Anderen wahrnehmen und dementsprechend
darauf reagieren: nämlich indem sie „das weibliche Geschlecht mit apodik-

tischen Pauschalurteilen verdammen und die Frauen, die in ihrem Machtbereich leben, systematisch zu Objekten ihrer sprachlichen, und zumal körperlichen Gewalt degradieren".[23] Das Weibliche wird als eine Konstruktion von Männerfiguren dargestellt – und zwar als negatives Spiegelbild des Mannes. Dabei wird allerdings die Rede der Bernhard'schen Männerfiguren entlarvt: Diese erweisen sich lediglich als tragisch-komische Marionetten, die sich „buchstäblich im Teufelskreis grotesker Männerphantasien"[24] drehen, von der phallologozentrischen Ideologie und hegemonialen Vorherrschaft der abendländischen Kultur in Bewegung versetzt. Sie parodieren und mystifizieren den patriarchalen Diskurs über die Geschlechterdifferenz, indem sie an exemplarischen Einzelfällen seine Funktionsweise vor Augen führen und seine inneren Widersprüche aufdecken.

Neben den vielfältigen Figurationen der Macht, die am Beispiel von Bernhards *Theatermacher* aufgezeigt werden können und die sich in ähnlicher Weise auch in anderen Bernhard'schen Stücken finden, soll hier noch auf zwei weitere Formen hinwiesen werden, die ebenso kennzeichnend für Bernhards Dramatik sind.

Zum einen ist es das stellvertretende Sprechen, wie wir es durch Frau Zittel im 1988 erschienenen Stück *Heldenplatz*[25] vorgeführt bekommen. Sie ist es, die ihrem verstorbenen Dienstgeber ihre Stimme verleiht und gleich im Auftakt des Stückes auf den toten Professor verweist, indem sie seinen Anzug auf einem Kleiderbügel gleichsam metonymisch auf die Bühne bringt. Die Kleidung repräsentiert den Verstorbenen, das Material des Stoffes schafft einen Körper, der durch Aussagen des Professors, die Frau Zittel in den Mund gelegt werden, lebendig wird. In ihrer monologischen Rede kommt also nicht allein sie selbst zu Wort, sondern auch ihr ehemaliger Dienstgeber, und zwar in Form von wörtlichen Zitaten. Diese werden durch die meist nachgestellte Inquitformel „hat der Professor gesagt" auch als solche ausgewiesen, allerdings durch das Fehlen jeglicher Satzzeichen nicht extra hervorgehoben. Dadurch kommt es zu einem Konglomerat aus Meinungskundgebungen, in dem die Aussagen von Frau Zittel mit jenen des verstorbenen Professors derart verschmelzen, dass eine eindeutige Festlegung auf den Urheber oftmals offen bleiben muss. Beim Versuch der Meinungszuschreibung und der Untersuchung der Redeanteile wird aber evident, wie sehr die Rede der Frau Zittel durch den Professor dominiert und überschattet wird. Frau Zittel verbalisiert und kanalisiert zwar seine Ansichten, hat selbst aber wenig zu sagen und fungiert demnach vor allem als verlängertes Sprachrohr ihres einstigen Dienstgebers. Die Macht, die der Professor auch noch nach seinem Tod auf Frau Zittel ausübt, überträgt sich in die Gesprächskonstellation zwischen ihr und dem Hausmädchen Herta. War Frau Zittel gegenüber dem Professor nicht nur durch ihr Dienstverhältnis, sondern

---

[23]   Mireille Tabah, Der „Geistesmensch" und die Frauen. Zur Parodie der Geschlechterrollen in Thomas Bernhards Theater, in: Manfred Mittermayer / Martin Huber (Hgg.), Thomas Bernhard und das Theater, Wien 2009, S. 71–74, hier S. 71.

[24]   Ebd., S. 74.

[25]   Vgl. Thomas Bernhard, Heldenplatz, Frankfurt a. M. 1988.

auch als stumme Zuhörerin klar unterlegen, nimmt sie nun seine Position ein, indem sie vor der schweigenden Herta ihre Überlegenheit demonstriert. Wesentlich erscheint dabei aber, dass sie in ihrer Machtausübung gegenüber Herta immer auch auf die Autorität ihres einstigen Dienstgebers angewiesen ist.

Zum anderen soll auf die Bernhard'sche Zitiermanier hinwiesen werden, wie sie etwa im Stück *Immanuel Kant* aus dem Jahr 1978 durch den Papagei parodiert wird, der als sprechender Vogel die Aussprüche Kants wiederholt und dabei wie ein Spiegel die geistigen Ergüsse des Philosophen reflektiert, als sprichwörtlicher Nachplapperer allerdings Kants Aufklärungsmaxime der Mündigkeit auf besondere Weise lächerlich macht. Eine derartige „Papagei-Kommunikation"[26] findet sich etwa auch beim Vater in *Der Ignorant und der Wahnsinnige*, bei Caribaldis Zirkustruppe oder in modifizierter Form bei Beil in *Claus Peymann und Hermann Beil auf der Sulzwiese*. Die monologisierenden Figuren in Bernhards Stücken scheinen auf solche Zitationen angewiesen zu sein, fungieren diese doch innerhalb der Kommunikationssituation als möglicher Beweis dafür, dass ihre Reden nicht ins Leere laufen, sondern auch einen Zuhörer finden. Indem die Figuren jeweils den letzten Teil der Rede ihres Gegenübers wiederholen, geben sie diesem nicht nur das Gefühl, seiner Rede in ihrer Komplexität zu folgen, sondern multiplizieren gleichsam durch Reproduktion das Gesagte. Jene Protagonisten, die solche Reflektoren ihrer Rede um sich versammelt haben, können sich glücklich schätzen, denn sie werden durch diese von der Tatsache abgelenkt, dass sie im Grunde nur einsam redend um ihr Überleben kämpfen.

Zusammenfassend lässt sich festhalten, dass sich die monomanisch sprechenden Protagonisten in Bernhards Stücken allesamt als Virtuosen sadistischer Verbalquälerei erweisen. Durch ihr unermüdliches Artikulieren setzen sie permanent Sprechakte und bauen sich so eine Welt zusammen, in der allein sie schalten und walten können. Die Sprache ist gleichsam ihre Welt, in der sie über all jene Macht ausüben können, die als Teil dieser Welt ihrem Sprachduktus ausgeliefert sind. Während die einen reden, sind die anderen zumeist zum Schweigen verurteilt, und zum Handeln. Verbal wird an den Fäden gezogen, um die um sich versammelten Figuren wie Marionetten in Bewegung zu setzen. Die Macht der Gewohnheit wird benutzt, wenn in ritualisierter Form Handlungen vollzogen werden, die zur Diffamierung und Demütigung anderer dienen. Nicht nur solche Szenen wiederholen sich im Ritual, die Rede selbst ist gekennzeichnet durch Zitate und Wiederholungsfiguren, die in ihrem hyperbolischen Gebrauch Komik erzeugen, die als Mittel der Kompromittierung gegenüber den Mitspielern eingesetzt wird. Das Aufbegehren ist aber auch in den Machtverhältnissen, die in Bernhards Stücken in Szene gesetzt werden, konstitutives Element, das in vielerlei Hinsicht die Grenzen der Machtausübung deutlich macht. Doch diese lassen sich nicht immer einfach festlegen, sie oszillieren vielmehr zwischen Macht und Ohnmacht. Selbst wenn die unterschiedlichen

---

[26] Eun-Soo Jang, Die Ohnmachtspiele der Altersnarren. Untersuchungen zum dramatischen Schaffen Thomas Bernhards, Frankfurt a. M. 1993, S. 171.

rhetorischen Strategien benannt werden können, die verschiedenen Figurationen der Macht entwickeln ihr Eigenleben, „sie überlagern sich, kreuzen sich,
beschränken und annulieren [sic!] sich bisweilen, verstärken sich in anderen Fällen."[27]

---

[27] Foucault, Botschaften der Macht (Anm. 7), S. 198.

Olaf Kramer

Wahrheit als Lüge, Lüge als Wahrheit.
Thomas Bernhards Autobiographie
als rhetorisch-strategisches Konstrukt

1. Die Autobiographie – Ein „Neuanfang" im Werk Thomas Bernhards?

Als Text, in dem Thomas Bernhard sich „erinnert",[1] wurde *Die Ursache. Eine Andeutung* 1975 vom Salzburger Residenz Verlag angekündigt. Das Erscheinen der *Autobiographie* Bernhards in insgesamt fünf Bänden bis 1982 weckte unter Literaturwissenschaftlern die Hoffnung, Thomas Bernhard nun besser verstehen zu können und wurde als „Neuanfang" im Werk Bernhards betrachtet.[2] In der Folge entstanden Versuche, durch die Autobiographie andere Texte Thomas Bernhards zu enträtseln,[3] die Biographie des Autors mit Hilfe der Erinnerungsbücher nachzuzeichnen[4] oder gar anhand der Werke die Pathologie der Entwicklung Thomas Bernhards aufzuzeigen.[5] Die Verführung, die Erinnerungsbücher als Schlüssel zu Autor und Werk zu verwenden, ist vielleicht sogar noch gestiegen, nachdem die Bände inzwischen in der Werkausgabe zu einer *Autobiographie* gebündelt wurden, was den Eindruck verstärkt, man habe es mit einer umfassenden autobiographischen Rückschau zu tun. Die „Möglichkeits-

---

[1]   Zit. nach Eva Marquardt, Gegenrichtung. Entwicklungstendenzen in der Erzählprosa Thomas Bernhards, Tübingen 1990, S. 127.

[2]   Peter Laemmle, Karriere eines Außenseiters. Vorläufige Anmerkungen zu Bernhards fünfteiliger Autobiographie, in: Text und Kritik, hg. v. Heinz Ludwig Arnold, H. 43, 2., erweit. Aufl., München 1982, S. 1–7, hier S. 2.

[3]   Vgl. Johann Strutz, „Wir, das bin ich" – Folgerungen zum Autobiographienwerk von Thomas Bernhard, in: Kurt Bartsch / Dietmar Goltschnigg / Gerhard Melzer (Hgg.), In Sachen Thomas Bernhard, Königstein 1983, S. 179–198.

[4]   Vgl. Helmut Gross, Biographischer Hintergrund zu Thomas Bernhards Wahrheitsrigorismus, in: Text und Kritik, hg. v. Heinz Ludwig Arnold, H. 43, 3. Aufl. (Neufassung), München 1991, S. 112–121.

[5]   Vgl. Urs Bugmann, Bewältigungsversuch. Thomas Bernhards autobiographische Schriften, Bern 1981. Bugmann führt eine psychologische Analyse durch und gelangt zu der Diagnose, Thomas Bernhard sei ein Autist (vgl. S. 286), obwohl er im Vorwort (S. 14) zu seiner Untersuchung völlig korrekt feststellt: „Freilich stellt sich auch die Schwierigkeit ein, daß die Materialien, deren sich solches Hinterfragen bedient, selbst auch wieder literarische Werke und damit von zwangsläufig fiktionalem Charakter sind."

fetzen von Erinnerung",[6] die Bernhard präsentiert, sind durch diese Editionspraxis zu einer Erinnerung zusammengewachsen, die vielleicht noch stärker als
bisher Image und Interpretation Bernhards prägen wird.

Bernhard war sich wohl von den ersten Erinnerungsbüchern an bewusst,
dass die Ausgestaltung der eigenen Biographie eine der wesentlichen Bewährungsproben im Künstler-Agon heutiger Tage ist.[7] Wenn schon Goethe mit
Dichtung und Wahrheit die Rezeption seiner Werke und sein Image nachhaltig
geprägt hat,[8] so kommt der Autobiographie im heutigen Kunstmarkt eine
nochmals gesteigerte Bedeutung zu, denn „heute [lässt sich] insbesondere auch
kommerzieller Erfolg auf dem Kunstmarkt meist dann erzielen, wenn neben
oder hinter der künstlerischen Produktion auch eine entsprechend vermarktbare Künstlerpersönlichkeit steht."[9] Thomas Bernhard verstand sich darauf, in
Interviews, Fernsehauftritten, durch seine Skandale und die Art seiner Lebensführung ein interessantes Bild von sich selbst zu zeichnen, sich so im Künstler-
Agon hervorzutun, selbst der umfassende Immobilienbesitz des Autors ist
letztlich wohl ein Versuch, sein Leben öffentlichkeitswirksam zu inszenieren
und auszugestalten. Insofern verwundert es nicht, dass Bernhard im Wettstreit
um die Aufmerksamkeit der Leser auch die Autobiographie gezielt einsetzt; er
führt hierbei eine Technik fort, die er zuvor schon durch autobiographische
Einsprengsel in Romanen und Dramen für sich zu nutzen wusste, nämlich die
öffentlichkeitswirksame Provokation, die sich aus dem Skandal „Österreich"
speist, aus der Kritik an österreichischer Vergangenheit und Gegenwart. Insofern kann man dem Vorschlag von Laferl und Tippner, es gelte, den „Mythos,
das Bild, das der Künstler von sich schafft, als Teil des Werkes" zu sehen,[10] für
Bernhard nur zustimmen: Das Bild, welches Thomas Bernhard von sich erzeugte, das Bild des heimatverbundenen, aber zugleich völlig isolierten Schriftstellers, der immer wieder auf Ablehnung stößt, als zurückgezogener einsamer
Arbeiter am Text provozierende Wahrheiten zu Papier bringt, ist ein Teil seines
literarischen Werkes, wie es die zu Recht häufig zitierten Fleischmann-
Interviews sind und selbst die Haus- und Hosenwahl als Teil einer Inszenierung, die dem Dichter-Mythos dient, verstanden werden kann.

Die autobiographischen Texte Bernhards greifen entsprechend zum Teil
traditionelle Topoi der Autobiographie auf, der Genie-Diskurs etwa gehört zu

---

6   Thomas Bernhard, Der Atem. Eine Entscheidung, in: Ders., Werke, hg. v. Martin Huber / Wendelin Schmidt-Dengler, Bd. 10, Die Autobiographie, hg. v. Martin Huber / Manfred
Mittermayer, Frankfurt a. M. 2004, S. 215-310, hier S. 266.

7   Vgl. Joachim Knape, Rhetorik der Künste, in: Ulla Fix / Andreas Gardt / Joachim Knape
(Hgg.), Rhetorik und Stilistik. HSK Handbücher zur Sprach- und Kommunikationswissenschaft 31.1,
Berlin / New York 2008 , S. 894–927, hier S. 909–912.

8   Vgl. Olaf Kramer, Goethe und die Rhetorik, Berlin 2010, S. 319–333; sowie Ders., Ein
Leben schreiben. Goethes „Dichtung und Wahrheit" als Form autobiographischer Selbstüberredung, in: Rhetorik. Ein internationales Jahrbuch 20 (2001) S. 117–130.

9   Christopher F. Laferl / Anja Tippner, Vorwort, in: Dies. (Hgg.), Leben als Kunstwerk.
Künstlerbiographien im 20. Jahrhundert, Bielefeld 2011, S. 7–28, hier S. 11.

10   Ebd., S. 19.

den Subtexten seiner Autobiographie: Bernhard kann zwar nicht mehr – wie das noch im 18. Jahrhundert möglich war – ungebrochen von „Genie" sprechen, aber in *Ein Kind* wird das autobiographische Ich doch mit einer besonderen Produktivkraft in Verbindung gebracht; über die Spielstunden mit dem Hippinger Hansi heißt es beispielsweise: „Wir erfanden uns eine Welt, die mit der Welt, die uns umgab, nichts zu tun hatte."[11] Schon das Kind gilt als „*Unfriedenstifter*",[12] Thomas ist nach der autobiographischen Darstellung „der Talentierteste, gleichzeitig der Unfähigste, was die Schule betrifft."[13] Das Talent also treibt Bernhard in die Außenseiterrolle, unter der er leidet, die er aber zugleich als Auszeichnung begreift. Das autobiographische Ich wird konsequent mit großer nicht zu bändigender Kraft in Verbindung gebracht:

> Ich war nicht mehr zu bändigen, es gab jeden Tag Streitereien, manchmal gipfelten sie in einem zerschlagenen Küchenfenster, durch das meine Mutter, wütend über mich, Tassen und Töpfe geworfen hatte, wenn sie einsah, daß der Ochsenziemer nicht mehr ausreichte.[14]

Das trägt durchaus Züge des Genie-Diskurses, in dem die Assoziation zwischen Genie und Kraft verbreitet ist,[15] wenn selbst der Ochsenziemer Bernhard nicht bändigen kann, mag dies Ausdruck einer furchtbaren von Gewalt belasteten Kindheit sein, vielleicht auch eine Übertreibung, aber assoziiert Bernhard auch mit einer besonderen Kraft, die ihn auszeichnet, mit der Vorstellung, dass er allen über ist. Freilich wird der Gedanke immer wieder ironisch durchbrochen, durch die Gespräche mit dem Großvater hat der kleine Thomas „das Höchste vor Augen", auch wenn er nicht wusste, „was das Höchste war".[16]

Insgesamt macht Thomas Bernhard sich wohl keine Illusionen darüber, dass ein Schriftsteller im 20. Jahrhundert Teil eines von radikalem Wettbewerb gekennzeichneten literarischen Marktes ist oder in den Worten Bernhards: „Ich meine, eine Wichtigkeit oder ein Wert entsteht nur dadurch, wie etwas aufgenommen wird. Im Echo. Wenn's keines hat, hat's auch keinen Wert."[17] Dabei scheint gerade der Skandal als ein gutes Mittel, um Aufmerksamkeit zu erzielen, sich im Künstler-Agon zu behaupten, so ist *Holzfällen*, begleitet vom Lampersberg-Prozess, der erfolgreichste Roman Bernhards; er setzt Techniken der Skandalisierung aus den autobiographischen Texten fort, deren Erscheinen ja auch von gerichtlichen Auseinandersetzungen begleitet war, die der *Ursache* hohe Aufmerksamkeit verschafften.

---

[11] Thomas Bernhard, Ein Kind, in: Ders., Werke, hg. v. Martin Huber / Wendelin Schmidt-Dengler, Bd. 10, Die Autobiographie, hg. v. Martin Huber / Manfred Mittermayer, Frankfurt a. M. 2004, S. 405–509, hier S. 455.

[12] Ebd., S. 481.

[13] Ebd.

[14] Ebd., S. 486.

[15] Vgl. Kramer, Goethe und die Rhetorik (Anm. 8), S. 59ff.

[16] Bernhard, Ein Kind (Anm. 11), S. 455.

[17] Kurt Hofmann, Aus Gesprächen mit Thomas Bernhard, 2. Aufl., München 1991, S. 19.

Das Raffinement der Bernhard'schen *Autobiographie* liegt darin, dass hier mit Hilfe rhetorischer Strategien suggeriert wird, die autobiographischen Schriften seien weniger literarische Fiktionen als historische Dokumentationen. Bernhard spielt mit der naiven Rezeptionshaltung und beschwört entsprechende Fehldeutungen bewusst herauf, hierin liegt auch das Skandalpotential seiner Texte. Wer in den Authentizitätsmodus schaltet, verkennt schnell die rhetorischen Strategien, die am Werk sind, aber auch die ästhetische Dimension dieser Texte, in denen Erinnerungsfetzen ja mit erheblichem ästhetischen Aufwand dargeboten werden. Bernhards *Autobiographie* lässt sich entsprechend mit einem traditionellen Autobiographie-Begriff kaum fassen. Die autobiographischen Werke Thomas Bernhards sind über weite Strecken nicht an Fakten nachprüfbar,[18] da höchst individuelle Situationen und Deutungen geschildert werden, die dem Leser als Fakten gar nicht zugänglich sein können. Ob die Lücken und Unklarheiten, die die Autobiographie enthält, eine Fälschungsabsicht offenbaren,[19] kann man ebenso bezweifeln, die Kategorien von Wahrheit und Lüge, die etwa in der Autobiographie-Theorie Roy Pascals bemüht werden, funktionieren für Bernhard nicht.

Wie lässt sich die Autobiographie Bernhards aber stattdessen fassen? Sinnvoll erscheint es mir, die Autobiographie als Teil eines kommunikativen Gefüges zu betrachten, das Setting zu analysieren, in dem sie steht. Man kann hier Eva Marquardt nur folgen, die schon früh Philipp Lejeunes Theorie für Bernhards Autobiographie heranzog, der davon ausgeht, dass das Genre Autobiographie auf einem *Vertrag* zwischen Leser und Autor beruht, „le pacte autobiographique".[20] Der Gedanke des Vertrags berücksichtigt, dass eine Autobiographie nicht nur ein „type d`ecriture", sondern auch ein „mode de lecture" ist. Eine Autobiographie ist also ein Werk, das der Autor als solches kennzeichnet, wodurch er dem Leser eine Art Vertrag anbietet. Für den Leser gehört zu dem Vertrag die Erwartung von Authentizität. Es scheint ihm daraufhin legitim, die fiktive Welt des Textes mit der äußeren Realität oder der Geschichte in Bezug zu setzen. Das war Bernhard bewusst und er nutzte sein Wissen, um seinen autobiographischen Texten eine besondere Sprengkraft zu geben. Für den Autor ergibt sich aus dem Vertrag nach Lejeune, neben der Vorgabe, sein eigenes Leben darzustellen, so etwas wie eine Verpflichtung zur Authentizität. Thomas Bernhard aber schließt einen autobiographischen Pakt durch die Kennzeichnung des Textes als Autobiographie, durch den Verweis auf authentische Quellen, die Darstellung von Fakten seines Lebens im Text usw., verweigert dann aber eine „authentische Darstellung" seiner Vergangenheit, macht die naive Rezeptionshaltung

---

18   Vgl. Roy Pascal, Die Autobiographie. Gehalt und Gestalt, Stuttgart 1965, S. 221.

19   Vgl. ebd., S. 223.

20   Vgl. Philippe Lejeune, Le pacte autobiographique, Paris 1975, S. 13–49. Der Artikel über die Definition der Autobiographie, in dem die Vorstellung von der Autobiographie als Vertrag entwickelt wird, ist einer Untersuchung der Autobiographie Jean-Jacques Rousseaus vorangestellt, und wurde zuvor in der Zeitschrift Poétique 14 (1973) als eigenständiger Artikel veröffentlicht.

vielmehr für sich ästhetisch fruchtbar, indem er genau diese Rezeptionsweise ins Kalkül zieht und stärkt, um das provokative Potential seiner Texte zu steigern. Damit setzt die Autobiographie aber die Skandalisierungsttechniken der literarischen Texte fort wie sie auch die sprachlichen und ästhetischen Darstellungsverfahren fortführt. Insofern scheint es weniger um einen „Neuanfang" zu gehen, als vielmehr um die Perfektionierung der rhetorischen Strategien Thomas Bernhards.

2.   Zwischen *fact* und *fiction*. Persuasionsstrategien in den autobiographischen Texten Bernhards

Die Unterscheidung zwischen Autobiographie und Romanen Thomas Bernhards ist diffizil, denn stilistisch finden sich kaum Unterschiede. Romane wie autobiographische Werke werden von einzelnen Situationen, die konzentrisch um bestimmte Begriffe und Vorstellungen kreisen, die immer wieder antithetisch gegenübergestellt werden, getragen. Die sprachlichen Mittel, die Bernhard einsetzt, lassen sich gut mit Hilfe rhetorischer Figuren beschreiben: Wiederholungen, Parallelismen, Antithesen, Hyperbel, Klimax gehören zu den wichtigsten sprachlichen Mitteln, die für Bernhard typisch sind. Man könnte dies schon als die rhetorische Dimension Bernhards betrachten, sich also an die Analyse der *elocutio* halten. Allerdings sind rhetorische Figuren kommunikative Grundformen, die schon bei Aristoteles zur Rhetorik wie zur Poetik gehören, und Bernhards Sprache ist wohl nur bedingt das Ergebnis einer direkter Auseinandersetzung mit der rhetorischen *elocutio*-Lehre. Immerhin berichtet Krista Fleischmann zwar, Bernhard habe ihr vom Rhetorikunterricht am Salzburger Mozarteum erzählt,[21] aber weitere Hinweise auf eine direkte Auseinandersetzung mit der Rhetorik gibt es nicht. Viele rhetorische Figuren lassen sich ohnehin dem Prinzip nach auch in der Musik- bzw. Kompositionslehre finden, waren Bernhard vielleicht von hier vertraut. Schon für die Fuge spielen verschiedene Wiederholungs- und Variationsformen ja eine wichtige eine Rolle, und Lampersberg hat Bernhard mit der Dodekaphonie eine Musik nähergebracht, in der solche Variationsprinzipien ubiquitär Verwendung finden.[22]

Dabei könnte schon die ästhetische Hyperstruktur der Autobiographie den Leser aufmerksam werden lassen: Thomas Bernhards Autobiographie ist nicht so angelegt, dass sich ein Autor aus der Rückschau erinnert, aus der Haltung eines Erzählers vergangene Erlebnisse einordnet und kommentiert, vielmehr wird eine große Unmittelbarkeit suggeriert. Das aber führt zu einem merkwürdigen Kontrast, der besonders bei *Ein Kind*, eigentlich jedem Leser ins Auge stechen sollte. Im Alter von acht Jahren schwingt sich demnach der kleine Thomas Bernhard auf das Steyr-Waffenrad, die Ereignisse werden in großer Unmittelbarkeit geschildert mit zahlreichen Wiederholungen, Steigerungen,

---

21   In einem Gespräch im März 2010.
22   Auf die Bedeutung der seriellen Musik weist Michael Billenkamp hin. Vgl. Ders., Thomas Bernhard. Narrativik und poetologische Praxis, Heidelberg 2008, S. 87ff.

Übertreibungen, aber die Sprache ist eine völlig unkindliche. Welcher Achtjährige würde sich etwas denken wie: „Daß mein Können mein Vergehen oder gar mein Verbrechen auszulöschen imstande sei, daran zweifelte ich nicht eine Sekunde"?[23] Man kann beinah beliebige Passagen herausgreifen: „So also begegnet der Radfahrer der Welt: von oben! Er rast dahin, ohne mit seinen Füßen den Erdboden zu berühren, er ist ein Radfahrer, was beinahe soviel bedeutet wie: ich bin der Beherrscher der Welt."[24] So erlebt und erzählt kein Kind, aber Bernhards Sprache, die auch in so kleinen Auszügen von Übertreibungen, Wiederholungen und in diesem Text gelegentlich auch von Verknappung, also *brevitas*, gekennzeichnet ist, entfaltet ihre Wirkung; Unmittelbarkeit ist damit aber doch als eine Suggestion zu entlarven, oder anders formuliert: sie ist das Ergebnis der sprachlichen Darstellungsstrategien des Textes.

Dass viele Leser der autobiographischen Texte Bernhards die Authentizität der geschilderten Ereignisse annehmen, ist aber nicht nur Ausdruck der Wirksamkeit rhetorischer Figuren und einer gelungenen *elocutio*. Insofern erscheint es mir aus rhetorischer Sicht interessant zu fragen, wie es Thomas Bernhard gelingt, einen fiktionalen Text so darzubieten, dass er als eine Art historisches Dokument gelesen wird. Wie gelingt die Beglaubigung der Fiktion? Welche Strategien stehen hinter der Plausibilisierung einer Fiktion als historischen oder gegenwärtigen Realitätsentwurf? Diese Fragen stellen sich bei der Autobiographie und sind zugleich auch für die Romane und Dramen Bernhards interessant, denn man kann Eva Marquardt nur zustimmen: „Bernhards Autobiographie ist im gleichem Maße fiktional wie die Romane autobiographisch."[25] Insofern sollte die eindeutige Unterscheidung, die Lejeunes Definition liefert, nicht darüber hinweg täuschen, dass Thomas Bernhard mit den Textsorten spielt, wenn er in dem Roman „Beton" zum Beispiel auf Paul Wittgenstein Bezug nimmt, sich selbst zur Hauptfigur einer Dramolette macht oder wie in der Autobiographie die Erwartung von Authentizität beim Leser weckt und dann eine nicht an der Realität zu messende Kunstwelt darbietet. Dieses Spiel mit den Textsorten, das dazu führt, dass sich die Autobiographie wohl nur durch die Bezeichnung von den Romanen unterscheidet, gehört zu den zentralen Eigenheiten der Texte Bernhards.

Schon zu Beginn des ersten Bandes der Autobiographie, *Die Ursache*, wird deutlich, dass der Protagonist des Textes nicht einfach mit dem historischen Thomas Bernhard gleichgesetzt werden kann, denn der Erzähler deutet an, er sei „von frühester Kindheit an" in Salzburg gewesen.[26] Thomas Bernhard be-

---

[23] Bernhard, Ein Kind (Anm. 11), S. 408.

[24] Ebd., S. 409.

[25] Marquardt, Gegenrichtung (Anm. 1), S. 176.

[26] Thomas Bernhard, Die Ursache. Eine Andeutung, in: Ders., Werke, hg. v. Martin Huber / Wendelin Schmidt-Dengler, Bd. 10, Die Autobiographie, hg. v. Martin Huber / Manfred Mittermayer, Frankfurt a. M. 2004, S. 7–109, hier S. 9.

fand sich jedoch erst ab 1942 in Salzburg,[27] zu einer Zeit, als er immerhin bereits elf Jahre alt war. Die Stadt „Salzburg" ist nicht rein geographisch zu fassen, sie ist vielmehr eine Bezeichnung für einen Erlebnisbereich des Erzählers.[28] Trotzdem fällt die Trennung von Fakt und Fiktion dem Leser schwer. Zunächst suggeriert der autobiographische Vertrag Authentizität, darüber hinaus nutzt Bernhard aber noch weitere Techniken, um das Ineinandergreifen von Fiktion und Realität zu erreichen, die Fiktion zu beglaubigen. Realitätseinsprengsel, die Nennung bekannter Orte und Namen allein reichen kaum aus, um das Persuasionsziel „Authentizität" zu erreichen. Sie sind in fiktionalen Texten ubiquitär und jeder Leser wird sich darüber klar sein, dass man das New York Paul Austers nicht mit der Stadt gleichsetzen darf, die Fiktion wird weiterhin als fiktiv gelten. Orte und auch Namen haben anders als in der Alltagssprache in der Fiktion keine eindeutige Referenz. Ortsnamen, auch Namen historischer Personen sind, wie Lamarque und Olsen in „Truth, Fiction, and Literature" formulieren, aspektivisch, immer unter einem gewissen Aspekt dargestellt, unterscheiden sich in der Extension von den Begriffen der Alltagssprache.[29] Doch während Orte in Romanen ubiquitär sind, ist der Verweis auf reale Personen schon seltener, hier liegen erste Signale für die Authentizität des Textes.

Doch Bernhard geht noch weiter: *Der Ursache* wurde ein Zeitungsausschnitt über die hohe Selbstmordrate im Salzburgerland vorangestellt. Diese Meldung aus den *Salzburger Nachrichten* vom 6. Mai 1975 verstärkt den Eindruck, der Text sei Dokument, nicht Fiktion. Bernhard nun konnte darauf setzen, dass sein Spiel mit den Lesern wie zuvor schon bei Dramen und Romanen auch hier funktioniert, sie der Versuchung erliegen, eine Fiktion mit der Realität gleichzusetzen. Man könnte sagen, „authentische Texte [beglaubigen] den Wirklichkeitscharakter der Autobiographie."[30] Die Meldung aus den *Salzburger Nachrichten* könnte übrigens auch durchaus fingiert sein, im Prozess der argumentativen Abstützung der Autobiographie würde sie trotzdem funktionieren, wobei sich der Ausschnitt, wie die Werkausgabe dokumentiert, immerhin tatsächlich in Bernhards Besitz befand.[31]

Bernhards Bemühen, den literarischen Text so zu präsentieren, dass ihn die Leser auf die Wirklichkeit beziehen, geht freilich noch weiter. Die Erinnerung des Erzählers, der für seine Sicht „Salzburg" argumentiert, wird durch *pro-*

---

27   Vgl. Bernhard Sorg, Thomas Bernhard, in: Kritisches Lexikon zur deutschsprachigen Gegenwartsliteratur, hg. v. Heinz Ludwig Arnold, München 1978ff., 34. Nachlieferung, S. 1.

28   Im Gegensatz zu dieser Behauptung versteht Jean Améry die Stadt Salzburg in *Die Ursache* als Darstellung des realen Ortes: Ders., Morbus Austriacus. Bemerkungen zu Thomas Bernhards „Die Ursache" und „Korrektur", in: Merkur 30 (1976), S. 91–94, hier S. 92.

29   Vgl. Peter Lamarque / Stein Haugom Olsen, Truth, Fiction, and Literature. A Philosophical Perspective, Oxford 1994, S. 138–157.

30   Marquardt, Gegenrichtung (Anm. 1), S. 172.

31   Vgl. dazu den Kommentar zu Thomas Bernhard, Autobiographie, in: Ders., Werke, hg. v. Martin Huber / Wendelin Schmidt-Dengler, Bd. 10, hg. v. Martin Huber / Manfred Mittermayer, Frankfurt a. M. 2004, S. 530.

bationes inartificiales, so könnte man rhetorisch sagen, untermauert. So sieht der Erzähler nämlich Hinweise auf die hohe Selbstmordrate unter seinen Altersgenossen in den vielen Gräbern junger Menschen auf dem Kommunalfriedhof und dem Maxglaner Friedhof: „Diese beiden Friedhöfe sind voller Beweise für die Richtigkeit meiner Erinnerung, die mir, dafür danke ich, durch nichts verfälscht worden ist".[32]

Der Erzähler agiert selbst rhetorisch, versucht von seiner Sicht der Welt zu überzeugen, indem er seine Argumente wiederholt, dabei steigert, durch äußere Beweise absichert. So kehrt das autobiographische Ich am Ende von „Ein Kind" noch einmal nach Saalfeld zurück, kann dort das Erziehungsheim besuchen, von dessen Schrecknissen er berichtete; auch dies eine rhetorische Strategie, mit deren Hilfe der dokumentarische Charakter der Erinnerungen bewiesen werden soll.

Den wichtigsten Kunstgriff zur Vermischung von Realität und Fiktion verdankt Bernhard jedoch den Rezipienten seiner Werke. Dem Salzburger Stadtpfarrer Franz Wesens ist es nämlich beispielsweise nicht gelungen, die Autobiographie als ein fiktives Werk zu verstehen. Der Geistliche fühlte sich durch die Äußerungen zur Figur Onkel Franz beleidigt und klagte gegen Thomas Bernhard,[33] der daraufhin an einigen Stellen Streichungen vornehmen musste.[34] „Der Text entspricht der im Beschluß des Landgerichts Salzburg vom 25.6.1977 festgelegten Fassung", heißt es danach zu Beginn von *Die Ursache*. Ein starkes Authentizitätssignal. Im Fall der Autobiographie überlagern, wie so oft bei Bernhard, bereits kurz nach Erscheinen sekundäre und tertiäre Texte das ursprüngliche Werk, verkoppeln es in spezifischer Weise mit der Realität. Diese wirkt in das Kunstwerk hinein und das Kunstwerk greift in die Realität ein, wodurch die Authentizität der Autobiographie persuasiv gestützt wird.

Durch apodiktische Aussagen und Übertreibungen kann Bernhard sich zudem der provokativen Wirkung seiner Texte gewiss sein. Auch das gehört nicht nur zur ästhetischen, sondern auch zur rhetorischen Dimension, zur Skandalrhetorik, die Bernhard einsetzt. Clemens Götze hat jüngst Bernhards Bild in der Presse nachgezeichnet und dabei wird klar, die Skandale sind eben durchaus gewollt, sie gehören zum rhetorischen Kalkül und kommen der Auflage zu Gute, wie sich etwa am Beispiel *Holzfällen* zeigt.[35] Bernhard hat ein klares Kalkül, er will die Aufmerksamkeit seiner Rezipienten gewinnen, will sie dazu bringen, fiktive Texte als plausible Aussagen zur Wirklichkeit zu akzeptieren und auf die Wirklichkeit zu beziehen. Es ist dabei müßig, über Bernhards Intentionen zu spekulieren, zu sehr spielt er mit seinen Aussagen, widerruft sie, hintertreibt sie, aber doch darf man davon ausgehen, dass es ihm auch darum

---

[32]   Bernhard, Die Ursache (Anm. 26), S. 19.

[33]   Vgl. Jens Dittmar, Der skandalöse Bernhard, in: Text und Kritik, hg. von Heinz Ludwig Arnold. H. 43, 2., erweit. Aufl., München 1982, S. 73–83, hier S. 80–81.

[34]   Vgl. u.a. Bernhard, Die Ursache (Anm. 26), S. 73f.

[35]   Vgl. Clemens Götze, „Die eigentliche Natur und Welt ist in den Zeitungen". Geschichte, Politik und Medien im dramatischen Spätwerk Thomas Bernhards, Marburg 2009.

geht, seine Literatur gegen Widerstände zu etablieren und bekannt zu machen. Man muss diese Absichten auch bei den autobiographischen Texten in Rechnung stellen, die eben nicht darin aufgehen, eine Abrechnung mit einer angeblich latent faschistoiden österreichischen Vergangenheit und Gegenwart zu sein oder mit der pathologischen Entwicklung des Autors. Annemarie Hammerstein-Siller hat in einem Interview mit Krista Fleischmann eine schöne Episode dazu erzählt: „[E]r war schon seit Jugendjahren krank und hatte auch dieses enorme Anliegen, ein berühmter Mensch zu sein. Er war dann so weit, dass er mir eigentlich einmal g'sagt hat, das einzige, was mich interessiert, ist mein steinernes Denkmal."[36] Bernhard will Aufmerksamkeit, die er durch Übertreibungen, Wiederholungen, apodiktische Äußerungen erreicht, aber auch durch die Suggestion, dass seine Autobiographie authentische Kommentare zur historischen oder aktuellen Wirklichkeit sind, weil er so ihre Bedeutsamkeit und Aktualität herausstreichen kann.

Anders als in vielen anderen Texten hat in den autobiographischen Texten Bernhards der Plot Einzug gehalten, Handlungsabläufe werden geschildert, einzelne Erlebnisse in sich wiederholenden Bewegungen erzählt und mit dem Mittel der Übertreibung ausgestaltet. Hierin liegt in der Tat so etwas wie ein Neuanfang. Bernhard verweigert sich aber auch in der Autobiographie Beschreibungen. Er gibt zwar mit hoher Suggestionskraft den Lesern Deutungen vor, aber lässt ihnen einen großen Spielraum bei der sinnlichen Ausgestaltung der dargestellten Szenen – und diese Lückentechnik scheint zu funktionieren. Der fiktive Entwurf hat die Kraft, eine Wirklichkeit zu fingieren und der Leser wird vielleicht gerade dadurch angesprochen, dass sein eigenes Zutun erforderlich ist. Während der Verzicht auf eine ornamental reiche Beschreibung zugleich auch den Charakter des Dokumentarischen noch einmal herausstreicht. Bernhards autobiographische Texte sind auf diese Weise in höchstem Maße tendenziös und sachlich zugleich, darin scheint für den Leser durchaus ein Reiz zu liegen, auch das gehört zu den Persuasionsstrategien der Texte, die als Dokument gelesen werden wollen, d. h. informieren sollen.

3. Das Problem Wahrheit: Sophistische Denkmuster in den autobiographischen Schriften Bernhards

Schon Roy Pascal greift in Bezug auf die Autobiographie die *memoria*-Problematik auf. Wer eine Autobiographie schreiben will, lässt sich zunächst auf einen Prozess der Erinnerung ein, die immer Interpretation ist, streng subjektiv:

> Das Gedächtnis [...] ist die mächtigste unbewußte Kraft beim Formen der Vergangenheit entsprechend dem Willen des Autors. [...] Die Verfäl-

---

[36]   Annemarie Hammerstein-Siller, in: Krista Fleischmann, Thomas Bernhard. Eine Erinnerung. Interviews zur Person, Wien 1992, S. 55.

schung der Wahrheit durch den Akt der erinnernden Besinnung ist ein so
grundlegendes Wesensmerkmal der Autobiographie, daß man sie als deren notwendige Bedingung bezeichnen muß.[37]

Wer also davon ausgeht, Bernhard schildere in seiner *Autobiographie* die Wirklichkeit, muss sich vorwerfen lassen, dass er die *memoria*-Problematik unter-
schätzt, während Bernhard selbst bereits in dem ersten Band der Autobiographie über das Phänomen „Erinnerung" nachdenkt. Für Roy Pascal war das
Schreiben noch als Akt des Verstehens greifbar, auch wenn in einer Autobiographie „Wahrheit *für* diesen besonderen Menschen, [...] *seine* Wahrheit"[38] dargestellt wird. Bei Bernhard aber stehen dem Anschein der Authentizität und
Objektivität, den er mit strategischen Mitteln erzeugt, immer wieder Überlegungen des Erzählers zur Problematik des Erinnerns entgegen, Zweifel an der
Erkennbarkeit und der Mitteilbarkeit von Wahrheit. Oft treten die Äußerungen
in direkte Opposition zueinander, so heißt es in *Die Kälte* zunächst: „[I]ch hatte
die Möglichkeit, die Erinnerung, wo ich wollte, abzurufen und sie wieder und
wieder zu überprüfen."[39] Der Erzähler erweckt den Anschein, über sein Gedächtnis wie über die Festplatte eines Computers verfügen zu können. Doch
wird schon im darauffolgenden Satz die Möglichkeit von Erkenntnis generell
bezweifelt, so dass die Erinnerung jede objektive Grundlage verliert, indem die
Ununterscheidbarkeit von Wahrheit und Irrtum proklamiert wird: „Die Wahrheit ist immer ein Irrtum, obwohl sie hundertprozentig die Wahrheit ist, jeder
Irrtum ist nichts als die Wahrheit".[40]

Während nun Subjektivität und Schwierigkeiten, sich zu erinnern, zu den
Voraussetzungen autobiographischen Schreibens gehören, die ein klassischer
Autor wie Goethe zu sublimieren sucht, indem er Erinnerungsfetzen symboli-
sche Gestalt gibt, unternimmt Bernhard einen solchen Versuch nicht. Hier
wird durch einen kunstvollen Stil der paradoxe Zustand bewusst konstruiert
und ausgehalten. Der Erzähler reflektiert die Bedingungen autobiographischen
Schreibens und ist sich der Paradoxie bewusst:

> Es sind ihm [dem Autor] und also auch dieser Schrift, wie allem und al-
> len Schriften, Mängel, ja Fehler nachzuweisen, niemals jedoch eine Fäl-
> schung oder gar eine Verfälschung, denn er hat keinerlei Ursache, sich
> auch nur *eine* solche Fälschung oder Verfälschung zu gestatten. Im Ver-
> trauen auf sein Gedächtnis und auf seinen Verstand, auf diese zusam-
> men, wie ich glaube, verläßliche Basis gestützt, wird auch dieser Versuch,
> wird auch diese Annäherung an einen Gegenstand unternommen, wel-
> cher tatsächlich einer in dem höchsten Schwierigkeitsgrade ist. Aber er
> empfindet keinerlei Grund, diesen Versuch, weil er mangelhaft und feh-

---

37   Pascal, Die Autobiographie (Anm. 18), S.89f.
38   Ebd., S. 212.
39   Thomas Bernhard, Die Kälte. Eine Isolation, in: Ders., Werke, hg. v. Martin Huber /
Wendelin Schmidt-Dengler, Bd. 10, Die Autobiographie, hg. v. Martin Huber / Manfred Mittermayer, Frankfurt a. M. 2004, S. 311–403, hier S. 352.
40   Ebd.

lerhaft ist, aufzugeben. Gerade diese Mängel und Fehler gehören genauso zu dieser Schrift als Versuch und Annäherung wie das in ihr Notierte. Die Vollkommenheit ist für nichts möglich, geschweige denn für Geschriebenes und schon gar nicht für Notizen wie diese, die aus Tausenden und Abertausenden von Möglichkeitsfetzen von Erinnerung zusammengesetzt sind.[41]

Die mangelhafte Kommunikationspotenz der Sprache zwingt den Erzähler, sich auf das Andeuten zu beschränken, „der Wahrheit von damals, der Wirklichkeit und Tatsächlichkeit, wenigstens in Andeutung zu ihrem Recht zu verhelfen,"[42] wird zum Ziel des Erzählers; denn Wahrheit ist immer subjektiv und die Sprache erlaubt keine adäquate Mitteilung der Wahrheit:

> Die Wahrheit, denke ich, kennt nur der Betroffene, will er sie mitteilen, wird er automatisch zum Lügner. Alles Mitgeteilte kann nur Fälschung und *Ver*fälschung sein [...]. Das Beschriebene macht etwas deutlich, das zwar den *Wahrheitswillen* des Beschreibenden, aber nicht der Wahrheit entspricht, denn die Wahrheit ist überhaupt nicht mitteilbar. [...] Immer wieder nichts anderes als die Lüge als Wahrheit, die Wahrheit als Lüge etcetera.[43]

Eva Marquardt hat hier an Nietzsche erinnert: Wahrheiten seien Illusionen, von denen man vergessen hat, dass sie welche sind.[44] Dieser Spur kann man weiter folgen, denn so verbindet sich Bernhards Wahrheitsbegriff mit dem rhetorischen Skeptizismus. In der Sophistik ist die Auffassung, dass sichere Erkenntnis nicht zugänglich ist, zentral. Nur mit sprachlichen Mitteln lässt sich demnach eine Wahrheit konstruieren; die *endoxa*, also Grundüberzeugungen einer Gesellschaft, sind letztlich immer nur sprachlich fundiert. Der Mensch ist das Maß aller Dinge,[45] wie es in einem Protagoras-Fragment heißt. Jenseits solcher diskursiven Festlegungen ist, um ein Lieblingswort Bernhards zu benutzen, alles „gleichgültig", das heißt in gleichem Maß zutreffend, „egal", wie es am Ende des *Kellers* heißt, wo Bernhard wieder und wieder den Gedanken der Gleichgültigkeit und Gleichwertigkeit in einer Szene variiert, die eingeleitet wird durch den Satz eines Bekannten aus der Scherzhauserfeldsiedlung: „*Servus* und *es ist alles egal*".[46]

Bernhard führt die Konsequenzen eines sophistischen Skeptizismus vor Augen, wenn er immer wieder antithetisch mit absoluter Gewissheit Einschätzungen vorbringt, die sich gegenseitig ausschließen. Er ist ein wahrhaft „gut

---

41   Bernhard, Der Atem (Anm. 6), S. 266.

42   Bernhard, Die Ursache (Anm. 26), S. 46.

43   Thomas Bernhard, Der Keller. Eine Entziehung, in: Ders., Werke, hg. v. Martin Huber / Wendelin Schmidt-Dengler, Bd. 10, Die Autobiographie, hg. v. Martin Huber / Manfred Mittermayer, Frankfurt a. M. 2004, S. 111–213, hier S. 135f..

44   Vgl. Marquardt, Gegenrichtung (Anm. 1), S. 156.

45   Vgl. Die Sophisten. Ausgewählte Texte, hg. u. übers. v. Thomas Schirren / Thomas Zinsmaier, Stuttgart 2003, S. 37.

46   Bernhard, Der Keller (Anm. 43), S. 212.

ausgebildeter Skeptiker",[47] so eine Selbstbezeichnung des autobiographischen Ichs in *Die Kälte*. Man kann also durchaus an Nietzsche denken: an seine Antwort auf die Frage „Was ist Wahrheit?", die lautete: „Nichts als ein Heer von Metaphern, Metonymien, Figuren".[48] Bernhard setzt diese Einsicht Nietzsches in seinen autobiographischen Werken um, spielt mit dem Potential der Sprache „Wahrheiten" zu erzeugen und einander entgegenzusetzen. Widerstreitende Äußerungen sind gleich wahr und gleichgültig und es führt kein Weg aus dem sprachlichen Dickicht heraus, letztlich bei Bernhard nicht einmal die Sprache selbst, denn die Möglichkeit, endoxale Überzeugungen im Diskurs zu bestimmen, wird durch Bernhard hintertrieben. Der Mensch mag das Bedürfnis haben, „die Wahrheit" oder „die scheinbare Wahrheit" sagen zu wollen,[49] auf seine Sprache kann er sich dabei bei Bernhard aber ebenso wenig verlassen wie auf seine Erinnerung: „Ich spreche die Sprache, die nur ich allein verstehe, sonst niemand, wie jeder nur seine eigene Sprache versteht, und die glauben, sie verstünden, sind Dummköpfe oder Scharlatane."[50] Ähnliche Überlegungen gibt es auch in *Die Kälte*:

> Die Sprache ist unbrauchbar, wenn es darum geht, die Wahrheit zu sagen, Mitteilung zu machen, sie läßt dem Schreibenden nur die Annäherung […] an den Gegenstand, die Sprache gibt nur ein gefälschtes Authentisches wieder, das erschreckend Verzerrte, sosehr sich der Schreibende auch bemüht, die Wörter drücken alles zu Boden und verrücken alles und machen die totale Wahrheit auf dem Papier zur Lüge.[51]

Bernhard argumentiert hier nicht weit entfernt von Gorgias: „Es existiert nichts; und wenn etwas existiert, so ist es für den Menschen unbegreiflich; wäre es aber auch begreiflich, so könnte man es doch einem andern nicht mitteilen oder erklären."[52]

Bernhard gerät damit ideologisch in die Nähe der Sophistik, vertritt einen radikalen Skeptizismus, der in einem interessanten Gegensatz zur Rezeptionsweise der Leser steht, die diese theoretischen Reflexionen häufig überlesen und die literarische Fiktion gar als historisches Dokument genommen haben. Damit reagieren sie auf eine Doppelung der Perspektive, die eben auch für die autobiographischen Texte typisch ist, in denen Zweifel an der Wahrheit und an der Mitteilungsmöglichkeit von Sprache erhoben werden, auf der anderen Seite das sprachliche Instrumentarium in Gang gesetzt wird, um eine Fiktion als ein historisches Dokument erscheinen zu lassen, um Authentizität zu suggerieren.

---

[47]   Bernhard, Die Kälte (Anm. 39), S. 323.

[48]   Friedrich Nietzsche, Über Wahrheit und Lüge im außermoralischen Sinn [1873], in: Werke in drei Bänden, hg. v. Karl Schlechta, Bd. 3, München 1956, S. 309–322, hier S. 314.

[49]   Bernhard, Der Keller (Anm. 43), S. 213.

[50]   Ebd., S. 205.

[51]   Bernhard, Die Kälte (Anm. 39), S. 364.

[52]   Gorgias, Fragment 3: Auszug aus dem Bericht des Sextus Empiricus (Adversus mathematicos VII) über den Inhalt der Schrift „Über das Nichtseiende oder über die Natur".

4. Ästhetische Relativierung im Modus der Ironie

In Anbetracht der skeptischen Position Bernhards wird freilich die ästhetische Sublimierung, auf die es einer traditionellen Autobiographie ankommt, unmöglich, gleichwohl kommt Bernhards Texten die ästhetische Dimension nicht abhanden, ein feiner ironischer Ton, das bewusste Spiel mit den apodiktischen Aussagen gehören zum ästhetischen Repertoire Bernhards. Da die Wahrheit über die eigene Vergangenheit nicht mehr fassbar ist, zeigen die Texte die Wirksamkeit diskursiver Strukturen, das Potential persuasiver Sprachverwendung. Das bewusste Spiel mit den apodiktischen Aussagen gehört zum ästhetischen Repertoire Bernhards. Während in der Rhetorik das Dissimulationsprinzip gilt, der Orator als strategisch Handelnder also seine eigene Sache zu vertreten sucht, seine Sicht stark macht und nicht alternative Sichtweisen ohne Gewichtung nebeneinander rückt, ja überhaupt die Techniken hinter seiner Darstellung gerade nicht den Adressaten gegenüber thematisiert, um seine eigene Wirkung nicht zu gefährden, verstößt Bernhard ganz bewusst gegen dieses Gebot. Er baut Fiktionen auf, poliert sie sogar zu authentischen Dokumenten, um sie im nächsten Moment wieder zum Einsturz zu bringen. Überall ist also ein feiner Ton der Ironie und Selbstrelativierung der Übertreibungen, d. h. von Ironie, zu finden.

Ein Wechselspiel, das in *Ein Kind* besonders gut gelingt, wo Bernhard Behauptungen wiederholt ironisch bricht, aufhebt, humorvoll hintertreibt:

> Immerhin hatte er [der Großvater] diese dreißig Jahre gearbeitet und war in der totalen Erfolglosigkeit steckengeblieben, in diesen dreißig Jahren hatte er zwar einen Roman verlegt, auf eigene Kosten, der Titel lautete *Ulla Winblatt*, aber dieses Buch war [...] von der großen Ziege aufgefressen worden [...].[53]

Von Johannes Freumbichler ist nie ein Roman mit diesem Titel erschienen, der Titel erinnert aber an das Theaterstück *Ulla Winblad* von Carl Zuckmayer, der wie Freumbichler lange Zeit in Henndorf lebte, und dem Freumbichler seinen einzigen literarischen Erfolg verdankt: auf Fürsprache Zuckmayers erhielt Freumbichler einen Staatspreis und konnte zwei Werke veröffentlichen.[54] Die Szene ist also ein schönes Beispiel für Bernhards ironisierenden Stil, aber auch für die Finten, die er dem Leser setzt, der sich diese Szene sicher merkt.

Thomas Bernhard spielt mit der Gleichgültigkeit unterschiedlicher Argumente, sie treten in Antithesen gegenüber und oft erscheinen zwei Sichtweisen gleich wahrscheinlich und plausibel, obwohl sie sich widersprechen. Der Rhetoriker, der es nur auf Persuasion abgesehen hat, würde diese Widersprüche vermeiden, der Literat kann das persuasive Potential der Sprache nutzen und zugleich ästhetisch hintertreiben. So entwickeln sich in einem Spannungsfeld

---

[53] Bernhard, Ein Kind (Anm. 11), S. 444.
[54] Vgl. Gross, Biographischer Hintergrund zu Thomas Bernhards Wahrheitsrigorismus (Anm. 4), S. 112.

zwischen Wahrheit und Lüge die Gedanken in der Autobiographie und den Romanen Thomas Bernhards. Es wird von Thomas Bernhard, der selbst beteuert „In meinen Büchern ist alles *künstlich*",[55] eine Welt konstruiert, die auf den Leser wirkt, obwohl sie viele Widersprüche enthält, die trotz aller Künstlichkeit von den Rezipienten auf die Wirklichkeit bezogen wird, wozu Bernhard selbst wiederum beiträgt, indem er verschiedene Plausibilisierungsstrategien nutzt, um seine autobiographische Fiktion als historisches Dokument erscheinen zu lassen.

Die Formung einer Welt geschieht durch Analogie, Gradation, Reduktion oder auch Negation.[56] Die autobiographischen Texte sind Entwürfe möglicher Welten, die sich auf Erfahrungen des Autors beziehen können, eine Beziehung zu Vergangenheit und Gegenwart herstellen. Indem Erlebnisse analog dargestellt werden, eventuell auch mit dem Mittel der Übertreibung oder auch durch Techniken der Reduktion oder gar in bewusstem Gegensatz zur Gegenwart oder Vergangenheit, entfaltet sich der autobiographische Erfahrungsraum. Innerhalb dieser möglichen Welt können Bernhards Protagonisten dann immer wieder lebenswichtige Entscheidungen treffen: etwa in die entgegengesetzte Richtung zu gehen, also nicht das Gymnasium zu besuchen, sondern in die Scherzhauserfeldsiedlung zu gehen, nicht zu sterben, sondern zu leben. So kann der Thomas der Autobiographie sein Leben durch eine Entscheidung in einem Moment retten, nachdem er zuvor lange Zeit im Sterbezimmer des Krankenhauses lag und bereits die Letzte Ölung erhalten hatte.

> Ich wollte *leben,* alles andere bedeutete nichts. Leben, und zwar *mein* Leben leben, *wie und solange ich es will.* [...] Von zwei möglichen Wegen hatte ich mich in dieser Nacht in dem entscheidenden Augenblick für den des Lebens entschieden.[57]

Situationen werden geschaffen, in denen der wirkliche Thomas Bernhard sich vielleicht nie befunden hat, der Erzähler kreiert eine Existenz-Möglichkeit und schafft sich eine eigene stilisierte Vergangenheit. Die Ununterscheidbarkeit zwischen der erfundenen Wirklichkeit und der vermeintlich wirklichen Vergangenheit deutet sich an,[58] wenn der Erzähler formuliert:

> Hätte ich, was alles zusammen heute meine Existenz ist, nicht tatsächlich durchgemacht, ich hätte es wahrscheinlich für mich erfunden und wäre zu demselben Ergebnis gekommen.[59]

---

55   Thomas Bernhard, Drei Tage, in: Ders., Der Italiener, Salzburg 1971, S. 144–163, S. 150.

56   Eckhard Lobsien, Imaginationswelten. Modellierungen der Imagination und Textualisierungen der Welt in der englischen Literatur 1580–1750, Heidelberg 2003, S. 7ff.

57   Bernhard, Der Atem (Anm. 6), S. 225.

58   An dieser Stelle wird die Nähe zu konstruktivistischen Ansätzen deutlich, die Frage nach der Wirklichkeit der Welt, wie sie zum Beispiel Paul Watzlawick formuliert, deutet sich an. Vgl. Ders. (Hg.), Die erfundene Wirklichkeit. Wie wissen wir, was wir zu wissen glauben? 5. Aufl., München 1988.

59   Bernhard, Der Keller (Anm. 43), S. 204.

Die Welt wird ins Ich verlagert, könnte man mit Piechotta sagen.[60] Der Versuch einer Selbstfindung ist somit zum Scheitern verurteilt, da sich keine Möglichkeit der Ich-Identifizierung mehr bietet,[61] das Ich bleibt in der Realitätsfiktion gefangen. Innerhalb der konstruierten Welt verfügt der Erzähler aber über eine beinah unbeschränkte Macht, die sich in den zuvor geschilderten stilisierten Entscheidungssituationen widerspiegelt. Ästhetische Sublimation gelingt so vielleicht nicht, aber eine ästhetische Radikalisierung des Skeptizismus, den Bernhard auch in anderen literarischen Texten diskutiert. Innerhalb der Fiktion, mit Hilfe der Ästhetik, lassen sich die rhetorischen Prozesse aufzeigen, die unseren Alltag bestimmen, lässt sich die persuasive Wirksamkeit sprachlicher Mittel zeigen. Im fiktionalen Raum und unter Anwendung ästhetischer Strategien kann Bernhard *in utramque partem* argumentieren, jedweder Sichtweise eine gewisse Plausibilität und Wahrscheinlichkeit verleihen und so die rhetorischen Prozesse, die unsere Wirklichkeit formen, deutlich machen. Durch die skeptische Grundhaltung Bernhards, ergibt sich dabei eine Nähe zum Konstruktivismus, auf die Clemens Götze hingewiesen hat.[62] In der *Auslöschung* etwa klingt Murau wie ein radikalisierter Luhmann:

> Die Zeitungsredakteure sind nichts anderes als Schmutzfinken, sagte ich. Gleich darauf aber: die uns den eigenen Schmutz ins Gesicht werfen. Im Grunde ist die Welt, die uns die Zeitungsfinken vorzeigen in ihren Zeitungen, die eigentliche, sagte ich. Die gedruckte Welt ist die tatsächliche, sagte ich. Die in der Zeitung abgedruckte Schmutzwelt ist die unsrige. Wieder sagte ich: das Gedruckte ist das Tatsächliche und das Tatsächliche nurmehr noch ein vermeintliches Tatsächliches.[63]

5. *Ein Kind* – Paradigma Bernhard'schen Erzählens

Noch einmal zur letzten Episode der Autobiographie Thomas Bernhards, *Ein Kind*. In diesem letzten Teil der Autobiographie schafft Bernhard mit feiner Ironie eine fiktive Welt von ungewöhnlicher Klarheit, in der auch der Protagonist zum ersten Mal seinen Namen „Bernhard"[64] erwähnt. Am Anfang von *Ein Kind* steht die Geschichte des jungen Thomas, der sich mit dem Fahrrad seines Vormundes im Alter von acht Jahren auf den Weg von Traunstein ins sechsunddreißig Kilometer entfernte Salzburg zu seiner Tante Fanny macht und sich damit der Autorität seiner Mutter widersetzt. Mit viel Elan bewältigt er zunächst die Strecke: „Sind wir auf der Höhe, wünschen wir den Beobachter als

---

[60]   Vgl. Hans Joachim Piechotta, Naturgemäß. Thomas Bernhards autobiographische Bücher, in: Text und Kritik, hg. v. Heinz Ludwig Arnold, H. 43, 2., erweit. Aufl., München 1982, S. 8–24, S. 16.

[61]   Vgl. ebd., S. 16f.

[62]   Vgl. Götze, „Die eigentliche Natur und Welt ist in den Zeitungen" (Anm. 35), S. 118.

[63]   Thomas Bernhard, Auslöschung. Ein Zerfall, in: Ders., Werke, hg. v. Martin Huber / Wendelin Schmidt-Dengler, Bd. 9, hg. v. Hans Höller, Frankfurt a. M. 2009, S. 374.

[64]   Bernhard, Ein Kind (Anm. 11), S. 492.

Bewunderer wie sonst nichts herbei [...]. So also begegnet der Radfahrer der
Welt: von oben!"[65]

Der kleine Thomas wähnt sich durch das technische Gestell als Herrscher
über die Natur. Doch das triumphale Gefühl hält nicht lange an:

> Hinter Straß, von wo aus man schon Niederstraß sehen kann, riß die
> Kette und verwickelte sich erbarmungslos in den Speichen des Hinterra-
> des. Ich war in den Straßengraben katapultiert worden. [...] Erst jetzt war
> ich darauf gekommen, daß ich die Adresse meiner Tante Fanny gar nicht
> kannte.[66]

Die Aktion war also von vornherein zum Scheitern verurteilt, trotzdem nahm
der Junge den Verstoß gegen die von der Mutter vorgegebenen Regeln auf sich
und machte sich auf den Weg zur Tante. Er stellt sich die Mutter auf der Poli-
zeiwache vor: „ratlos, wütend, von dem *schrecklichen, fürchterlichen* Kind stam-
melnd".[67] Währenddessen verschlimmert sich die Situation noch: „Brutale
Wassermassen ergossen sich über mich und hatten in Sekundenschnelle aus der
Straße einen reißenden Fluß gemacht".[68]

Diese Geschichte ist in vielerlei Hinsicht paradigmatisch für das gesamte
Schaffen Thomas Bernhards: Eine Transformation der absurden Verwicklun-
gen, mit denen die Figuren seiner Romane zu kämpfen haben, in die Erlebnis-
welt eines Kindes.[69] Zunächst verdeutlicht diese Szene die versuchte Verlage-
rung der Welt in das Ich.[70] Wenn das Gewitter derartig furchtbar gewesen wäre
wie die Schilderung nahelegt, wäre der Junge wahrscheinlich ertrunken. Allenfalls hat er in seiner Situation das Gewitter als so furchtbar empfunden. Objek-
tiv betrachtet ist diese Schilderung jedoch eine Lüge oder anders gesagt: eine
Fiktion.

Mit besonderer Vorliebe hintertreibt Bernhard in seiner Fiktion die *endoxa*,
die in der öffentlichen Meinung positiv besetzt sind, vergeht sich an dem
Höchsten, an Kirche, Staat oder Kultur; diesen Schritt gegen das Höchste wagt
der kleine Thomas in *Ein Kind* noch nicht, aber er träumt davon:

> Diese Eisenbahnbrücke war das gewaltigste Bauwerk, das ich bis dahin gese-
> hen hatte. [...] Die Vorstellung, daß ein Päckchen Sprengstoff von der Größe
> unserer Familienbibel genügt, um die weit über hundert Meter lange Brücke
> zum Einsturz zu bringen, faszinierte mich wie nichts.[71]

---

65 Ebd., S. 408f.

66 Ebd., S. 409f.

67 Ebd., S. 410f.

68 Ebd., S. 410.

69 Ein Gedanke, den Bernd Seydel bei seiner Interpretation des Fahrradausfluges als Muster der Bernhard'schen Erzählweise entwickelt, für den der Text die Erzählhaltung Bernhards
gegenüber seinen Lesern und sein Verhältnis zum Großvater illustriert. Vgl. Ders., Die Vernunft
der Winterkälte. Gleichgültigkeit als Equilibrismus im Werk Thomas Bernhards, Würzburg 1986,
S. 13–21.

70 Vgl. Piechotta, Naturgemäß (Anm. 60), S. 16.

71 Bernhard, Ein Kind (Anm. 11), S. 416f.

Ein ungeheures Bild für das weitere Vorgehen Thomas Bernhards. Nur ein kleines Päckchen Sprengstoff wie die Forderung, in einem Theaterstück die Notbeleuchtung auszulassen,[72] oder die Behauptung: „nichts ist lächerlicher als der Sport, dieses beliebteste Alibi für die vollkommene Sinnlosigkeit des einzelnen Menschen",[73] schon toben die Massen und die Sprengung ist geglückt.

Paradigmatisch wird in *Ein Kind* erläutert, mit welchen sprachlichen, ästhetischen und rhetorischen Mitteln Bernhard seine Texte ausgestaltet. Thomas erzählt seinem Freund Schorschi die Geschichte vom gescheiterten Fahrradausflug:

> Ich selbst genoß meinen Bericht so, als würde er von einem ganz andern erzählt, und ich steigerte mich von Wort zu Wort und gab dem Ganzen, von meiner Leidenschaft über das Berichtete selbst angefeuert, eine Reihe von Akzenten, die entweder den ganzen Bericht würzende Übertreibungen oder sogar zusätzliche Erfindungen waren, um nicht sagen zu müssen: Lügen. Ich hatte, auf dem Schemel neben dem Fenster sitzend, den Schorschi auf seinem Bett gegenüber, einen durch und durch dramatischen Bericht gegeben, von dem ich überzeugt war, daß man ihn als ein wohlgelungenes Kunstwerk auffassen mußte, obwohl kein Zweifel darüber bestehen konnte, daß es sich um wahre Begebenheiten und Tatsachen handelte. Wo es mir günstig erschien, hielt ich mich länger auf, verstärkte das eine, schwächte das andere ab, immer darauf bedacht, dem Höhepunkt der ganzen Geschichte zuzustreben, keine Pointe vorwegzunehmen [...]. Ich wußte, was dem Schorschi imponierte und was nicht, dieses Wissen war die Grundlage meines Berichts.[74]

Die typischen stilistischen Mittel werden hier beschrieben. Zu Beginn dieses Ausschnitts wird eine der in Bernhards Werken häufigsten Figuren erwähnt: die Hyperbel. Übertreibungen werden eingesetzt, um den Schorschi zu beeindrucken, außerdem werden bestimmte Aspekte des Vorgangs besonders betont, die Figur der Emphase tritt also auf. Die Geschichte wird so angeordnet, dass sie auf einen Höhepunkt zusteuert, uninteressante Informationen werden völlig ausgeblendet, das bedingt das Auftreten von Ellipsen. Im Konflikt zwischen Wahrheit und Lüge wird deutlich, dass die ganze Erzählung paradoxen Charakter hat, insofern spielen auch Antithesen eine zentrale Rolle bei der Konstruktion der Geschichte.

Auch wird der Umgang mit der äußeren Realität deutlich: das Erlebnis bildet nur die Grundlage der Erzählung, und die Verfremdung geht innerhalb des Kunstwerkes so weit, dass aus dem Bericht eine Lüge oder anders gesagt eine Fiktion wird. Hier liegt keine mimetische Kunstauffassung zu Grunde, bei der

---

[72] Vgl. Dittmar, Der skandalöse Bernhard (Anm. 33), S. 79–80. Thomas Bernhard und Regisseur Claus Peymann verlangten, dass in der letzten Szene von „Der Ignorant und der Wahnsinnige" die Notbeleuchtung abgeschaltet werden sollte, die Feuerpolizei lehnte dieses Ansinnen jedoch ab. Der Streit führte zu einer Absetzung des Theaterstückes. Der Skandal wurde von Thomas Bernhard in „Der Theatermacher" noch einmal aufgegriffen.

[73] Bernhard, Der Keller (Anm. 43), S. 164.

[74] Bernhard, Ein Kind (Anm. 11), S. 425.

es um eine Nachahmung einer erkennbaren Wirklichkeit geht, sondern eine
Vorstellung, nach der ein Kunstwerk eine eigene Realität erzeugen kann. Ob
diese freilich, wie Huber argumentiert, der Realität näher kommt als „die Dokumentation und Verknüpfung von Fakten",[75] scheint mir fraglich. Deutlich
aber wird am Exempel, schon der kleine Thomas verhält sich strategisch, sieht
auf die Wirkung bei seinem Zuhörer Schorschi, dessen Aufmerksamkeit sein
Ziel ist, wird als Maßstab für das Kalkül des Erzählers genommen. Hier ist das
rhetorische Moment der Texte Bernhards deutlich benannt. Wichtig ist nun
aber der Hinweis Martin Hubers, dass bei der Rezeption Bernhards allzuhäufig
der literarische Charakter vergessen wird, man sich kaum noch um die Texte
kümmert.[76] Bernhards Skandalrhetorik ist so gut auf die Adressaten ausgerich-
tet, dass die Texte in den Hintergrund treten, man ihren ästhetischen Charakter
übersieht. Dabei finden sich in den Texten immer wieder Reflektionen über
persuasive Prozesse und Plausibilisierungsstrategien, die Bernhard anwendet –
gewissermaßen als eine Bedienungsanleitung für den Umgang mit Bernhard.
Demnach haben wir es bei der Autobiographie mit „Notizen" zu tun, „die aus
Tausenden und Abertausenden von Möglichkeitsfetzen von Erinnerung zusammengesetzt sind. Hier sind Bruchstücke mitgeteilt, aus welchen sich, wenn
der Leser gewillt ist, ohne Weiteres ein Ganzes zusammensetzen läßt."[77] Die
Autobiographie also ist kein „Neuanfang" im Werk Bernhards gewesen, sondern
Ausdruck der Perfektionierung der sprachlichen Mittel, der rhetorischen Strategien und ästhetischen Potenz des Autors Thomas Bernhards, der in ihr über
seine Techniken Auskunft gibt.

---

[75]   Martin Huber, „Möglichkeitsfetzen von Erinnerung". Zur Rezeption von Thomas Bernhards
autobiographischer Pentalogie, in: Wolfram Bayer (Hg.), Kontinent Bernhard. Zur Thomas-Bernhard-
Rezeption in Europa, Wien / Köln / Weimar 1995, S. 44–57, hier S. 56.

[76]   Vgl. ebd. S. 44.

[77]   Bernhard, Der Atem (Anm. 6), S. 266.

Eva Marquardt

‚Ist es ein Roman? Ist es eine Autobiographie?'
„Erfinden" und „Erinnern"
in den autobiographischen Büchern Thomas Bernhards

The biography you can make up, the fiction has to be the truth.

Peter Ackroyd

Die im Titel formulierte Frage wurde seit Erscheinen der ersten Prosaschriften Bernhards stets in der einen oder anderen Form gestellt. Nach Erscheinen der autobiographischen Bände, die hier im Mittelpunkt stehen, wollten manche einen deutlichen Unterschied zu den fiktionalen Arbeiten erkennen und lobten den Wirklichkeitscharakter als Neuanfang des Bernhard'schen Schreibens.

In den letzten Jahren erschienen eine Reihe von neueren Beiträgen, die es ermöglichen, wenn nicht gar erzwingen, sich mit dieser Frage von Fiktionalität bzw. Wahrheitsgehalt seiner Texte neu auseinanderzusetzen. Wir verfügen vor allem über genauere editorische[1] und biographische Informationen. Hier haben Hans Höller[2] und Manfred Mittermayer[3] viele wichtige Informationen über das Leben Bernhards gesichtet, bewertet und zusammengetragen. Der Prozess der „Umschmelzung lebensgeschichtlicher Elemente in eine künstliche Welt",[4] lässt sich nun genauer nachvollziehen. Auch Louis Huguets *Chrononolgie*[5] verdankt die Forschung sehr genaue Einzelrecherchen. Zwar haben die Widersprüche innerhalb der Selbstaussagen immer schon den Blick auf deren Unzuverlässigkeit gelenkt, nun können wir aber die Richtung der Abweichung genauer nachvollziehen. Einen Versuch dieser Neueinschätzung liegt von Andreas Maier[6] vor. Auf Basis von Huguets Erkenntnissen liest Maier die fiktionale Prosa sowie auch die Jugenderinnerungen mit kritischem Blick.

Nicht zuletzt liefert der 2009 erschienene Briefwechsel zwischen Thomas Bernhard und seinem Verleger Siegfried Unseld eine Reihe von aufschlussreichen Neuigkeiten. Dieser briefliche Austausch sowie die umfassenden Reiseberichte des

---

[1]   Vgl. Thomas Bernhard, Die Autobiographie, in: Ders., Werke, hg. v. Martin Huber / Wendelin Schmidt-Dengler, Bd. 10, hg. v. Martin Huber / Manfred Mittermayer, Frankfurt a. M. 2004.

[2]   Vgl. Hans Höller, Thomas Bernhard, Hamburg 1993.

[3]   Vgl. Manfred Mittermayer, Thomas Bernhard. Leben und Wirkung, Frankfurt a. M. 2006, sowie Ders., Thomas Bernhard, Stuttgart 1995 und Ders. / Martin Huber / Peter Karlhuber (Hgg.), Thomas Bernhard und seine Lebensmenschen. Der Nachlaß, Wien 2001.

[4]   Manfred Mittermayer, Das Leben und die Literatur. Fundstücke eines Ausstellungsmachers in Texten Thomas Bernhards, in: Martin Huber / Wendelin Schmidt-Dengler (Hgg.), Wissenschaft als Finsternis? Wien / Köln / Weimar 2002, S. 109–132, hier S. 112.

[5]   Louis Huguet, Chronologie. Johannes Freumbichler. Thomas Bernhard, Weitra 1995.

[6]   Vgl. Andreas Maier, Die Verführung. Thomas Bernhards Prosa, Göttingen 2004.

Verlegers lohnen sicher eine genaue Lektüre und Deutung. Über weite Strecken liest sich der Text – „einer der scheußlichsten Wörter der Moderne",[7] so Bernhard, wie ein spannender Briefroman, in deren Mittelpunkt eine stete Beziehungsauseinandersetzung um Aufmerksamkeit, Anerkennung, Beachtung und Geld steht. Heute möchte ich mich aber darauf beschränken, aus der Lektüre Informationen zu gewinnen, die für das Thema der autobiographischen Bücher von Interesse sind. Erste Erwähnung findet das Thema der Kindheitserinnerung im Reisebericht Unselds, der Thomas Bernhard im Mai 1972 in Salzburg getroffen hat.

> Bernhard war in bester erzählerischer Stimmung und erzählte mir – ganz offensichtlich von der Salzburger Atmosphäre bestimmt – von seiner Jugend und Kindheit.[8]

Seine Familie habe ihn zu einem bürgerlichen Studium, nämlich dem der Juristerei, zwingen wollen, die Großmutter sei ihrem Mann noch in der Hochzeitsnacht davongelaufen, usw. Unseld lenkt den Erzählfluss wohl ganz bewusst auf die Kindheitsschilderung und endet seinen Reisebericht mit dem Hinweis auf den „Plan zu autobiographischen Aufzeichnungen, die zunächst unter dem Titel *Erinnern* [...] besprochen werden".[9] Diese Idee wird dann im August 1972 konkretisiert: Im September 1973 sollte der erste Band *Erinnern* erscheinen, gefolgt von weiteren Bänden im Jahresrhythmus. Nicht zum geringen Verdruss des Verlegers Unseld erscheinen diese Bücher dann ab dem Jahr 1975 bekanntlich beim Salzburger Residenzverlag. Das Bemühen des Suhrkamp-Verlags, die autobiographischen Werke nach Frankfurt zu holen bzw. dann als Gesamtwerk neu herauszugeben, ist ein wichtiger ‚Erzählstrang' im Briefwechsel. Unseld, genauso übrigens wie der Leiter des Residenz-Verlags Schaffler, ist sich über die strategische Bedeutung der autobiographischen Bände im Klaren, und er zeigt sich auch auf persönliche Weise besonders betroffen.[10] Der Schriftsteller selbst will den Kunstcharakter respektive den literarischen Wert der Erzählungen offensichtlich gegenüber dem Verleger kleinreden oder aber ihn tatsächlich nicht wahrhaben. Im Gegensatz zu *Ungenach* und *Watten* seien seine Biographien bei Residenz nur so hingeschrieben. Er habe keinen Kunstgenuss empfunden bei der Niederschrift, sondern nur den Zwang, das zu schreiben. *Watten* und *Ungenach* seien hingegen wirkliche Autobiographien.[11] Die Forschung muss nun entscheiden, ob sie diesen behaupteten Unterschied zwischen den fiktionalen und den autobiographischen Texten nachvollziehen kann.

Das Thema der Kindheitsschilderung scheint bereits in seiner ersten größeren Prosaarbeit *Frost* auf; Lebensbeschreibung und Selbstbetrachtung stehen explizit im

---

[7]   Thomas Bernhard / Siegfried Unseld, Der Briefwechsel, hg. v. Raimund Fellinger / Martin Huber / Julia Ketterer, Frankfurt a. M. 2009, S. 741.

[8]   Bernhard / Unseld, Der Briefwechsel (Anm. 7), S. 272ff.

[9]   Ebd., S. 274.

[10]   Ebd., S. 645. „Lieber Thomas Bernhard, mit den liebenswürdigsten Worten treffen Sie mich ins Herz [...]. Mich macht das traurig [...]".

[11]   Ebd., S. 651.

Mittelpunkt zahlreicher Erzählungen, von *Watten* bis *Gehen*, und kulminieren in der *Auslöschung* im Lebensrückblick als „Antiautobiographie". Bernhard selbst sieht sich im Jahr 1986 gemäß einer Äußerung gegenüber Siegfried Unseld schon länger „nach einer jahrzehntelangen Zeit des Erfindens [...] in einer Periode des Erinnerns".[12]

Insgesamt fällt auf, dass Bernhard zur Charakterisierung seiner Jugenderinnerungen häufiger den Terminus „Biographie"[13] bzw. „meine Kindheits- und Jugendbiographie"[14] verwendet, sie schließlich als „sogenannte Autobiografie"[15] bezeichnet. Unseld hingegen spricht von „autobiographischen Bänden"[16] oder „die fünf autobiographischen Prosastücke".[17] Ich habe die Frage der Bezeichnung so ausführlich dargestellt, weil ich zeigen will, dass Thomas Bernhard von einem anderen, d.h. eigenen und offeneren Begriff von Autobiographie ausgeht, als dies gemeinhin in der Forschung üblich ist.

In den Unterhaltungen und im Briefwechsel hat Thomas Bernhard Unseld gegenüber nach Erscheinen von *Die Kälte* von der geplanten Veröffentlichung drei weiterer Teile berichtet, die insgesamt als „Einheit"[18] aufzufassen wären. Geplante Titel seien „Der Gerichtsreporter", „Der Beginn des Schriftstellerischen" sowie „Die erste Kindheit". Die Rede war auch von einem Manuskript „Der Sohn",[19] welches Unseld gern im Suhrkamp-Verlag veröffentlicht sähe. Ich finde diese Hinweise bemerkenswert, weil sie zeigen, dass das autobiographische Projekt Bernhards eher als *work in progress*, denn als abgeschlossenes Werk anzusehen ist. Die Gattungsbezeichnung „autobiographische Pentalogie"[20] trägt diesem Prozesscharakter daher nicht genügend Rechnung. Zwar schreibt Bernhard seinem Verleger im Dezember 1981, er habe die Biographie „abgeschlossen".[21] Gemeint ist aber offensichtlich der Rückblick auf Kindheit und Jugend,[22] denn kurze Zeit darauf sendet Bernhard das Manuskript zu *Wittgensteins Neffe* an den Verlag nach Frankfurt.

Die autobiographischen Texte sind auch insofern offen, als sie weitergeführt werden sollten und tatsächlich in Zwischenformen zur romanesken Prosa münden, wie zum Beispiel in *Wittgensteins Neffe*.[23] Siegfried Unseld hat nach der Lektüre dieses

---

12 Ebd., S. 745.
13 Ebd., S. 644.
14 Ebd., S. 776.
15 Ebd., S. 543.
16 Ebd., S. 633.
17 Ebd., S. 765.
18 Ebd., S. 597.
19 Ebd., S. 618.
20 Martin Huber, „schrieb und schrieb und schrieb ...". Erste Anmerkungen zu Nachlass und Arbeitsweise Thomas Bernhards, in: Martin Huber / Wendelin Schmidt-Dengler (Hgg.), Wissenschaft als Finsternis? Wien / Köln / Weimar 2002, S. 195–205, hier S. 196.
21 Bernhard / Unseld, Der Briefwechsel (Anm. 7), S. 644.
22 Ebd. „Damit, und also mit neunzehn am Ende, ist die Kindheit festgenagelt."
23 Vgl. Thomas Bernhard, Wittgensteins Neffe, in: Ders., Werke, hg. v. Martin Huber / Wendelin Schmidt-Dengler, Bd. 13, Erzählungen III, hg. v. Hans Höller / Manfred Mittermayer, Frankfurt a. M. 2008, S. 207–307.

neuen Werks sogleich von einer „neue(n) Form Ihrer Autobiographie"[24] gesprochen. Hans Höller sieht einen „weitgehend autobiographischen Erzähler in *Ja*".[25]

Zu dieser Fortführung des selbstbiographischen Schreibens gehört auch der posthum veröffentliche Text *Meine Preise*.[26] Hier schildert Bernhard nacheinander die Umstände und Skandale der Preisverleihungen, die er im Laufe seines Schriftstellerlebens über sich ergehen lassen musste. In dieser Schrift wird sein sogenannter Lebensmensch, Hedwig Stavianicek, erstmals namentlich erwähnt. Der Charakter des Buchs trägt Züge eines thematisch gebundenen Tagebuchs. Das erzählerische Ich ist daher mit dem der Autobiographie verwandt. Hier reflektiert Bernhard bereits die Rezeption seiner Autobiographie. „Ich hätte eine absolut neue Form der Selbstbiographie gefunden, hieß es."[27] Im Gegensatz zur oben als offen und modern charakterisierten Form der Autobiographie geht Andreas Maier von der Annahme aus, dass Bernhards großes autobiographisches Thema das stete Bemühen um „Wahrheit oder Klarheit"[28] sei. Der sich erinnernde Bernhard setzt sich in seinem ersten autobiographischen Buch *Die Ursache* am explizitesten mit poetologischen Reflexionen zur Selbstbeschreibung auseinander; er stützt sich dabei auf den Autor, der ihm schon vom Großvater verheißen wurde, nämlich Michel de Montaigne. Um seine eigene Haltung als authentisch auszuweisen, so Maier, berufe Bernhard Montaigne gleichsam als Zeugen. Ohne Umschweife geht Maier davon aus, Bernhard fühle sich ebenfalls den Zielen und Werten Montaignes verpflichtet. Mir hingegen erscheinen die ausführlichen Zitate aus den *Essais* eher als Versuch, sich zuallererst selbst von dem autobiographischen Unterfangen zu überzeugen. In den folgenden Jugenderinnerungen, also von *Der Keller*, *Der Atem* sowie *Die Kälte* treten eigene Überlegungen zum Thema Selbstbeschreibung an die Stelle fremder Reflexionen zum Thema. Im zuletzt publizierten Band *Ein Kind* gibt es wenige Reflexionen des eigenen Schreibens, hier scheint das Schreiben über sich selbst schon eine größere Selbstverständlichkeit gewonnen zu haben.

Maier untersucht die autobiographischen Bücher zunächst immanent mit Blick auf Stimmigkeit, um dann anschließend einen Vergleich der literarischen Darstellung mit den lebensgeschichtlichen Tatsachen anzustellen. Dieser Abgleich mündet in dem Ergebnis, in Bernhards Autobiographien gehe der „*Effekt* vor Wahrheit".[29] So gesehen sei die Beschwörung seines Wahrheitswillens „eher ein taktisches Manöver".[30] Basierend auf den Angaben Huguets führt Maier eine beachtliche Zahl von Darstellungen in den autobiographischen Bänden an, die nicht den später durch Huguet recherchierten Tatsachen entspre-

---

24   Bernhard / Unseld, Der Briefwechsel (Anm. 7), S. 659.
25   Hans Höller, Thomas Bernhard, Hamburg 1993, S. 95.
26   Vgl. Thomas Bernhard, Meine Preise, Frankfurt a. M. 2009.
27   Ebd., S. 105.
28   Maier, Die Verführung (Anm. 6), S. 71.
29   Ebd., S. 117.
30   Ebd.

chen. Die vorgenommenen Vergleiche und deren Ergebnisse sind für die Deutung relevant, und auf dieser Basis kann das Ausmaß und die Richtung der Stilisierung und der Übertreibung besser eingeschätzt werden. Einige Beispiele seien hier aufgezählt:

Nicht der Gymnasiast Thomas Bernhard habe sich plötzlich zum Abbrechen der Schullaufbahn entschlossen, sondern seine Erziehungsberechtigten hätten ihn dazu gedrängt, eine Lehre zu machen, nachdem er zum zweiten Mal sitzen zu bleiben drohte. Der Keller Podlahas sei zunächst gar nicht in der Scherzhauserfeldsiedlung gewesen, die entsprechende Szene auf dem Arbeitsamt könne daher nur frei erfunden sein. Stets diene die falsche Darstellung dem Versuch, den jungen Bernhard als Helden zu verklären. Seine Angehörigen werden durch ihre Lebensläufe und Schicksale oder auch durch ihren Besitz immer als großartiger, weltläufiger und künstlerischer charakterisiert, als dies der Wirklichkeit entsprochen haben konnte. Die selbstlose Abschenkung von Johannes Freumbichler zugunsten der einen Schwester lässt sich nicht nachweisen; in Wirklichkeit hatte eine andere Schwester auf ihr Erbe zu dessen Gunsten verzichtet. Das Ziel dieser Verfälschungen fasst Maier folgendermaßen zusammen:

> Zum einen werden die eigene Herkunft und das eigene Umfeld ins Licht eines vermeintlich wohlhabenden Bürgertums beziehungsweise des exzeptionellen Künstlertums gestellt [...]. Zum zweiten werden Bernhards eigene Fähigkeiten und Erfolge vergrößert oder einfach erfunden.[31]

Seine Lektüreeindrücke fasst er zusammen, indem er die Autobiographien als „rhetorisch"[32] bezeichnet. Dabei beschreibt Andreas Maier die rhetorischen Mittel sehr zutreffend: Er verweist auf die Widersprüchlichkeiten und die Inkonsistenz, Dramatisierungen und Steigerungseffekte, die Neigung zur apodiktischen Formulierung; er konstatiert eine hyperrealistische Anschaulichkeit, aber auch heldische Überlebensrhetorik.

In summa sei die behauptete Suche nach Wahrheit eine reine „Montaignemaske".[33] Statt sich ernsthaft darum zu bemühen, die Wahrheit über die eigene Kindheit zu entdecken und mitzuteilen, sei es ihm in Wirklichkeit um eine „phänomenale Selbstheroisierung"[34] gegangen. Maiers Frage, „Wie soll er nicht schon bei der Niederschrift gewußt haben, ob es die Wahrheit ist, was er schreiben wollte, oder nicht?"[35] liest sich als Kritik und verkennt den Charakter moderner Autobiographie allgemein. Sie zielt darauf ab, den literarischen Wert der Texte zu relativieren.

Der Erzähler selbst hat in seinen Jugenderinnerungen bekanntlich zahlreiche relativierende Passagen eingefügt, die meines Erachtens die Schwierigkeiten beim Abfassen einer Selbstlebensbeschreibung glaubwürdig erscheinen lassen.

---

[31] Ebd., S. 160.
[32] Ebd., S. 156.
[33] Ebd., S. 161.
[34] Ebd., S. 95.
[35] Ebd., S. 157.

Der Autobiograph schildert sehr präzise, was ihn daran hindert, sein Leben wahrheitsgetreu nachzuzeichnen: an erster Stelle benennt er die Unfähigkeit, sich zu erinnern.

> Ich weiß nicht mehr, wie viele Monate ich noch mit ihm in Grafenhof zusammen gewesen bin, er weiß es heute auch nicht mehr, vielleicht war es aber auch ein Jahr gewesen [...]. Ich weiß es nicht mehr. Ich will es nicht mehr wissen.[36]

Es wird deutlich und es ist auch plausibel, dass viele Details nicht mehr abrufbar sind, und der Erzähler sieht seine Aufgabe auch nicht darin, solche Einzelheiten zu rekonstruieren. Schließlich weiß er, dass die Einschätzungen von damals bereits sehr subjektiv waren und zum Zeitpunkt des Niederschreibens schon nicht mehr haltbar sein können. Im *Keller* heißt es beispielsweise „Um mich selbst zu schützen, verfälsche ich mein Zuhause [...]".[37] Er beklagt seinen fehlenden Mut und bezweifelt, die notwendige „Unverfrorenheit"[38] zu besitzen, seine Lebensgeschichte zu veröffentlichen. Bernhard gesteht dem Leser auch, er sei zu schwach, zugleich unfähig, „mich preiszugeben, vor mir selbst".[39] Das scheint doch eine Einsicht darin zu sein, nicht völlig ohne Lebenslügen auszukommen. Er gibt zu, dass ihm eine „Grenzüberschreitung in Richtung auf die oder überhaupt eine Wahrheit unerträglich ist".[40]

Beim Abfassen und Veröffentlichen autobiographischer Schriften geben Autoren auch Informationen über Angehörige oder Freunde weiter. Es dürfte für die Halbgeschwister Thomas Bernhards, Peter Fabjan und Susanne Kuhn, schwierig sein, Teile ihrer eigenen Kindheit veröffentlicht zu finden. Noch Peter Fabjans Einleitung zum Briefwechsel lässt solche Erwägungen als durchaus plausibel erscheinen. Bei aller proklamierten Rücksichtslosigkeit, könnte es hier doch eine gewisse Zurückhaltung gegeben haben.

Schließlich erscheint Bernhard auch die Sprache selbst inadäquat, ja

> unbrauchbar, wenn es darum geht die Wahrheit zu sagen, Mitteilung zu machen, sie läßt dem Schreibenden nur die Annäherung, immer nur die verzweifelte und dadurch auch nur zweifelhafte Annäherung an den Gegenstand, die Sprache gibt nur ein verfälschtes Authentisches wider, das erschreckend Verzerrte, sosehr sich der Schreibende auch bemüht, die

---

[36] Thomas Bernhard, Die Kälte, in: Ders., Werke, hg. v. Martin Huber / Wendelin Schmidt-Dengler, Bd. 10, Die Autobiographie, hg. v. Martin Huber / Manfred Mittermayer, Frankfurt a. M. 2004, S. 311–406, hier S. 401.

[37] Thomas Bernhard, Der Keller. Eine Entziehung, in: Ders., Werke, hg. v. Martin Huber / Wendelin Schmidt-Dengler, Werke, Bd. 10, Die Autobiographie, hg. v. Martin Huber / Manfred Mittermayer, Frankfurt a. M. 2004, S. 111–213, hier S. 168.

[38] Bernhard, Die Kälte (Anm. 36), S. 353.

[39] Ebd.

[40] Ebd., S. 332.

Wörter drücken alles zu Boden und verrücken alles und machen die totale Wahrheit auf dem Papier zu Lüge.[41]

Trotz aller dieser Widerstände und Schwierigkeiten, sich zu offenbaren, erfahren wir doch zahlreiche – auch gemessen an heutigen gesellschaftlichen Normen – Tatsachen, die wir wohl kaum über uns selbst veröffentlicht wissen wollten: Eine Kindheit in großer materieller Armut, obwohl durchaus auch stets
materiell erfolgreiche Zeitgenossen in den Büchern dargestellt werden; den Ma-
kel, ein uneheliches Kind zu sein und seinen Vater überhaupt nicht persönlich
zu kennen; die Schandtaten des Vaters, die immer wieder auch als solche des
Sohnes bezeichnet werden. Bernhard verhehlt nicht, dass sein geliebter Großvater despotisch, erfolglos, frauenfeindlich und rücksichtslos lebte, dass er
nichts zu seinem eigenen Lebensunterhalt beitrug, geschweige denn für den
seiner Familie gesorgt hätte. Die beruflichen Tätigkeiten seiner nächsten Angehörigen dienen keineswegs einer sozialen Selbsterhöhung: die Großmutter arbeitet als Hebamme und Haushaltshilfe, der Großvater ist ein unveröffentlich-
ter Schriftsteller, die Mutter Köchin oder ebenfalls Haushaltshilfe und der
Vormund ist Friseur, stets von Arbeitslosigkeit bedroht.

Das Geständnis, selbst „überall [...] versagt" zu haben, „zuhause, von Anfang an, als Kind, als junger Mensch, in der Lehre, immer und überall [...]"[42],
dürfte dem Erzähler sicher nicht leicht gefallen sein. Vermutlich ist es auch einer nur zu verständlichen Scham des Erzählers zu verdanken, wenn erst im
fünften Band der Kindheitserinnerungen von den gewalttätigen Bestrafungs-
aktionen der Mutter zu lesen ist, von ihren unsachlichen und unhaltbaren Be-
schuldigungen und den Erniedrigungen ihres Kindes Thomas. Der Erzähler
Thomas Bernhard versucht hier sein Bestes, die pädagogischen Fehlleistungen
der Mutter zu erklären, um nicht zu sagen zu entschuldigen. Als sich die über-
forderte Mutter Herta Fabjan dazu entschließt, den Sohn Thomas in ein Erholungsheim zu senden – zeitgleich mit der Geburt des Halbbruders Peter – entdeckt der junge Reisende den Irrtum, dem seine Erziehungsberechtigten mut-
maßlich aufgesessen waren, als er nämlich nach Saalfeld in Thüringen, statt
nach Saalfelden bei Salzburg befördert wird.

> Wußten sie, daß es sich um Saalfeld und nicht um Saalfelden handelte, so
> hatten sie mich hereingelegt und an mir ein Verbrechen begangen, wuß-
> ten sie es nicht, so war es eine unverzeihliche Nachlässigkeit, der sie sich
> schuldig gemacht hatten.[43]

Das ist schon eine sehr weitgehende Offenlegung der Unzulänglichkeiten seiner
Erzieher, die auch dem Erzähler sicher einiges abverlangt haben dürften. Die
erniedrigenden Erlebnisse im sogenannten Erholungsheim, welches sich dann

---

41   Ebd., S. 364.
42   Ebd., S. 347.
43   Thomas Bernhard, Ein Kind, in: Ders., Werke, hg. v. Martin Huber / Wendelin Schmidt-
Dengler, Bd. 10, Die Autobiographie, hg. v. Martin Huber / Manfred Mittermayer, Frankfurt a. M.
2004, S. 405–509, hier S. 488.

später bekanntlich als „*Heim für schwer erziehbare Kinder*"[44] herausstellte, sind ausführlich beschrieben; Thomas Bernhard erzählt zum Ende seiner zuletzt veröffentlichten Kindheitserinnerung von seiner „Karriere" als Bettnässer und der absolut inadäquaten Behandlung dieses Problems durch seine Mutter und durch die Schwestern im Heim.

Legen diese Aufzählungen nun Zeugnis davon ab, wie sehr sich der Erzähler darum bemüht, der Wahrheit näher zu kommen, oder stilisiert sich der Erzählende im Nachhinein zum Opfer? Es ist schwer vorstellbar, dass die oben aufgezählten Geständnisse erfunden sind. Neben den Passagen, die wesentlich der „Selbstnobilitierung"[45] dienen, liefert Bernhard doch bestürzende Einsichten in eine Kindheit, die wahrlich wenig rosig erscheint.

Die Frage muss freilich unbeantwortet bleiben, ganz einfach, weil es bei Bernhard keine ‚wahre Wahrheit' gibt, um einen Ausdruck Peter Handkes zu variieren bzw. zu adaptieren.[46] Die poetologischen Reflexionen – in seinen Jugenderinnerungen entwickelt Bernhard nach und nach eine völlig eigene Poetik des autobiographischen Schreibens –, die durchgängige Stilisierung, vor allem der ins paradoxe gesteigerte Wahrheitsbegriff kreieren ein ‚System Bernhard', welches kein Außen und keine Objektivität kennt.

Die „Selbstheroisierungen", wie sie Andreas Maier bezeichnet, oder die „fiktionale(n) Überlagerungen",[47] wie Mittermayer neutral sagen würde, können bewusste Verfälschungen sein oder aber subjektiv wahre Lebenslügen. Trotz der Bernhard'schen Behauptung, eine Zeit des Erfindens von der des Erinnerns abgrenzen zu können, geht Bernhard den sogenannten autobiographischen Pakt nicht ein, oder anders ausgedrückt, der Wunsch, die eigene Lebensgeschichte niederzuschreiben, bleibt auf der Ebene der Rhetorik und der literarischen Mittel folgenlos. Auch wenn es dem Autor so vorkommt, als seien die Erinnerungstexte „nur so dahingeschrieben", lassen sie doch alle Merkmale der fiktionalen Prosa erkennen.

Zu den stark stilisierten oder auch erfundenen Szenen gehören die Entscheidungsszenen, in die „entgegengesetzte Richtung" zu gehen, und die sogenannte Badezimmer-Szene, wo der junge Patient gegen jede Wahrscheinlichkeit kurzerhand selbst „entscheidet", weiterzuleben. Immer wieder beschreibt Bernhard Situationen, in denen er selbst über Leben und Tod bestimmt, sich im entscheidenden Moment rettet, seine Existenz rettet. Diese Schilderungen, wie der junge Thomas Bernhard sein Leben selbst in die Hand nimmt, zum autonomen Subjekt wird, sind zweifellos diejenigen Passagen, welche den Kunstcharakter am deutlichsten zeigen. Hier lässt sich ablesen, wie sehr die Selbstzeugnisse gleichsam als Selbstlebenserfin-

---

44   Ebd., S. 493.
45   Höller, Thomas Bernhard (Anm. 2), S. 103.
46   Peter Handke, Ich bin ein Bewohner des Elfenbeinturms, Frankfurt a. M. 1975, S. 19. Handke spricht von der „wirklichen Wirklichkeit".
47   Mittermayer, Thomas Bernhard (Anm. 3), S. VIII.

dung dienten. Nicht Heroisierung ist die Absicht, sondern „Ich-Erfindung",[48] wie ich an anderer Stelle diesen Prozess bereits einmal charakterisiert habe.

Auch nach Kenntnisnahme zahlreicher neuer biographischer Informationen bleibe ich bei meiner früher entwickelten These, nach der das Tatsächliche und das Erfundene ununterscheidbar sind.[49] Darauf kam es Bernhard offenbar gar nicht an. Das „Erfinden" und das „Erinnern" sind nicht nur die Grundbausteine seines Werks, sondern auch seines Lebens überhaupt. Wie Bernhard selbst sich in seinen fiktionalen Werken „erinnert", d.h. Autobiographisches einbringt, so „erfindet" er sich in seinen autobiographischen Büchern.

So wenig, wie Bernhard also zwischen Erfinden und Erinnern deutlich unterscheidet, so wenig differenziert er zwischen Autobiographie und Fiktion. Der Abenteuerbericht vom Fahrradausflug im Band *Ein Kind* enthält wie in einer Nussschale seine Poetik der Autobiographie: Hierzu gehören Steigerungen und Übertreibungen, Erfindungen und Lügen, Dramatisierung und Zuspitzung, sowie der gleichzeitig aufrechterhaltene Anspruch, die Wirklichkeit darzustellen, obgleich in der Form des Kunstwerks.

> Ich selbst genoß meinen Bericht so, als würde er von einem ganz anderen erzählt, und ich steigerte mich von Wort zu Wort und gab dem Ganzen, von meiner Leidenschaft über das Berichten selbst angefeuert, eine Reihe von Akzenten, die entweder den ganzen Bericht selbst würzende Übertreibungen oder gar zusätzliche Erfindungen waren, um nicht sagen zu müssen: Lügen. Ich hatte […] einen durch und durch dramatischen Bericht gegeben, von dem ich überzeugt war, daß man ihn als wohlgelungenes Kunstwerk auffassen mußte, obwohl kein Zweifel darüber bestehen konnte, daß es sich um wahre Begebenheiten und Tatsachen handelte. Wo es mir günstig erschien, hielt ich mich länger auf, verstärkte das eine, schwächte das andere ab, immer darauf bedacht, dem Höhepunkt der ganzen Geschichte zuzustreben, keine Pointe vorwegzunehmen und im übrigen mich als den Mittelpunkt meines dramatischen Gedichts niemals außer Acht zu lassen.[50]

Im Band *Die Kälte* bezeichnet Thomas Bernhard seine Kindheit als „Fundament".[51] Die gleichsam architektonische Metapher führt mich zu der Frage, was eigentlich Bernhards persönliches Fundament im eher wörtlichen Sinn war, wie hat er beispielsweise gewohnt? Zur Ich-Erfindung Bernhards zählt meiner Ansicht nach auch der Erwerb der drei Liegenschaften. Dies wird augenfällig, wenn man sich Bernhards Häuser, nämlich den als erstes angekauften Vierkanthof in Obernathal, die anschließend erworbene Krucka oder die abseits angesiedelte Liegenschaft in Ottnang anschaut. Es ist schwer vorzustellen, dass hier einmal ein Mensch wirklich gewohnt und gelebt haben soll. Im Vierkant-

48 Eva Marquardt, Gegenrichtung. Entwicklungstendenzen in der Erzählprosa Thomas Bernhards, Tübingen 1990, S. 164.

49 Vgl. ebd., S. 120–175.

50 Bernhard, Ein Kind (Anm. 43), S. 425.

51 Bernhard, Die Kälte (Anm. 36), S. 359.

hof lassen die Räume in ihrer Anonymität und mit ihrer gleichförmigen Ausstattung eher an sorgfältig ausgestattete Hotelzimmer denken. „In jedem Zimmer begann er von neuem ein Bett, einen Stuhl, einen Tisch, einen Kasten auf-
zustellen",[52] schreibt Wieland Schmied. Für Gäste wurden die Zimmer aber nur
selten genutzt, einzig Hedwig Stavianicek soll häufiger zu Gast gewesen sein.
Die nahezu serielle Ausstattung der Zimmer im Vierkanthof, der Zukauf weiterer Wohnhäuser in gleichfalls abgeschiedener Lage, der wiederum nicht praktisch motiviert sein kann, offenbaren den ungestillten Wunsch nach Behaust-
heit in einem eher existentiellen Sinne und künden zugleich von dessen Scheitern. Bernhards Häuser wirken tatsächlich wie Bernhard'sche Häuser. Der
Liebhaber amerikanischer Filme mag vielleicht an Orson Welles Film *Citizen Kane*
denken und den Versuch, sich gottgleich eine Welt im Schloss Xanadu zu erschaf-
fen. Wirkliches Leben hat jedoch weder im Vierkanthof noch in Xanadu je stattge-
funden. „Bernhards Haus war mit den Jahren immer mehr zum Monument, zum
Mausoleum, zum Totenhaus geworden."[53]
       Während in der Prosa Tendenzen zur Auflösung von Raum eindringlich be-
schrieben werden – man denke an das Überhandnehmen der Mäuse und die zunehmende Verwahrlosung der Wohngebäude in der Erzählung *Midland in Stilfs*
oder an das Zerstörungswerk der Holzwürmer im Prosatext *Korrektur* – und zunehmend die Identität ihrer Bewohner bedrohen, erschafft sich Bernhard in seiner
tatsächlichen Lebens- und Wohnwelt eine Identität, wie ein Agent sich eine Legen-
de zulegt.
       Schmied schildert, wie Bernhard die einzelnen Zimmer nach und nach ausbau-
te und die Einrichtung allmählich perfektionierte und verfeinerte:

> Möbel wurden ausgetauscht, bäuerliches Mobiliar, einfache Sitzbänke
> und Tische machten Stilmöbeln Platz, eine Biedermeierkommode ersetz-
> te eine alte Truhe usw. Hatte zunächst das Einfache, Derbe, Rustikale
> dominiert, so veränderte sich der Charakter der Einrichtung mit den Jah-
> ren hin zum Städtischen und Filigranen.[54]

Die Einrichtung diente offensichtlich nicht persönlichen, praktischen Zwecken,
vielmehr eignete ihr vorwiegend repräsentative Funktion, wie Schmied ausführt.

> Mit unglaublichem Stolz konnte Thomas Bernhard seinen Ohlsdorfer
> Vierkanter vorführen, wenn Jugendfreunde ihn gelegentlich mit ihren
> Familien besuchen kamen. Ihnen wie niemandem sonst wollte er zeigen,
> daß es der uneheliche und belächelte Junge von einst doch noch zu et-
> was gebracht hatte.[55]

Der Kontrast zur Einrichtung, die Bernhard wohl als Kind erfahren hat – wir
kennen die Beschreibungen aus den autobiographischen Büchern ebenso wie

---

[52] Erika Schmied / Wieland Schmied, Thomas Bernhards Häuser, Salzburg 1995, S. 18.
[53] Schmied / Schmied, Thomas Bernhards Häuser (Anm. 52), S. 20.
[54] Ebd., S. 17.
[55] Ebd., S. 13.

die noch drastischeren Darstellungen Huguets, nach denen die Familie sich mit Obstkisten als Möbelstücke begnügen musste, tritt hier deutlich vor Augen. Was für die Einrichtungsgegenstände galt, traf offenbar auch für die übrige Ausstattung wie Kleidung oder Geschirr zu. Wieland Schmied fasst seinen Eindruck zusammen:

> Thomas Bernhard hatte mit all dem Kram das Erbe erworben, das ihm seine Ahnen nicht hatten vermachen können. [...] Thomas Bernhard hat sich mit seinen Gegenständen gleichsam eine große und ruhmreiche Vergangenheit erworben.[56]

Es ist, als habe sich Bernhard mit der Ausgestaltung seiner Häuser eine zweite Sprache erfunden, die parallel zu den autobiographischen Büchern die gleiche Lebensgeschichte erzählt. Anlässlich ihrer letzten Begegnung am 28.1.1989 kommt Bernhard Unseld gegenüber auf seinen Nachlass zu sprechen; er schlägt vor, den Vierkanthof in ein „Bernhard-Museum"[57] zu verwandeln. Genauso wie Unseld alle Reiseaufzeichnungen bereits mit Blick auf eine Veröffentlichung als Briefwechsel vorgenommen hat, stattete Bernhard seine Wohnung offenbar für die Nachwelt aus. So gesehen hat er sich nicht nur eine „Vergangenheit erworben", sondern zugleich einer Zukunft versichert.

Martin Heidegger hat die Herkunft des Wortes ‚Sein' einmal aus dem Begriff des Bauens heraus abgeleitet. Werk und Leben Bernhards scheinen dies zu bestätigen. Sowie Bernhard wohl versucht hat, sich im Lebensrückblick der autobiographischen Schriften seiner Identität zu vergewissern, wenn nicht sie zu kreieren, so hat er mit dem Erwerb und der Gestaltung seiner Häuser einen analogen Versuch unternommen. Resultat ist die Künstlichkeit von Lebensräumen, die dem Kunstcharakter der Autobiographie auffällig korrespondiert.

---

[56] Ebd., S. 19.
[57] Bernhard / Unseld, Der Briefwechsel (Anm. 7), S. 809.

Bernhard Sorg

Strategien der Unterwerfung im Spätwerk Thomas Bernhards

1

Eines der ideellen Zentren aller Werke Thomas Bernhards ist der Gedanke an die *Unterwerfung* und die Realisation der *Unterwerfung*. Das Subjekt der Texte, das in den Romanen und Erzählungen sprechende Ich und die Protagonisten der Theaterstücke, sucht sich mit zunehmender Konsequenz und Unerbittlichkeit der ihm entgegenstehenden Objekte zu bemächtigen. Da ihm alles Objekt ist, eine stets bedrohliche Gestalt des individuellen und geschichtlich-kollektiven Schicksals, besteht die narrative Tiefenstruktur der Werke in einer unermüdlichen Suche nach Selbstbestätigung durch Minimierung, ja Vernichtung dessen, was das Ich als Nicht-Ich ansehen und evaluieren muss oder zu müssen glaubt.

Das geschieht zunächst – gleichsam als erste Stufe der tendenziell endlosen Arbeit des Subjekts – durch den urteilenden Blick, der sich rasch als ver-urteilender dekuvriert. Um den Freund und Privatgelehrten Reger „einmal von einem möglichst idealen Winkel aus ungestört beobachten zu können",[1] also um das zu wiederholen, was Reger stets zu tun pflegt, begibt sich der Erzähler Atzbacher eine Stunde früher als gewöhnlich in das Wiener Kunsthistorische Museum, wo die beiden sich regelmäßig treffen, weniger dem Betrachten der Gemälde zuliebe als des alles und jeden kritisierenden Gesprächs wegen. Ein Gespräch, das oft seinen Beginn nimmt bei den Besuchern des Museums, die gnadenlos vor den verbalen Richterstuhl Regers zitiert und ausnahmslos verdammt werden. Die Perspektive der Betrachtung, Zentrum eines jeden Museums, wird gewendet auf die Besucher, die ihrerseits häufig nicht die Gemälde betrachten, sondern sich, und das heißt: die anderen Menschen der Lebenswelt um sich herum.

2

Die gesamte erzähltechnische Konstruktion des Romans *Alte Meister* baut auf der Perspektive einer gegenseitigen unermüdlichen Beobachtung und einer universalen Verdammung durch die Zentral-Instanz Reger auf. Atzbachers Versuch, Reger zu observieren, ohne von ihm wahrgenommen und seinerseits observiert zu werden, führt ins Leere bzw. verdoppelt nur nutzlos den Blick des zentralen Beobachters. Kein Bild, mit der bemerkenswerten Ausnahme des Gemäldes „Bildnis eines

---

[1]   Thomas Bernhard, Alte Meister. Komödie, in: Ders., Werke, hg. v. Martin Huber / Wendelin Schmidt-Dengler, Bd. 8, hg. v. Martin Huber, Frankfurt a. M. 2008, S. 7.

Weißbärtigen Mannes", 1570, des Jacopo Tintoretto (1518-1594), entgeht der schonungslosen Kritik des kritischen Kritikers. Der ursprüngliche Versuch Regers vor langen Jahren, vielleicht Jahrzehnten, in der Kunst eine Gegen-Welt zur empirischen zu finden und beobachtend-reflektierend zu bewahren, führt schon seit langer Zeit in die immer gleiche Enttäuschung angesichts der artistischen Fehlerhaftigkeit der einzelnen Bilder, was sich sammelt zu einer schließlichen Total-Verurteilung nicht nur der bildenden, sondern aller Kunst.

Die furiosen Verdammungs-Urteile Regers – und die aller Erzähler der Romane Bernhards, beginnend schon mit *Frost*, 1963 – sind Moment einer *Selbstbehauptung durch Unterwerfung unter den gnadenlosen Blick des Subjekts*. Sprachlich-rhetorisch entsprechen dem die jedem Bernhard-Leser vertrauten Mittel der Wiederholungen, Redundanzen und einer rhythmischen Verbal-Monotonie, die kategorisch jeden Widerspruch ausschließt, ja intentional ausschließen will. Regers Fundamental-Kritik an der bildenden Kunst, den Mitmenschen, allen Institutionen und schließlich allem Geistgezeugten (mit der charakteristischen Ausnahme der Philosophie Arthur Schopenhauers), erweist sich als letzte Möglichkeit einer sich dem Fehlerhaften und Kontingenten entgegenstemmenden Selbstbehauptung. Gerade weil das Ich sich seiner Kreatürlichkeit und Endlichkeit nur zu bewusst ist, bedarf es einer rhetorisch erschaffenen Gegen-Welt, deren unumschränkter und unantastbarer Herr und Meister er ist. Darum ist alles um ihn herum „lächerlich" (passim) oder muss es unter seinem Blick werden.

3

Nur das beobachtende und urteilende und verurteilende Subjekt, gespiegelt in dem beobachtenden und urteilenden und verurteilenden Weißbärtigen Alten des Tintoretto, kann sich dem allgemeinen Niedergang und Untergang entziehen, indem es sich zum Richter über Kunst und Welt erhebt. Zu einem Richter, der *nicht und niemals argumentiert*. Schon in den frühen Romanen und Erzählungen Bernhards war dies evident, etwa in *Frost*, 1963, oder in *Verstörung*, 1967. Stattdessen werden Meinungen zu Kunst und Künstlern, Philosophie und Philosophen, Schriftstellern und Musikern in Form einer *rhetorischen Überwältigungs-Strategie* unerbittlich zu unbezweifelbaren Wahrheiten hinaufgesteigert, ja geradezu sakralisiert. Das Subjekt der Romane erhöht gleichsam mit jeder Seite die Lautstärke der Meinungen, damit ein Zweifel an dem Wahrheitsgehalt der Urteile gar nicht erst aufkommen kann.

Womit naturgemäß genau dies geschieht, unvermeidlicherweise. Vor allem in den beiden letzten Prosawerken, die ich hier heranziehe, ist die Diskrepanz zwischen der intellektuellen Substanz und den rhetorischen Mitteln unübersehbar. Warum alle Gemälde im Kunsthistorischen Museum eigentlich Dreck sind und nur der Weißbärtige Mann gnädig davon ausgenommen wird, wirkt ebenso zufällig und beliebig wie jedes andere Urteil als apokalyptische Ver-Urteilung auch. Die dröhnende Monotonie der Regerschen Sätze entleert sie sowieso jedes vielleicht vorhandenen Inhalts und lässt nichts zurück als den Eindruck einer beliebig zu programmierenden Sprach-Maschine, deren Antriebs-Stoff nicht Erkenntnis, Urteilsvermögen oder argumentative Substanz ist, sondern die Angst vor dem Vakuum des eigenen Innern und der Endlichkeit und Kontingenz seiner Existenz.

Rhetorik bei Bernhard ist, so betrachtet, das Medium einer desperaten Inhaltslosigkeit, deren Telos nicht in einer optimalen Darstellung eines durchdachten Sachverhalts liegt, sondern in der chimärischen Subjekt-Werdung eines zu inhaltlichen Argumentationen nicht fähigen Trägers von Ressentiments. Indem das Ich alles seinen verbalen Überwältigungen aussetzt, gesteht es seine reale Schwäche implizite ein. An die Stelle einer adäquaten Auseinandersetzung mit den Werken der Kunst und der Philosophie und mit den Objekten der Empirie tritt die *substanzlose Sprache der Behauptung.*

4

Die hämmernden Wiederholungen, geschmückt mit (fast) allem, was der Lausberg zu bieten hat, wie man zynisch sagen müsste, wäre nicht zu bezweifeln, dass Bernhard je das *Handbuch der literarischen Rhetorik*, 1960, oder die *Elemente,* 1963, gelesen oder gar studiert hätte mit heißem Bemühn – also die rhetorischen Figuren dienen in den *Alten Meistern* und der *Auslöschung* nicht zur Explikation oder Unterstützung rationaler Thesen, sondern zur Erzeugung eines sprachlichen und gedanklichen Grundrauschens, das jedwede Reflexion auf ein zu diskutierendes Sujet gerade *verhindert.*

Bei dem irischen Bischof und Philosophen (auch das gibt oder gab es gelegentlich) George Berkeley (1685-1753) kann man lesen *Esse est percipi – Sein ist Wahrgenommenwerden.* In Bernhards später Prosa wird der Satz, wird die Erkenntnis umgedreht: *Sein ist Wahrnehmen.* Dieses Wahrnehmen, gefasst in die Sprache unbedingter Behauptung, ist konstitutiver Teil einer Strategie der Macht über die Anderen.

Ihr Mittel ist die Fügung der einfachen Dichotomie: Liebe oder Hass, Meisterschaft oder Schrott, Genie oder Stümper in Literatur, bildender Kunst, Philosophie. Durch den bewussten Ausschluss jedweder Nuancen, jedweder Grauzonen oder von Abstufungen wird das Denken und Reden *monomanisch.* Das hinter den Urteilen stehende Subjekt erscheint als ein alles außer ihm Unterwerfendes. Nur das Ich ist Garant der Wahrheit. Diese unbefragbare Subjektivität macht das Ich zum omnipotenten Subjekt seiner Welt. Indem es seine Maxime *Sein ist Wahrnehmen* zu einer unbezweifelbaren Wahrheit erhebt, entzieht es sich und seine Urteile jeder rationalen Diskussion. Rhetorik wird so wieder, wie die Gegner/Feinde der griechischen Sophisten von ihnen ja nicht ganz zu Unrecht behauptet haben, zum Mittel einer intellektuellen Gewaltsamkeit, nicht zum Medium anschaulicher Wahrheit.

5

Das Ich in der erzählenden Prosa Bernhards bedarf eines Gegenübers lediglich zum Zuhören; eine inhaltliche Diskussion entsteht nie. Schon im ersten Roman *Frost*, 1963, herrscht der uferlose Redestrom des Malers Strauch. Der Fürst Saurau in *Verstörung*, 1967, fasziniert den Erzähler, einen jungen Medizin-Studenten, freilich sonst niemanden mehr. Seine Familie hat sich von ihm abgewendet; es fällt beim Lesen schwer, dies nicht mit seiner monomanischen Redseligkeit in kausale Beziehung zu bringen, auch wenn Bernhard eine gegenteilige Verbindung intendiert haben mag.

Dieser epistemologische und rhetorische Solipsismus erzwingt nun aber – auch dies schon charakteristisch für die Prosa der 60er Jahre – eine Sprache der beliebigen Behauptungen, deren ideologisches Zentrum die kompromisslos-unerbittliche Selbst-Behauptung darstellt. Nur als solipsistischer Rhetor kann der Erzähler in die/seine Existenz treten und in der/seiner Existenz bleiben. In Bernhards Sprach-Strom der uferlosen Überbietungen kann es keinen Widerspruch geben und gibt ihn auch nicht. Übrigens auch nicht in den Theaterstücken, in denen die Figuren bestenfalls indirekt aufeinander eingehen, aber nicht in sympathetischer oder empathischer Absicht, sondern auf der Suche nach einer menschlichen Schwäche des Gegenüber, durch die sie ihre Macht-Phantasien ausleben können. Sprache ist Macht, und der Sprechende ist der Mächtige – innerhalb seiner autarken oder als autark erträumten Welt.

Das bezieht sich nicht nur auf Vergangenheit und Gegenwart, sondern auch, wenngleich oft in ironischer Form, auf die unmittelbar bevorstehende Zukunft. Denn Reger und sein Adlatus Atzbacher gehen, so endet der Roman *Alte Meister*, an einem der nächsten Tage in das Burgtheater, zu einer Aufführung des *Zerbrochnen Krugs*. Zwar weiß Reger schon im Vorhinein, dass naturgemäß auch und gerade das Burgtheater ein Haus des Schreckens ist; sie gehen trotzdem. Selbstverständlich tritt ein, was Reger antizipiert hatte: „Die Vorstellung war entsetzlich."[2] Es versteht sich von selbst, dass dieses abschließende Urteil begründungslos herausgeschleudert und als gedankliche und sprachliche Klimax an das Ende des Textes gestellt wird. Die Vorstellungen des (Burg-)Theaters und die des eigenen Lebens sind immer entsetzlich.

6

Der Roman *Auslöschung. Ein Zerfall*, 1986, markiert das Ende der Bernhard'schen Fiktions-Prosa. Von vielen Kritikern wurde und wird er als Summe seines Schreibens – was positiv gemeint ist – wohl etwas überschätzt, wird Quantität mit Qualität verwechselt; unbestreitbar dürfte jedoch sein, dass einige charakteristische Bernhard'sche Themen – z.B. die Flucht vor der Familie und aus der Hei-

---

[2]   Bernhard, Alte Meister (Anm. 1), S. 193.

mat, die Abschenkung eines riesigen Erbes und die Österreich-Beschimpfung als pars pro toto einer misanthropischen Welt-Ablehnung – teils von Außen, hier der Stadt Rom, teils angesichts des den Erzähler abstoßenden und trotz allem erregenden Kosmos seines Besitzes Wolfsegg, noch einmal in stellenweise ermüdender Ausführlichkeit entfaltet werden. Besonders diese Formen der Wiederholung, thematisch, gedanklich und stilistisch, bestärken den Eindruck eines gewollten und bewussten Abschlusses. Natürlich lässt sich die Geschichte vom Tod der Eltern und des Bruders Johannes durch einen Verkehrsunfall, die Beerdigung auf Wolfsegg und die Intention und Realisation der Abschenkung des nun Franz-Josef Murau gehörenden Besitzes auch interpretieren und bewerten als vergleichsweise phantasielose Aufblähung der altbekannten Themen und Motive. Aber damit bewegen wir uns im Raum des Geschmacksurteils.

Zu den zentralen Motiven gehört selbstverständlich das der Unterwerfung durch Sprache. Weil Franz-Josef Murau, der emigrierte Sohn, intellektuell den anderen Familienmitgliedern überlegen ist, sind sie verletzt durch alles, was immer er sagt oder tut. Redet er, sind sie von seinem Sprach-Strom eingeschüchtert, schweigt er, sind sie irritiert und verärgert. Weil er im Ausland studiert und sich danach in Rom niedergelassen hat, nimmt er für sich die Position des Besser-Wissenden, wie alle glauben: des Besserwissers ein. Sein Weggang aus Österreich erscheint als äußeres Signum auch *moralischer Superiorität,* besonders angesichts der nationalsozialistischen Verstrickungen der Eltern. So reduziert er die Familie – was sich nach dem Tod der Drei noch verstärkt – zu Objekten seines unbedingten *Willens zur Überlegenheit.*

7

Evident wird das innerhalb der Episoden mit den Familienfotos zu Beginn des Romans. Die drei erwähnten, beschriebenen und interpretierten Fotos betrachtet Murau mit unermüdlicher Abscheu, hinter der sich dunkle Faszination nicht verbergen kann.[3] Das erste Foto zeigt die Eltern auf dem Londoner Victoria-Bahnhof, einen Zug nach Dover besteigend, in ihren teuren, aber an ihnen nicht wirklich elegant aussehenden Burberry-Mänteln. (Bernhards Liebe zu mehr oder minder exklusiven Marken-Namen durchzieht fast das ganze Werk und wäre eine eigenständige Reflexion wert. Im Kontext meines Themas könnte man immerhin statuieren, dass auch das name dropping ein Moment von eitler Absonderung von allem, was nicht teuer und irgendwie aristokratisch ist oder so scheint, darstellt und folglich einen Aspekt von Unterwerfung in sich trägt.)

Das Betrachten dieses eher banalen Fotos aus vergangener Zeit gewinnt dadurch an Signifikanz, weil die Eltern nun tot sind und dadurch in eine Art von Ideal-Konkurrenz treten nicht mehr zu den realen Personen, sondern zu den Erin-

---

3   Thomas Bernhard, Auslöschung. Ein Zerfall, in: Ders., Werke, hg. v. Martin Huber / Wendelin Schmidt-Dengler, Bd. 9, hg. v. Hans Höller, Frankfurt a. M. 2009, S. 18–45.

nerungs-Spuren im Gedächtnis des Sohnes. Während – so jedenfalls die hinter der
Episode stehende These – die Erinnerung des Überlebenden die Wahrheit einer
Person gerade durch die radikale Subjektivität des Einzelnen bewahrt, wird sie im
und durch das Foto verfälscht.

Die Fotos zwei und drei zeigen den Bruder Johannes vor zwei Jahren auf
einem Segelschiff auf dem Wolfgang-See und die beiden Schwestern Amalia
und Caecilia, im Unterschied zu Johannes Überlebende, vor der Villa des On-
kels Georg im südfranzösischen Cannes. Während Murau die Schwestern be-
mitleidet, ja verachtet, war der Onkel Georg ein ständiges Vorbild: ein souverä-
ner Emigrant, weltmännisch, elegant und den oberösterreichischen Philistern
überlegen bis zur Arroganz, und daher Murau ganz besonders sympathisch.

Beide Fotos, das des toten Bruders und das der lebenden Schwestern, ma-
nifestieren eine Sphäre des Grotesken. Zwar sind sie für Murau, wie alle Fotografien, Dokumente einer gemeinen Verfälschung, verächtlich wie alles Repro-
duzierte, aber sie sind eben auch ein jetzt notwendiger Anstoß zu seinen individuellen Erinnerungen und Abrechnungen. Wer sich erinnert, lebt, und wer mit
allem und allen abrechnet, lebt in gesteigerter Form.

8

Die von den Fotos ausgehenden Assoziationen bestätigen den Willen Muraus
zur *Selbst-Bestimmung* und zur *Konstruktion seiner Geschichte,* wozu die Intention
und die Realisation der Abschenkung des riesigen Erbes und der von einem
namenlosen Erzähler, unvermittelt aber nicht unlogisch, am Ende erwähnte
Tod Franz-Josef Muraus gehört.

Die Beerdigung der Eltern und des Bruders, geschildert im voluminösen
zweiten Teil des Romans, bekräftigt und steigert den Willen zum Untergang
seiner Individuation und des Erbes Wolfsegg. Der Wille zur Auflösung steht
symbolhaft für den Willen zur Negierung der falschen Welt-Verhältnisse.

Insofern empfindet er die pompöse Zeremonie, das gesellschaftliche Ritual
der Beisetzung, als einen Akt der Befreiung. Er hat die Eltern überlebt, und
durch den Akt der Niederschrift der Geschehnisse und Erinnerungen wird
auch *seine* Perspektive überleben. Nicht die Macht des Geldes überlebt oder die
der politischen Verhältnisse, sondern *sein* Wille zur Um-Schreibung der Welt-
Geschichte und der Geschichte seiner Familie. Die Verneinung der Familie ma-
nifestiert sich am deutlichsten in der Abschenkung des Besitzes Wolfsegg an die
Israelitische Kultusgemeinde in Wien. Auch dadurch behält er das letzte Wort.
Die Wirklichkeit – und dazu gehören die Fotos – ist immer auslegungsfähig, ja
auslegungsbedürftig. Nur das Wort repräsentiert die unhintergehbare Wahrheit.
Man mag das hermeneutisch naiv nennen, aber es ist einer der zentralen An-
triebe des Bernhard'schen Schreibens im allgemeinen und hier ganz besonders:
in der Welt des *eigenen* Wortes das Sanktuarium der Wahrheit zu erblicken, gegen
alles und alle, wenngleich er diese Sakralisierung der Literatur an manchen Stel-

len selbstironisch zu relativieren scheint. Das ändert nichts an der prinzipiellen Selbst-Gewissheit des redenden und schreibenden Ich, an seinem unbedingten Willen zur Etablierung des eigenen Subjekts als das Subjekt seiner Geschichte. In *Auslöschung* kommt ein weiteres hinzu. Franz-Josef Murau hat sich stets als *Opfer* verstanden – Opfer der Geschichte, der Familie, Opfer des weidlich dämonisierten Österreich. Aber dies alles *muss* dämonisiert werden, weil sonst die simplen rhetorischen Dichotomien ohne Logik, man kann auch sagen: ohne Substanz bleiben würden. Nur ihm ist es vorbehalten, den Menschen und den gesellschaftlichen Verhältnissen um ihn herum die Dämonen wenn nicht auszutreiben, dann sie zu bannen im Wort.

9

Als Welten-Richter wird das Subjekt zum Exekutor, zum *Täter* – aber nicht zum Täter innerhalb der Logik der empirischen Verhältnisse, sondern in der Sprache der intellektuellen Abrechnung. Als Erbe gnostischer Denk-Strukturen konstruiert Bernhard in fast allen seiner Texte und konstitutiv hier in *Auslöschung* ein Ich, dessen Überlegenheit darin besteht, sich auf die empirischen Phänomene der Welt argumentativ gar nicht einzulassen, sondern sie in verbaler Total-Verdammung von vornherein einer kategorial niederen Sphäre zuzuordnen und sie sich damit zu unterwerfen. Der uferlose Redestrom duldet und erfährt keinen Widerspruch; kein Antagonist, weder auf mitmenschlicher noch auf weltanschaulich-ideologischer Ebene, erlebt es, ernstgenommen zu werden. Während in den Theaterstücken das (meist weibliche) Gegenüber des (meist männlichen) Protagonisten durch Gebärden, lastendes obstinates Schweigen oder irritierende Kurz-Einwürfe ein Minimum an Widerstand zumindest symbolisch zu leisten in der Lage ist, bleibt das in den Prosa-Werken den Nebenfiguren prinzipiell verwehrt. Das Ich duldet niemanden und nichts neben, gar über sich. Damit sie dort überhaupt nicht erst auftauchen, werden sie von Anfang an niedergeredet. Die Monologe der Bernhard'schen alter egos schließen jeden Widerspruch aus.

Der Unwille der dröhnenden Selbstbehauptungs-Maschinen Bernhards, anderes neben sich zu dulden, weckt freilich zunehmend Zweifel an der Valenz der monoton herausgeschleuderten Meinungen, Vor-Urteile und Urteile. In Wahrheit sind es *Selbstgespräche,* die das sich von den anderen absondernde Ich ständig, die alten Themen variierend, der Welt entgegen schreit; nicht ganz selten ist es allerdings fähig, die Konsequenzlosigkeit dieser Tiraden zu erkennen und zu ironisieren.

Die Strategie der Unterwerfung, die allem zugrundeliegt, die *Behauptungen* als Medium einer intellektuellen und existentiellen *Selbst-Behauptung* – dies alles erweist sich als rhetorische Konstruktion zur Etablierung eines Standpunktes, von dem aus das Ich glaubt, dass nur ihm die Möglichkeit einer *notwendigen Perspektive auf sich und seine Umgebung* zusteht. Und damit eine inhärente Überlegenheit.

10

Fatal daran scheint mir zu sein, dass diese Konstruktion keinen Halt außer der solipsistischen Welt des redenden und schreibenden Subjekts finden kann. Keinen Halt mit der Ausnahme der wenigen Großen Geister und Alten Meister, die den Verdammungen des Ich entgehen und an die das Ich sich mit unerschütterlicher Verehrung klammert – wie der „Weißbärtige Mann" des Tintoretto oder die Werke des Montaigne, des Novalis und Schopenhauer. Nicht nur, dass er sie sich nicht unterwerfen kann: *ihnen, ihrer tradierten Aura unterwirft er sich.* Sie sind die Garanten einer geistigen Über-Welt, der sich das Ich/Thomas Bernhard unausgesprochen selbst zuordnet, auf diese Weise die Distanz zur Welt der Gewöhnlichkeit, der Banalität und der Brutalität ins Unüberbrückbare steigernd. Nicht nur die Burgtheater-Aufführung des *Zerbrochnen Krugs* ist entsetzlich, das Leben an und für sich ist es. Einzig die differenten Gesten der Überlegenheit gegenüber einer gleichgültigen Empirie sichern dem Ich einen Status jenseits der grenzenlosen Mediokrität der Alltäglichkeit. So wird aus dem Ich *das Subjekt der Prosa,* das erkennende und urteilende und ver-urteilende Sprachrohr des Autors, das lebt, indem er schreibend alles andere zu einem Objekt degradiert, zu einem Gegenstand der Unterwerfung. Das macht zwar die Existenz nicht weniger entsetzlich, garantiert aber dem Ich den Status eines Initiierten und folglich das Privileg, die Welt zugrunde zu reden, bis alles ausgelöscht und zerfallen ist, ihn eingeschlossen.

Andreas Maier

Es gab eine Zeit, da habe ich Thomas Bernhard gemocht.
Über Bernhards Willen zum rhetorischen Effekt

Es gab eine Zeit, da habe ich Thomas Bernhard gemocht. Seine Literatur rührte mich, sie erschütterte mich auch. Bernhards Texte konnte man gegen die Welt halten wie eine bessere Welt. Die Menschen, die seine Prosa besiedelten, waren immer am Ende, in ihrem Gescheitertsein steckte Größe, das schien mir geradezu notwendig. So habe ich das damals gelesen, ich war etwa zwanzig Jahre alt. Es gab damals viele Autoren, mit denen ich lebte. Bernhard gehörte unbedingt dazu, Dostojewski, Hamsun, Thomas Mann, Proust. Hier schreibe ich jetzt natürlich nur von Bernhard, denn er ist das Thema.

Ich erinnere mich an einen Monat, den ich in einem piemontesischen Dorf verbracht hatte. Ich wollte mich unbedingt umbringen und war allein aus diesem Grund dort hingereist. Der Grund für diese Absicht ist völlig unwichtig und gehört auch nicht hierher (keine Angst, er war nicht bernhardesk). Ich hatte nur ein Buch dabei, *Der Untergeher*. Einen Monat las ich immer wieder in diesem Buch. Die Bedienung in der Pizzeria fragte irgendwann: „legge sempre?" „Si, non so parlare", war meine Antwort. Aber nein, es stimmt ja gar nicht, ich hatte noch ein weiteres Buch dabei, den *Großen Meaulnes* von Alain-Fournier, und Büchner hatte ich dabei, wegen des *Lenz*. Ich saß in der Pizzeria oder in meinem kleinen Zimmer, las den *Untergeher* und bewunderte, glaube ich, vor allem den Stil. Man merkte dem Buch nie eine Absicht an, es war alles ausgewogen, auf jeder Seite alles möglich. Es war sozusagen formlos, wie etwas, das sich selbst aufgibt, aber dennoch funktionierte das Buch für mich. Es gab eine Zeit, da fand ich andere Literatur dagegen regelrecht peinlich, schlecht, weil sie alle etwas wollten, diese Autoren wollten schöne Geschichten machen, waren eitel, schrieben elegant. Bernhard schien mir nicht so. Ich habe damals sogar Bernhards *Auslöschung* mit Goethes *Wilhelm Meister* verglichen. In beiden Werken, so kam mir vor, war auf jeder Seite alles episch ausgeglichen, der Stil war ein langes und ruhiges oder aufgewühltes Dahinfließen, je nachdem, das war für mich sehr große Kunst. Im nachhinein überlege ich oft, wieso ich damals in dieses piemonteser Dorf nicht Dostojewski mitgenommen habe. Wenn es in meinem Leben ein literarisches Brot gab, das mich noch in meinen allererbärmlichsten Zuständen genährt hat, dann war es Dostojewski. Bernhard war es nicht. Und dennoch hatte ich ihn damals mitgenommen.

Bernhard selbst kann einen in gewisse Notlagen bringen. Was man auch immer in seinem Leben macht, man bleibt so seltsam klein dabei. Dann schaut man in einen Bernhardtext, und dort erscheint alles so seltsam groß gegen einen. Das eigene ‚Leiden', wie klein gegen das eines Bernhardhelden! Der leidet universal. Ich litt eher partiell, an dies und dem, manchmal zwar auch an allem, dem Großen und dem Ganzen, aber deutlich sagen konnte ich es nicht, im Gegensatz zu Bernhards Helden, die sagten es auf jeder Seite (und hatten die Wortlaute damit zugleich besetzt). Oder die Kunst! Was für großartige Künstler, Denker bei Bernhard! Alles in sein Werk hineingeben, gegen jeden Widerstand radikal seinen eigenen Lebensweg gehen, seinen Kunstweg undsoweiter. Auch dagegen ist man sehr klein. Aber wenn man verzweifelte, wenn man bernhardesk verzweifelte, dann hatte man immerhin ein Abgrenzungskriterium gegen die Umwelt in der Hand. Die verzweifelten nicht nach Bernhardmanier. Verzweiflung aber ist Bernhards Wahrheit (schien mir damals). Scheitern, Leiden, Sterben, dennoch nicht nachlassen, nie nachlassen etcetera, das waren ja gemeinhin die Bernhardwahrheiten. Übrigens stimmt das ja auch alles irgendwie. Und dennoch trug dieser Thomas Bernhard nicht auf Dauer. Er trug weniger als andere Autoren. Was war der erste Moment meines grundlegenden Zweifels an Thomas Bernhard?

Vielleicht war es der Moment, als mir bei mir selbst eine gewisse Bequemlichkeit aufzufallen begann. Wenn ich die Welt durch die Bernhardbrille sah (anders etwa als durch die Dostojewskibrille!), dann war alles zum einen sehr einfach, und zum anderen musste man sich eigentlich um nichts mehr bemühen, weil die eigene Bemühung durch die eigene Verzweiflung ja irgendwie schon a priori bewiesen war. Es war schon alles da, wie ein gemachtes Bett. Man musste ja immer nur soweit kommen, dass einem alles vollkommen widerwärtig und unsinnig erschien, und schon war man mitten in der Wahrheit. Dass man im Gegensatz zu Bernhards Protagonisten aber kein Werk und auch kein wirkliches Scheitern (etwa an einer großartigen Studie) vorzuweisen hatte, blieb ein gewisses Problem. Bernhards Protagonisten waren ja immer beim Letzten und Äußersten angekommen, man selbst aber war dort nicht angekommen, zumindest nicht von selbst, weil ja Bernhard erst dieses Letzte und Äußerste vorgeführt hat. Man stand an der Hand Bernhards am Abgrund des Seins. Aber hatte man denn eine Berechtigung dazu? Bernhards Figuren waren Große, ich sage es nochmal, man selbst konnte sich in Bernhards Nähe zwar ebenfalls irgendwie groß fühlen, sagen wir besser: auf der richtigen Seite. Aber ohne Bernhard war die ganze Konstruktion (auf der besseren, wahreren Seite zu stehen) überhaupt nicht denkbar. Und dennoch, es war so überraschend einfach. Bernhards Prosa kündet von Menschen, die es sich schwerer als alle anderen gemacht haben. Wieso war es so leicht und so bequem, sich auf ihre Seite zu stellen? Das machte mich zusehends nachdenklich.

Ich machte damals eigenartige Dinge. Ich war zweiundzwanzig und begann, Latein und Griechisch zu lernen. Mein Philosophiestudium schien mir ebenso wie mein Germanistikstudium irgendwie suspekt. Klar, man konnte bei den Philosophen Schopenhauer studieren. Da ich Bernhard vor Schopenhauer kannte, war der Name natürlich anfänglich ein wenig besetzt. Aber ehrlich gesagt wurde Schopenhauer an der Universität zum einen nie angeboten, zum anderen habe ich ihn sowieso lieber zuhause gelesen, und zum dritten ist Schopenhauer überhaupt nicht bernhardesk. Wenn man Schopenhauer liest, dann hat man sofort ein kritisches Gefühl gegenüber den Leuten, die dauernd seinen Namen im Mund herumführen, wie eben Bernhard. Ich hatte durch Bernhard übrigens keinerlei Vorstellung von Schopenhauer bekommen. Das war bemerkenswert: Dauernd kommt bei Bernhard der Name Schopenhauer vor, aber man bekam keine Vorstellung davon, was er denn nun eigentlich sei. Bernhard hat viele solcher Namen für sich besetzt. Fülle bekamen die Namen erst durch meine eigene Tätigkeit. Und dann passten sie nicht mehr in den Bernhardkontext.

Heute weiß ich, dass Bernhard immer mit inhaltsleeren Namenskatalogen gearbeitet hat. Schopenhauer, Montaigne, Pascal etcetera. Ich habe mich davon eine Zeitlang bluffen lassen, wie viele andere auch. Bernhard, so wurde mir immer klarer, hat seine Bildungserlebnisse und auch die geistigen Drahtseilakte seiner Protagonisten stets vorgespielt. Das war seine eigentliche Kunst. Damals hatte ich zum ersten Mal den Verdacht: Bernhard, der Autor auf Höchstniveau, spielt dieses Höchstniveau vielleicht nur vor. Vielleicht, dachte ich damals zum ersten Mal, steckt gar nicht das Erwartete dahinter.

In meinem anschließenden Lateinstudium ebenso wie in den Griechischseminaren erhellte sich mir durch die genaue und langsame Art der dortigen Lektüre eine Welt. Im Gegensatz zu Bernhard, der ständig vom Höchsten und Letzten auch in der Bildungsanstrengung sprach, hatte ich nun wirklich profunde Leute vor mir. Ich schlackerte mit den Ohren. Wie diszipliniert waren die durch ihr Leben gegangen; die brauchten ein Niemals-Nachlassen gar nicht als Credo formulieren, weil sie sowieso nie nachgelassen hatten. Aber ohne viel Aufhebens. Die redeten nicht, die machten ernst. Und ich begann ebenfalls sehr fleißig zu werden. Ich las Lukrez und Platon etcetera, schlug Thomas Bernhard auf und fand alles schal und leer. Ich wusste einfach nicht mehr, wovon er sprach. Ich dachte: So spricht jemand von einer geistigen Anstrengung (Geistesmensch!), so spricht jemand von der äußersten Auslotung des eigenen Daseins, der keine Ahnung davon hat, einfach weil er nie eine dahingehende Anstrengung unternommen hat, sondern sich stets bloß darin erschöpft hat, unablässig diese vermeintliche Bemühung um das Letzte und Äußerste zu behaupten. Und die existentiellen ‚Leiden‘ in Bernhards Prosa schienen mir wie ein verzweifelter Versuch, die künstliche und undenkbare Welt dieser Prosa doch noch irgendwie zu rechtfertigen. Man sollte durch den existentiellen Leidensbeweis einfach überrumpelt werden, man sollte angesichts dieses Leidenskosmos schweigen und sich sagen: Hast du ein Recht, angesichts eines solches Kreuzes überhaupt Zweifel anzumelden? Wenn mir heute Leute begegnen, die Bernhard kannten, und wenn sie von dessen Empfindlichkeit reden, und wenn sie das dann damit begründen, dass Bernhard so ein schlimmes Leben gehabt habe, dann frage ich mich, ob die Pose seiner Literatur nicht auch die seines Lebens gewesen ist. Bernhard war ein Totalbeherrscher der jeweiligen Situation. Man müsste mal rekonstruieren, wie er das geschafft hat: Situationen total zu beherrschen. So gesehen zu werden, wie er gesehen werden wollte, und Widerrede schon im voraus vollkommen auszuschließen, das war eines seiner Hauptziele. Übrigens gilt das auch für seine Prosa. Sie zwängt einem die eigene Interpretation nachhaltig auf und schließt Möglichkeiten zum Zweifeln an der bereits mitgegebenen Interpretation fast völlig aus. Das kann man beschreiben, es würde aber hier viel zu weit führen.

Noch einmal zurück zu den Namenskatalogen, zum Beispiel Kant. Bernhard hat ständig von Kant gesprochen, immer ohne fassbaren Inhalt (der Test für Inhaltslosigkeit – *name dropping* – ist: tausche den Namen gegen einen anderen großen Namen aus und schaue, ob die Stelle so nicht ebensogut funktioniert). Einmal lässt er einen Erzähler sagen: „Wir studieren ein ungeheuerliches Werk, beispielsweise das Werk Kants und es schrumpft mit der Zeit auf den kleinen Ostpreußenkopf Kants und auf eine ganz und gar vage Welt aus Nacht und Nebel zusammen, die in der gleichen Hilflosigkeit endet wie alle anderen". Das suggeriert natürlich, der Erzähler könne beurteilen, ob Kant ungeheuerlich ist oder nicht. Ich glaube nicht, dass Bernhard irgendeinen Begriff von Kant hatte. Muss er auch nicht. Aber er benutzt seinen Namen, um seinem Erzähler damit den Anstrich eines profunden Umgangs mit solchen Größen wie Kant zu geben. Ärgerlich ist es, wenn dann behauptet wird, Kant schrumpfe für den, der ihn studiert hat, mit der Zeit auf eine ganz und gar vage Welt aus Nacht und Nebel zusammen. Das ist völliger Blödsinn. Und wenn er Kant in der gleichen Hilflosigkeit enden lässt wie alle anderen (wieso hilflos?), dann lese ich das inzwischen als eine Art Rationalisierung. Bernhard musste Kant zwanghaft vereinnahmen und schrumpfen, vielleicht war das für ihn der einzig mögliche Umgang mit solchen Größen. Bernhard musste Kant zu einer Person machen, die sich in ihrem Scheitern von einer beliebigen Bernhardfigur nicht unterscheidet. Voilà. Damit haben wir, fast ohne es zu merken, die Bernhardfigur auf denselben Rang wie Immanuel Kant gehoben: beide letztenendes gescheitert, aber beide stehen am Ende Schulter an Schulter auf derselben Stufe. So hat es Bernhard mit vielen gemacht. Seine Protagonistenschar hebt sich zwanghaft selbst ins Pantheon, man ist auf du und du mit Nietzsche, Schopenhauer, Glenn Gould und Horowitz.

Später verstand ich Bernhard viel besser. Er ist vor allen Dingen ein rhetorischer Autor. Er will mich in jedem Satz von etwas überzeugen, an das ich zwar vielleicht gerne glauben würde (an diesen ganzen Aufwasch von Leiden und Kunstanstrengung und Askese, also kurz an den Geistesmenschen), aber an das ich nicht glauben kann und für das weder Benhard noch sein Werk ein Vorbild geben kann. Erstaunlich finde ich, dass sogar seine Autobiographie durch und durch rhetorisch ist und man ihr Schritt für Schritt nachweisen kann, wie Bernhard sich in ihr ständig selbst ans Kreuz nagelt. In der Autobiographie erscheint mir das Phänomen ‚Bernhard' besonders offenbar: Einerseits spricht er dort weit häufiger als andernorts davon, er habe einen unabdingbaren Willen zur Wahrheit (der ihn vermutlich von anderen im positiven Sinn unterscheiden soll), andererseits kann man bei genauem Lesen (man liest Bernhard immer zu schnell) die gestreuten Effekte sofort isolieren und erkennen. Der großflächige Leser ist vom emotionalen Haushalt dieser Texte tiefbewegt und mitgenommen, wer aber etwas genauer liest, dem zerfallen die Texte regelrecht. Überall werden großartige Effekte (Leid, heldischer Überlebensentschluss etcetera; die ständige Dichotomie von Tod und eigenem Willen) gestreut, aber nichts passt auf die Dauer von wenigen Seiten irgendwie zusammen. Wären Bernhards Autobiographien ein Haus, würde es sofort in sich zusammenstürzen. Ich will damit nicht sagen: Bernhard schreibt in seinen Autobiographien Unwahres. Nein, ich möchte etwas anderes sagen: Auch bei bloß textimmanenter Betrachtung stürzt das Gebäude in sich zusammen. Bernhards Wille war m.E. nie der zur Wahrheit, sondern der zum Effekt.

Heute sehe ich Bernhard als einen Autor, der mich auf jeder Seite von etwas zu überzeugen sucht, das ich für recht unerquicklich und sehr bequem halte. Er ist ein Autor mit großer Verve, aber er ist ein unwahrhaftiger Autor, ein Taschenspieler, wenn auch nicht ganz einfach zu durchschauen. Wer selbst bequem ist, der kann es sich bei Bernhard vielleicht auf Dauer gemütlich machen. Ich wäre auf Dauer allein mit ihm verhungert. Bernhard ist ein Hybridstadium. Was ich sage, klingt vielleicht hart. Ich will es Bernhard nicht vorwerfen. Er hat eine große Kunst aus seiner Suggestion gemacht. Stilistisch bin ich nach wie vor von Bernhard beeindruckt. Texte auf ein solches Tempo zu bringen, eine solche Text-Einheitlichkeit an der materialen Oberfläche seiner Prosa zu erzeugen, da kann man nur den Hut ziehen. Bernhard ist auch ein stimmungsvoller Autor. Die *Kalkwerk*-Stimmung, wer könnte sie je vergessen. Aber man darf nicht zu sehr hinschauen. Das Phänomen Bernhard löst sich irgendwann in seinen eigenen Absichten auf, und dann ist man als Leser ein wenig verstimmt, man hat einen Kater. Nochmal: Bernhards Kunst ist auf ihre Weise beeindruckend, aber er hat dafür einen sehr hohen Preis gezahlt. Für mich einen zu hohen.

Register zu Namen und Sachen

Verzeichnis der Beiträger des Bandes

Prof. Dr. Anne Betten, Fachbereich Germanistik, Universität Salzburg

Prof. Dr. Hans Höller, Fachbereich Germanistik, Universität Salzburg

Prof. Dr. Joachim Knape, Seminar für Allgemeine Rhetorik, Universität Tübingen

Dr. Olaf Kramer, Seminar für Allgemeine Rhetorik, Universität Tübingen

Dr. Stefan Krammer, Institut für Germanistik, Universität Wien

Dr. Andreas Maier, Schriftsteller, Frankfurt am Main

Dr. Eva Marquardt, Goethe Institut, New York

Dr. Manfred Mittermayer, Fachbereich Germanistik, Universität Salzburg

Prof. Dr. Bernhard Sorg, Institut für Germanistik, Vergleichende Literatur- und Kulturwissenschaft, Universität Bonn

Dr. Anne Ulrich, Seminar für Allgemeine Rhetorik, Universität Tübingen